Kurt Baller / Marlies Reinholz

Potsdam im Zweiten Weltkrieg

Eine Chronik

Inhaltsverzeichnis

Vorwort

Wenige Monate vor Beginn des Zweiten Weltkrieges – am 01. April 1939 – hatte Potsdam im Ergebnis einer Gebietsreform einen Platz unter den deutschen Großstädten erhalten. Wirksam wurde ein Beschluss des Preußischen Staatsministeriums vom 22. März 1939, der eine Grenzveränderung für einige Kreise vorsah. In den Stadtkreis Potsdam wurden Babelsberg, Bergholz-Rehbrücke, Drewitz, Fahrland, Geltow, Golm, Grube, Krampnitz, Nattwerder und Sacrow eingegliedert. Dadurch stieg die Einwohnerzahl um 44.020 auf 127.167, und das Territorium wuchs von 5.745 ha auf 16.654 ha. Der Traum des seit 1934 im Amt befindlichen Oberbürgermeisters Hans Friedrichs hatte sich erfüllt – Potsdam war endlich zur Großstadt geworden und durfte sich nunmehr Groß-Potsdam nennen.

Was unterschied diese Stadt von anderen deutschen Großstädten, was hatte sie gemein mit ihnen?

Während der Zeit des Nationalsozialismus in Deutschland trugen z.B. München den Titel „Hauptstadt der Bewegung", Nürnberg „Stadt der Reichsparteitage", und Potsdam galt als die **„Soldatenstadt"**, gar als die **„Wiege der großdeutschen Wehrmacht"**. Seit der Zeit Friedrich Wilhelm I. Garnisonstadt, war das Leben in der Stadt geprägt durch das Preußisch-Soldatische. Kein städtisches Ereignis während des Krieges, das nicht diesen Geist beschwor! Und je länger der Krieg währte, desto intensiver wurden die Beschwörungen. So schrieb die „Potsdamer Tageszeitung" am 30. Oktober 1944: „Die Soldatenstadt Potsdam hat immer preußischer Pflichterfüllung gelebt, einem Pflichtgefühl, das gerade mit ihrem Namen aufs engste verbunden ist. Ihre Menschen standen mehr als die anderer Städte im Banne des Soldatischen. Damit wussten sie zugleich, dass das Leben nichts anderes sein kann als hart, einfach, schlicht und opferbereit!"

Zugleich war Potsdam ein bedeutendes **Zentrum der Vermittlung nationalsozialistischer Ideologie**, gab es doch zahlreiche Lehr-, Ausbildungs- und Propagandastätten, die auf das gesamte Deutsche Reich ausstrahlten. 1933 wurde die Staatliche Bildungsanstalt (STABILA) in eine Nationalpolitische Erziehungsanstalt (NAPOLA) umgewandelt. Ihr folgte die Reichsführerschule der Hitlerjugend 1933, und ebenfalls 1933 wurde die Reichsführerschule des Reichsarbeitsdienstes nach Potsdam verlegt. Der Bund deutscher Mädel eröffnete 1934 seine Reichsführerinnen-Schule in Potsdam. 1935 schließlich wurde in Griebnitzsee die Polizeischule für Berlin und die Mark Brandenburg eingeweiht. Ihr folgte 1936 die Wiederbelebung der Potsdamer Heeres-Unteroffiziersschule. Kurz nach Ausbruch des Krieges wurden die Propaganda-Ersatz-Kompanie und 1941 die Heeresluftschutzschule in Potsdam stationiert. Eine solch geballte Kraft zur Vermittlung nationalsozialistischen Gedankenguts besaß kaum eine andere deutsche Großstadt. Sicherlich sind hier Zusammenhänge zur aufgeblähten Rolle Potsdams als Soldatenstadt nicht zu übersehen.

Potsdam blieb – trotz des Krieges – eine **Stadt der Kunst und Kultur**. Die Schlösser und Gärten waren nach wie vor Anziehungspunkt für zahlreiche Besucher – 1941 waren in Potsdam noch sechs „konzessionierte" Fremdenführer tätig, zu denen weitere Hilfsfremdenführer kamen.

Auch an den seit 1938 durchgeführten „Festlichen Musiktagen" wurde bis 1944 festgehalten. Oberbürgermeister Hans Friedrichs nannte 1944 seine Gründe: „Wir haben keine Veranlassung gesehen, den Rhythmus der sommerlichen Potsdamer Musiktage zu unterbrechen. Gehörten diese Tage zum Frieden, so gehören sie erst recht zur harten Kriegszeit. Je härter die Zeit, um so tiefer das Bedürfnis nach den Kraftquellen, deren eine in den vergangenen fünf Kriegssommern unzähligen Leidgeschlagenen die Klänge der Musik in Potsdamer Junitagen geworden sind."

Auch das Schauspiel erhielt unter diesen Aspekten seine Förderung, entstand doch noch im Januar 1944 eine neue Bühne, das „Lustspielhaus der Residenzstadt Potsdam" – allerdings bestimmt für die zahlreichen Verwundeten in den Potsdamer Lazaretten und Soldaten auf Urlaub. Eröffnet worden war bereits 1940 das Kino „Bergtheater", das modernste seiner Zeit. Für die martialischen Durchhalte- und seichten Unterhaltungsfilme der in Potsdam ansässigen Ufa eine ideale Bühne. Diese Filme hatten neben ihrer Wirkung auf die Menschen noch das Ergebnis, viele Millionen in die Staatskasse zu spülen.

Die Nähe zur Reichshauptstadt Berlin zahlte sich für die Potsdamer während des Krieges nicht aus, war eher ein Quell zunehmenden Leids. Sooft sich alliierte Bomberverbände Berlin näherten, so oft wurden die Potsdamer durch Fliegeralarme in die Luftschutzkeller getrieben, wurde die Nachtruhe unterbrochen, der Tagesrhythmus gestört. Nahezu 500 mal gellten die Sirenen während des Krieges – allein 1945 bei 120 Kriegstagen 147 mal!

Rest- und Notabwürfe trafen Potsdam bereits vor dem 14. April 1945. Waren die Zerstörungen – gemessen an denen des 14. April 1945 – auch nicht erheblich, so kamen dabei doch nahezu 130 Menschen ums Leben.

Seit dem 18. Jahrhundert lebten **Juden in Potsdam**, nicht wenige von ihnen als geachtete Mitbürger. Das änderte sich mit dem Jahr 1933. Schritt für Schritt wurden die Rechte der jüdischen Mitbürger beschnitten, wurde ihre Lebensqualität auf ein Minimum herabgesenkt. Schließlich gar wurde das Leben derer, die nicht das Glück hatten, ins Ausland gehen zu können, oder die da meinten, dass es so schlimm nicht kommen könne, planmäßig vernichtet. Das traf auch im vollen Umfange auf die Potsdamer Juden zu. Gab es 1939 in Potsdam noch 175 „Glaubensjuden" (98 Männer und 77 Frauen), so galt Potsdam mit dem 18. Juni 1943 – mit der „polizeilichen Abmeldung" des 62jährigen Wilhelm Kann, letztes noch in Potsdam lebendes Vorstandsmitglied der „Synagogengemeinde zu Potsdam e.V." – offiziell als „judenfrei". Eine wichtige Lebensader Potsdams war gewaltsam auf Jahrzehnte hin verödet worden.

Hatte Potsdam keine führende Stellung unter den deutschen Industriestädten, so war Potsdam doch auch eine **Stätte der Rüstungsindustrie**. In der Babelsberger Maschinen- und Bahnbedarf AG wurden Lokomotiven gebaut und eigens neue für den Krieg entwickelt (Baureihe 52), das Reichsbahnausbesserungswerk besaß eine Schlüsselstellung für die Wiederherstellung dringend benötigten Transportraums, die Potsdamer Arado-Flugzeugwerke lieferten der deutschen Luftwaffe wichtige Teile für völlig neuartige Bomber, und die Babelsberger Firma Frieseke & Höpfer leistete erhebliche Zulieferungen für die Luftwaffe. Daneben gab es zahlreiche Klein- und Mittelbetriebe, die Waffenteile und Ausrüstungsgegenstände für die

Wehrmacht produzierten. Und nicht zuletzt mussten die Angehörigen der in Potsdam stationierten Wehrmachtseinheiten und die zahlreichen Verwundeten in den Lazaretten mit Nahrungsmitteln und sonstigem Bedarf versorgt werden – auch das leisteten Potsdamer Unternehmen und Einrichtungen zum großen Teil.

Möglich wurde der wirtschaftliche Anteil Potsdams an der Aufrechterhaltung der Kriegsmaschinerie, weil Potsdam auch ein **Ort für Fremd- und Zwangsarbeiter** aus den durch die Wehrmacht besetzten Gebiete wurde. Es waren etwa 15.000! Für die Zwangsarbeiter hatten die sie wie Sklaven ausbeutenden Betriebe eigens Lager geschaffen, in denen sie wie Arbeitstiere gehalten wurden. Die in den besetzten Gebieten angeworbenen Fremdarbeiter mussten zwar nicht in solchen Lagern kampieren, doch war ihnen privater Kontakt zu den Potsdamern strengstens untersagt – wie auch den Potsdamern zu den Fremdarbeitern. Kam es doch dazu, musste der Zwangs- oder Fremdarbeiter mit dem Tode rechnen – so geschehen im Potsdamer Ortsteil Bergholz-Rehbrücke im Jahre 1943.

Fast unbemerkt von der Potsdamer Einwohnerschaft blieb während des Krieges die Tatsache, dass Potsdam auch ein Ort des Verbrechens an vor allem geistig behinderten Menschen, ein **Ort der Euthanasie**, war. Stätten dieser Unmenschlichkeit waren die Landesanstalt Potsdam, in der mit der „Erforschung der anatomischen Grundlagen der Idiotie und des Schwachsinns im Kindesalter" von 1933 bis 1938 Grundlagen für die „Vernichtung unwerten Lebens" geschaffen wurden, und das Erbgesundheitsgericht Potsdam, das von 1934 bis 1944 mehr als 4 000 Zwangssterilisationsprozesse anordnete.

Kommunisten, Sozialdemokraten, Christen, national und liberal Gesinnte, Gewerkschafter... und nicht zuletzt Wehrmachtsangehörige machten Potsdam zu einem **Ort des antifaschistischen Widerstandes**. Wurden die meisten Aktionen gegen das Regime durch organisierte Illegalität erst möglich, um so mehr wurde der 20. Juli 1944 öffentlich. Der Kreis um den Potsdamer Henning v. Tresckow und Claus Schenk Graf v. Stauffenberg versuchte, den Führer Adolf Hitler zu beseitigen. Zahlreiche Offiziere des in Potsdam stationierten Infanterieregiments 09 setzten während der Vorbereitung und Durchführung des Attentats ihr Leben ein – und verloren es. In hohem Maße öffentlich wurde auch die Verfolgung der an diesem Attentat Beteiligten. Auch in Potsdam fielen zahlreiche Todesurteile des Volksgerichtshofs, der seit seiner Ausbombung in Berlin im Februar 1944 u.a. in Potsdam untergekommen war.

Nach 2.069 Kriegstagen – vor allem nach dem wohl schwärzesten Tag in der Geschichte Potsdams, dem 14. April 1945 – war **Potsdam ein zerstörter Ort, eine Stadt der Trauer und des Leids.** 856 zerstörte Gebäude, 248 teilweise zerstörte und 3.301 beschädigte Gebäude – das war die bauliche Zerstörungsbilanz. Dabei gab es in den einzelnen Stadtbezirken folgende Zerstörungen bzw. Beschädigungen der Wohngebäude:

Innenstadt	96,8 %
Berliner Vorstadt	95,8 %
Jäger- und Nauener Vorstadt	73,3 %
Brandenburger Vorstadt	87,3 %
Teltower Vorstad	79,2 %
Babelsberg	23,4 %

Das menschliche Leid hingegen und die tiefe Hoffnungslosigkeit der Potsdamer nach dem „Zusammenbruch", wie wohl die meisten das Ende des Krieges empfanden, waren nicht messbar. Wie viele Menschenleben hatte der Krieg in Potsdam gefordert? Die genaue Zahl wird wohl nie ermittelt werden können. Allein die „Potsdamer Tageszeitung" veröffentlichte vom September 1939 bis zum April 1945 insgesamt 3.252 Todesanzeigen Gefallener. Diese Zahl ist nicht gleichzusetzen mit den Potsdamer Kriegstoten. Aus mehreren Gründen. Einmal veröffentlichte nicht jede Familie eines Gefallenen eine Traueranzeige, da der Preis – je nach Größe der Anzeige – bis zu 80,- Reichsmark und mehr betrug, und zum anderen durften pro Tag nur eine bestimmte Anzahl von Traueranzeigen Gefallener veröffentlicht werden. Hinzu kommt, dass – im Gegensatz zum Ersten Weltkrieg – nicht nur Militärs, sondern auch zahlreiche Zivilisten zu Tode kamen. Nicht zu ermitteln sind die Kriegsgefangenen, die in den Lagern der Alliierten und in denen anderer Länder ums Leben kamen. Auch die Zahl der Vermissten bleibt im Dunkeln. Allein beim Bombenangriff auf Potsdam am 14. April 1945 kamen 3.578 Personen zu Tode. Doch erhebt sich die Frage, ob diese Zahl tatsächlich exakt sein kann. So wurden z.B. am 10. April 1951 in den Kellerräumen der Ruine der ehemaligen

Gaststätte „Königseck" (heute Friedrich-Engels/Schlaatzstraße) die Überreste von sechs Menschen gefunden, die beim Bombenangriff auf Potsdam umgekommen waren.

Fest steht, dass zwischen 1939 und 1945 die Einwohnerzahl von Potsdam um etwa 25.000 Personen sank. Auf jeden Fall wurde die Zahl der Potsdamer Toten des Ersten Weltkrieges (1.646) weit übertroffen.

Kurt Baller
31. Dezember 2009

Danksagung

Die Autoren danken in besonderer Weise für Ratschläge, Hinweise und Materialien sowie für technische und persönliche Hilfe:

Dr. Manon Andreas-Grisebach, Karin Baller, Renate Baller, Bodil BenGershom, Wolfgang Bidder, Heike Borns, Ursula Borstorff, Bernhard Brunner, Reiner Fürst, Dr. Manfred Gläser, Wolfgang Herzig, Josef Hintner, Joachim Huth, Siegfried Jahn, Michael Kindler, Rüdiger Kläring, Hartmut Knitter, Hannelore Kossack, Annemarie Krenz, Heike Kunze, Detlev Lexow (†), Siegfried Lieberenz, Renate Lüscher, Christina Marzahn, Hans-Werner Mihan (†), Irmtraud Neumann, Klaus Nietert, Richard Ohrt, David Rosenfeld, Ronald Rosenkranz, Margot Schindler, Wolfgang Schliepe, Christa Silberbach, Irena Steinfeldt, Dr. Roland Thimme, Dr. Bruno Thoss, Dr. Franz-Josef Verscharen, Dr. Edeltraud Volkmann-Block, Prof. Dr. Joachim Zdrenka

Besonderer Dank gilt den Mitarbeiterinnen und Mitarbeitern der Stadt- und Landesbibliothek Potsdam.

Benutzerhinweise

Auf die Angabe von Quellen wird aus Platzgründen verzichtet. Das Verzeichnis kann bei den Autoren eingesehen werden.

Bei den kursiv gesetzten Textstellen handelt es sich um Originalzitate.

Nicht alle aufgeführten Fakten ließen sich auf ein konkretes Datum zurückführen. Hier wird der Monat bzw. das Jahr angegeben.

Abkürzungsverzeichnis

AG	– Aktiengesellschaft
BDM	– Bund Deutscher Mädel; nationalsozialistische Zwangsorganisation für Mädchen vom 10. bis 18. Lebensjahr
BK	– Bekennende Kirche; stand während des Nationalsozialismus im Widerspruch zur offiziellen Staatskirche
BRT	– Bruttoregistertonne
cbm	– Kubikmeter
DAF	– Deutsche Arbeitsfront; Zwangsgewerkschaft für alle Arbeiter und Angestellten des Deutschen Reichs von 1933 bis 1945
d.M.	– des Monats
DRK	– Deutsches Rotes Kreuz
geb.	– geboren
HJ	– Hitlerjugend; nationalsozialistische Zwangsorganisation für Jungen vom 10. bis 18. Lebensjahr
KdF	– Kraft durch Freude; zur Deutschen Arbeitsfront gehörender Bereich, der sich um den Freizeitbereich der Arbeiter und Angestellten zu sorgen hatte
KWHW	– Kriegswinterhilfswerk; das „Winterhilfswerk des deutschen Volkes" wurde bereits 1933 als Stiftung des öffentlichen Rechts gegründet; es hatte die Aufgabe, den Staat finanziell bei der Volksfürsorge zu entlasten; nach Beginn des Krieges als Kriegswinterhilfswerk fortgeführt
NAPOLA	– Nationalpolitische Erziehungsanstalt
NSDAP	– Nationalsozialistische Deutsche Arbeiterpartei
NS-Frauenschaft	– Nationalsozialistische Frauenschaft; Gliederung der NSDAP
NS-Kunstverein	– Nationalsozialistischer Kunstverein;

	Gliederung der NSDAP
NSV	– Nationalsozialistische Volkswohlfahrt; Gliederung der NSDAP
OB	– Oberbürgermeister
OKW	– Oberkommando der Wehrmacht
Pg.	– Parteigenosse (der NSDAP)
Pgn.	– Parteigenossin (der NSDAP)
PK, auch PEK	– Propaganda-Ersatzkompanie
PT	– „Potsdamer Tageszeitung"
RAD	– Reichsarbeitsdienst; paramilitärische Organisation, in der jeder männliche Jugendliche ab 1935 eine sechsmonatige, dem Wehrdienst vorgelagerte Zeit leisten musste; mit Beginn des Krieges wurde die Dienstpflicht auf weibliche Jugendliche ausgedehnt
RAW	– Reichsbahnausbesserungswerk
RM	– Reichsmark
SA	– Sturmabteilung; paramilitärische Kampforganisation der NSDAP
SS	– Schutz-Staffel; ursprünglich zum Schutz Adolf Hitlers gegründet, war die SS maßgeblich an zahlreichen Verbrechen gegen die Menschlichkeit – so den Holocaust – beteiligt
VfL	– Verein für Leichtathletik

1939

„Tagebuchblätter eines Potsdamer Jungen"
vom 26. – 31. August 1939 [1]

„Sonnabend, 26. August 1939
Es ist 4 Uhr morgens, zu dieser sonst nachtschlafenden Zeit
stehen etwa 250 Hitlerjungen und Führer mit ihren Rädern in
der Spandauer Straße (heute Friedrich-Ebert-Straße) und warten
auf den Befehl zur Abfahrt nach Krampnitz. Wir, denn ich bin
auch unter ihnen, sollen dort in der Kavallerieschule Brenn-
stoff für die Wehrmacht verladen. Gestern haben wir in etwa
sechsstündiger Arbeit die erste Hälfte dieser Benzinfässer auf
die Fernlaster der Wehrmacht geladen. Natürlich macht uns die
Arbeit riesigen Spaß und erfreulicherweise ist es heute Morgen
angenehm kühl, der Schweiß der Arbeit läuft uns wenigstens
nicht in Strömen runter wie gestern.
Im übrigen staunen wir über die unerhörte Organisation der
Wehrmacht. Alles ist aber auch da, was wir beim Verladen
brauchen. Und dann diese Zahl von Fernlastern. Wo kommen
die nur alle so schnell her und wo bleiben sie? Und genau die-
selbe Frage möchte man bei der Menge der Benzinfässer stellen.
Für uns ist es jetzt klar, dass es „losgeht", allein über die Gewissheit sind wir schon beglückt. Sogar mithelfen dürfen wir, dass
sich der Aufmarsch und die Bereitstellung unserer Truppen reibungslos vollzieht. Aber es ist auch großartig zu sehen, wie im
Stillen alles für die Wehrmacht arbeitet. Morgens um 7 Uhr
kommen einige Kameraden zu uns heraus. Sie wollen mithelfen,
obwohl sie die ganze Nacht Gestellungsbefehle für die Wehrmacht ausgefahren haben.
Die Polen mit ihrer unverschämten Frechheit lernen auch nichts
dazu, sie haben doch gesehen, wie schnell es mit der Besetzung
der Ostmark, des Sudetenlandes und der Errichtung des Pro-
tektorates ging, sie müssen wohl einen Anschauungsunterricht
am eigenen Leibe bekommen. Wann der richtige Zeitpunkt
gekommen ist, wird der Führer schon wissen, wir jedenfalls

---

1 Sie sind in der PT vom 28. 08. 1940 erschienen.

halten den „Nervenkrieg", von dem die anderen immer so viel reden, bestimmt noch eine ganze Weile aus.

Sonntag, 27. August 1939
Tage, vielleicht auch schon Stunden, können jetzt das entscheidende Wort bringen. [...] Die Gartenlokale, Dampfer und Eisenbahnen sind alle genau so voll wie in den ruhigen Zeiten, und auch die Menschen sind in ruhiger Erwartung des Kommenden, obwohl selbstverständlich jeder an dem Verlauf der politischen Lage sehr interessiert ist.
Abends will ich dann über die Lange Brücke gehen, aber das ist nicht möglich, denn ein ganzes leichtes Artillerie-Regiment rückt gerade zum Bahnhof. Die Jungen am Straßenrand streiten sich darüber, ob das nun ein aktives oder ein Reserveregiment ist. An den Straßen stauen sich die Menschen und bald ist es nicht mehr möglich durchzukommen. In der Stadt selbst zeigt sich genau dasselbe Bild. Gerüchte durchschwirren die Straßen [...] Was wird uns der morgige Tag bringen?

Montag, 28. August 1939
Leider müssen wir trotz der so viel spannenderen Politik in die Schule gehen. [...] Aus Polen wird berichtet, dass auf der einen Seite die polnische Generalmobilmachung äußerst mangelhaft vorbereitet und durchgeführt sei, und dass andererseits die Terrorbewegung gegen die Volksdeutschen immer bedrohlichere Formen annehme. An jedem Tag werden einige von ihnen ermordet. Es zeigt sich immer mehr die Gleichheit der Entwicklung Polens und vor einem Jahr der Tschecho-Slowakei. [...] Abends wartet jeder darauf, dass die Marschmusik doch einmal verschwinden und eine Sondermeldung aus dem Lautsprecher kommen möge, aber nichts ist es damit...

Donnerstag, 31. August 1939
[...] Unerträglich wird die polnische Herrschaft und ihre Tyrannei über die Deutschen. An einem Tage waren es schon 11 Ermordete. Die Lage in der Danziger Gegend spitzt sich sehr zu. Für einen gewissen Ausgleich sorgt dort das Eintreffen der „Schleswig-Holstein" mit ihren 28-cm-Geschütztürmen. [...] Der heutige Abend aber wird interessant. In einer Sondermeldung wird das letzte Friedensangebot über England an Polen

bekanntgegeben, wieder sind alle erstaunt über die Milde der Vorschläge und die grenzenlose Unvernunft der Polen. Wie kann man nur ein solches Angebot ablehnen, denken sie denn wirklich im Ernst daran, uns zu schlagen? Jede Nachricht höre ich, selbst um 24 Uhr ist noch nichts weiteres bekannt, denn so wie jeder andre sich irgend etwas überlegt, so hatte ich an den 1. September um 0.00 Uhr als Zeitpunkt zum Beginn des Einmarsches gedacht, aber es ist nichts. Um 1 Uhr mache ich den Rundfunkapparat aus. Heute wird wohl der letzte Tag des Wartens gewesen sein, die Polen werden das schon bald merken."

31. 08.

Weisung des Obersten Befehlshabers der Wehrmacht, Adolf Hitler, für den Angriff auf Polen:
„Weisung Nr. 1 für die Kriegführung.
1.) Nachdem alle politischen Möglichkeiten erschöpft sind, um auf friedlichem Wege eine für Deutschland unerträgliche Lage an seiner Ostgrenze zu beseitigen, habe ich mich zur gewaltsamen Lösung entschlossen.
2.) Der Angriff gegen Polen ist nach den für Fall Weiss getroffenen Vorbereitungen zu führen mit den Abänderungen, die sich beim Heer durch den inzwischen fast vollendeten Aufmarsch ergeben.
Aufgabenverteilung und Operationsziel bleiben unverändert.
Angriffstag: 1.9.39
Angriffszeit: 4.45
Diese Zeit gilt auch für die Unternehmungen Gdingen - Danziger Bucht und Brücke Dirschau..."

01. 09.

04.45 Uhr; das deutsche Kriegsschiff „Schleswig-Holstein" beginnt mit dem Angriff auf das Munitionsdepot der Westerplatte bei Danzig; damit beginnt der Zweite Weltkrieg – der von Deutschen durchgeführte, der polnischen Armee angelastete Überfall auf den deutschen Rundfunksender Gleiwitz dient als Anlass.

Der Führer muß nun das Schwert sprechen lassen

heute früh Gegenangriff unserer Wehrmacht

PT, 01. 09. 1939

01. 09.
zahlreiche Potsdamer lauschen der Rede des Führers Adolf Hitler zum Kriegsbeginn an den Lautsprechern der Ladenfronten

Potsdamer hören die Führerrede am Lautsprecher

aus den Erinnerungen von Renate Baller:

„Am 1. September 1939 – ich war Oberstufenschülerin in einer Oberschule für Jungen – hatten wir gerade Musikunterricht, als der Direktor in den Musiksaal kam und verkündete, dass deutsche Truppen in Polen eingerückt seien. Was er sonst noch sagte, weiß ich nicht mehr, wohl aber, dass wir Schüler und unser Lehrer betroffen schwiegen. Keiner der sonst so redseligen Klassenkameraden äußerte sich. Wahrscheinlich ging ihnen Ähnliches durch den Kopf wie mir: Krieg – was wird das für uns, die wir bisher sorglos mit Tanzstunde, Freundschaften und Sport gelebt haben, bedeuten? Beklommenheit herrschte... Doch nach den ersten Siegesmeldungen wich sie der Begeisterung und dem Stolz auf unsere Soldaten. Und in vielen der Jungen erwachte der Wunsch, sich als Offiziersanwärter zu melden."

aus den Erinnerungen von Annemarie Krenz:

„Ich war davon überzeugt, dass alles richtig ist und Hitler den Krieg selbstverständlich gewinnen wird."

01. 09.
das erste Potsdamer Opfer des II. Weltkrieges:

Für Führer und Vaterland fiel am 1. September 1939 beim Angriff auf Mokra III und II im Alter von 22 Jahren mein einziger lieber Sohn, Bruder, Schwager, Onkel und Neffe

Heinz Jekzentys

Unteroffizier in einem Panzerregiment und ROA.

Franz Jekzentys

Potsdam, im September 1939
Alte Zauche 1

geb. 10. 07. 1917

01. 09.

in einem auf den 01. September zurückdatierten Schreiben des Führers Adolf Hitler an Philipp Bouhler, Leiter der Kanzlei des Führers, ordnet er an, dass „...*unheilbar Kranken [...] der Gnadentod gewährt werden...*" soll; das galt für Menschen, die an Schizophrenie, Epilepsie, senilen Erkrankungen, Syphilis, Schwachsinn, Gehirnhautentzündung, Veitstanz sowie solche, die seit fünf Jahren in Pflege- und Heilanstalten untergebracht sind, und als kriminell gelten bzw. nicht arisch sind

01. 09.

in der „4. Durchführungsverordnung zum Luftschutzgesetz" heißt es: „...*Der Aufruf des Luftschutzes wird durch den örtlichen Luftschutzleiter bekannt gegeben. Nach Aufruf des Luftschutzes sind folgende Maßnahmen durchzuführen*
1. Die Gasmaske ist soweit vorhanden ständig griffbereit zu halten und auf der Straße mitzuführen.
2. Luftschutzräume, die friedensmäßig genutzt werden, sind sofort so herzurichten, dass sie ihren Luftschutzzweck jederzeit zugeführt werden können. [...]
3. Die Verdunklung ist nach den Vorschriften der 8. Durchführungsverordnung vom Luftschutzgesetz vom 23. Mai 1939 durchzuführen. [...]
4. Alle Personen, die sich in Gebäuden, insbesondere in Wohnungen, Büros usw., aufhalten, haben soweit vorhanden mit Gasmasken in die vorhandenen Luftschutzräume zu gehen. [...]
5. Fensterläden, Rollläden, Jalousien sind zu schließen und alle Fenster weit zu öffnen und festzustellen. Hierbei darf nicht gegen die Verdunklung verstoßen werden.
6. Alle Türen sind zu schließen. Alle Hauptgashähne sind zu schließen.
7. Im Luftschutzraum darf nicht geraucht und kein offenes Licht angezündet werden..."

01. 09.

„Verordnung über Maßnahmen auf dem Gebiet des Beamtenrechtes"; danach haben Ruhestandsbeamte, die das 70. Lebensjahr noch nicht vollendet haben, sich zur Wiederverwendung innerhalb von drei Tagen persönlich zu melden

01. 09.
in der „Verordnung über außerordentliche Rundfunkmaß-
namen" heißt es: *„Das absichtliche Abhören ausländischer
Sender ist verboten. Zuwiderhandlungen werden mit Zuchthaus bestraft. In leichteren Fällen kann auf Gefängnis erkannt
werden. [...] Wer Nachrichten ausländischer Sender, die geeignet
sind, die Widerstandskraft des deutschen Volkes zu gefährden,
vorsätzlich verbreitet, wird mit Zuchthaus, in besonders
schweren Fällen mit dem Tod bestraft..."*

01. 09.
„Aufruf an alle Frauen Potsdams!" der Kreisfrauenschaftslei-
terin, G. Jahns; in ihm heißt es: *„Die gegenwärtige politische
Lage verpflichtet zur äußersten Bereitschaft sämtlicher nur ver-
fügbaren Arbeitskräfte. Die Einsatzbereitschaft gerade auch
der deutschen Frau beeinflusste wiederholt entscheidend das
Schicksal von Volk und Vaterland.*
*Die unverbrüchliche Treue zum Führer und der rückhaltlose
Einsatz für Großdeutschland legen jedem einzelnen eine ganz
besonders heilige Verpflichtung zur Bewährung auf.*
*Der Ruf ergeht deshalb auch an alle arbeitswilligen und arbeits-
fähigen Frauen Potsdams zur Mitarbeit in der Wirtschaft..."*
bis zum 04. 09. melden sich für den Bahnhofsdienst 167 Frauen,
von denen 82 sofort eingesetzt werden

01. – 15. bzw. 18. 09.
wegen Ausbruch des Krieges und der vermeintlichen Luftge-
fahr fällt der Unterricht am Viktoria-Gymnasium (heute Helmholtz-Gymnasium) für die Klassen 7 und 8 bis zum 15., für die
übrigen Klassen bis zum 18. 09. aus

02. 09.
Gottesdienst in der Potsdamer Erlöserkirche
Dorothea Schneider schreibt in ihre „Familienchronik":
*„Der Gottesdienst war geprägt von einem erschütternden Ernst
im Blick auf die kommenden Tage, die Predigt handelte von
Gnade und Gericht."*

03. 09.
Großbritannien und Frankreich erklären im Rahmen ihrer

Bündnisverpflichtungen gegenüber Polen dem Deutschen Reich den Krieg

03. – 09. 09.
„Küchenzettel für die Woche" in der PT:
Sonntag:
Früh: Kaffee oder Tee mit Kartoffelhörnchen;
Mittags: Braten (Fleisch je nach Marktlage) mit Bohnensalat und Pellkartoffeln, Birnenkompott oder frisches Obst;
Abends: Rote Grütze mit Vanilletunke, Hagebuttentee und Brote mit Kräuterbutter oder Frischkonserven;
Montag:
Früh: Roggenmehlsuppe mit Röstbrot;
Mittags: gefüllte Tomate (Füllung restlicher Braten und Pilze) mit Kartoffelbrei;
Abends: Seelachs in Gelee mit kalter Kräutertunke, Pellkartoffeln, Pfefferminztee;
Dienstag:
Früh: Haferflockenbrei mit Milch, Marmeladenbrot;
Mittags: Lungenhaschee mit Kartoffeln und Gurkensalat;
Abends: Kartoffelgemüsesalat, Käse oder Tomatenbrot, Apfeltee;
Mittwoch:
Früh: Kaffee oder Tee mit Butterbrot und frischen Tomaten;
Mittags: Fischauflauf mit Sauerkraut, Apfelmus;
Abends: Apfelbrotsuppe und Brot mit Aufschnitt, Rettichaufstrich;
Donnerstag:
Früh: Müsli [2], Hagebuttentee, Brot;
Mittags: Gemüsesuppe, geschmorte Birnen mit Semmelklößen;
Abends: Bechamelkartoffeln mit gemischtem Salat;
Freitag:
Früh: Gerstengrütze mit Milch;
Mittags: Fischfrikassee mit geschmortem Weißkohl, frisches

---

2 In der gleichen Zeitung wird „Müsli" definiert: „Wir nehmen 4 gestr. Eßl. Haferflocken, Tasse Wasser, Tasse Milch und einen guten Eßlöffel Honig oder Kunsthonig. 4 Äpfel oder anderes Frisch- oder Dörrobst. Die Haferflocken zwölf Stunden in Wasser einweichen. Kurz vor dem Anrichten gibt man hinzu: Milch und Honig. In die fertige Tunke reibt man die Äpfel mit Schale und Gehäuse und rührt zwischen dem Reiben öfters um, damit die Äpfel nicht braun werden. Bei Tisch kann man gegebenenfalls geriebene Haselnüsse überstreuen."

Obst;
Abends: Quarkkartoffelauflauf, Apfeltee;
Sonnabend:
Früh: Haferbrei mit Marmeladebrot;
Mittags: Kohlrabigemüse mit Büchsenfleisch, Kartoffeln;
Abends: Pellkartoffeln mit mariniertem Hering"

04. 09.

aus der „Kriegswirtschaftsverordnung": *„Die Sicherung der Grenzen unseres Vaterlandes erfordert höchste Opfer von jedem deutschen Volksgenossen. Der Soldat schützt mit der Waffe unter Einsatz seines Lebens die Heimat. Angesichts der Größe dieses Einsatzes ist es selbstverständliche Pflicht jedes Volksgenossen in der Heimat, alle seine Kräfte für Volk und Reich zur Verfügung zu stellen und dadurch die Fortführung eines geregelten Wirtschaftslebens zu gewährleisten. Dazu gehört vor allem auch, dass jeder Volksgenosse sich die notwendigen Einschränkungen in der Lebensführung und Lebenshaltung auferlegt. Der Minister für die Reichsverteidigung* [3] *verordnet daher mit Gesetzeskraft [...]*
Wer Rohstoffe und Erzeugnisse, die zum lebenswichtigen Bedarf der Bevölkerung gehören, vernichtet, beiseite schafft oder zurückhält und dadurch böswillig die Aufdeckung dieses Bedarfs gefährdet, wird mit Zuchthaus oder Gefängnis bestraft [...] In besonderen Fällen kann auf Todesstrafe erkannt werden. [...]
Das Reich erhebt einen Kriegszuschlag zur Einkommenssteuer. [...] Der Kriegszuschlag zur Einkommenssteuer beträgt 50 von hundert der Einkommenssteuer für den Erhebungszeitraum..."

04. 09.

nach der „Polizeiverordnung über das Verbot von Tanzlustbarkeiten im Kriege" sind öffentliche Tanzlustbarkeiten bis auf weiteres verboten; am 19. 12. wird die Verordnung für den 25. und 26. 12. 1939 sowie für den 31. 12. 1939 und für den 01. 01. 1940 außer Kraft gesetzt

---

3 Fritz Todt

05. 09.
begrenzte französische Offensive gegen das Saarland; die deutschen Truppen ziehen sich bis zum Westwall zurück; es kommt zu keinen weiteren Kämpfen

05. 09.
die „Verordnung über den allgemeinen Entlassungstag im Reichsarbeitsdienst für die weibliche Jugend" besagt, dass die Ende September fällige Entlassung aus dem Reichsarbeitsdienst bis auf weiteres verschoben wird.

05. 09.
Leutnant Oskar Prinz von Preußen, Enkel Wilhelm II., fällt bei den Kämpfen in Polen (geb. 12. 07. 1915); erst am 02. 12. 1996 können seine sterblichen Überreste auf dem Bornstedter Friedhof beigesetzt werden

06. 09.
britische Blockadeerklärung gegenüber dem Deutschen Reich

06. 09.
nach der „Verordnung über die Weiterbenutzung von Kraftfahrzeugen" dürfen Kraftfahrzeuge und Kleinkrafträder mit Wirkung vom 20. 09. 1939 nicht mehr privat genutzt werden; ausgenommen sind besonders gekennzeichnete Wagen und Krafträder

08. 09.
die zur Wehrmacht eingezogenen Primaner erhalten statt des Abiturs einen „Reifevermerk"

09. 09.
Generalappell aller 1.695 NSDAP-Ortsgruppen im Gau Mark Brandenburg zur einheitlichen Ausrichtung auf die Zeit des Krieges, „...für das Werk des Führers..."

09. 09.
21.40 Uhr; der Sender Wien bringt die Uraufführung des Chorwerkes „Der reife Tag" von Paul Höffer; als Chor wirkt der Städtische Chor Potsdam unter Leitung von Prof. Karl Landgrebe mit

09. 09.
erstmals wird die Potsdamer Technische Nothilfe – eine Organisation von Technikern und Handwerkern – kriegsmäßig eingesetzt; es werden in Polen zerstörte Brücken, Tunnel und andere Verkehrswege wieder hergestellt

09. 09.
die PT wendet sich gegen das „*...gedankenlose spielerische Aufleuchten mit nicht verdunkelten Taschenlampen...*"; weiter heißt es: „*Wer dagegen verstößt, gefährdet durch diese grobe Verletzung der Verdunklungsdisziplin sich und seine Umgebung und macht sich außerdem strafbar.*"

10. 09.
Kanada erklärt dem Deutschen Reich den Krieg

10. 09.
Verordnungen zur Rationierung von Lebensmitteln und Einführung von Lebensmittelkarten; rationiert werden u.a. Milch, Öl, Fleisch, Wurst, Fett, Kartoffeln, Zucker, Gewürze, Brotaufstrich, Zwiebeln, Eier, Fisch, Kakao, Süßwaren; die Verordnungen treten am 25. 09. 1939 in Kraft

10. 09.
Generalmajor Gustav Adolf v. Wulffen wird Wehrmachtskommandant von Potsdam; er bleibt es bis 1945

10. 09.
Orgelfeierstunde in der Friedenskirche; die Berlinerinnen Marianne Federmann (Orgel) und Hildegard Lindenstein (Violine) spielen Werke ausschließlich von Johann Sebastian Bach; das Programm muss gekürzt werden, da „*...die Zeit wegen der angeordneten Verdunklung drängte. Aus diesem Grunde finden vom nächsten Sonntag an die Orgel-Feierstunden schon um 5 Uhr statt.*"

10. 09.
unter der Überschrift „Sie sollen im Bilde sein... und zwar durch Fernsehen" informiert die PT: „*Die vor kurzem gegründete Reichspost-Fernseh GmbH kann jetzt nach Freigabe des Fernseh-Empfangs den Ausbau aller notwendigen Einrich-*

tungen mit gesteigertem Tempo weiterführen.“ [4]

11. 09.

Beginn der Erhebung eines „Kriegszuschlags" für Bier durch die Wirtschaftsgruppe Gaststätten- und Beherbergungsgewerbe; der „Kriegszuschlag" beträgt 0,14 RM pro Liter

11. 09.

erste Potsdamer Ratsherrentagung [5] seit Beginn des Krieges; OB Hans Friedrichs[6] hebt hervor, dass „*...auch in einer Zeit des Kampfes mit einem äußeren Feind [...] Potsdam kämpfen wird – gegen die Wohnungsnot für die Herbeischaffung der 7000 fehlenden Wohnungen (worin allerdings 1000 sog. Mangelwohnungen enthalten sind).*"

17. 09.

entsprechend dem Geheimabkommens zwischen dem Deutschen Reich und der Sowjetunion marschiert die Rote Armee in Ostpolen ein

18. 09.

wegen der Verdunkelung beginnt die Nachmittagsbriefzustellung von Briefen in Potsdam bereits um 15.00 Uhr; die erste Briefzustellung (11.00 Uhr) entfällt

21. 09.

der Vorsitzende des Potsdamer NS-Kunstvereins, Prof. Dr. Hans Leopold Kania, führt Interessierte durch den Park Sanssouci; er erklärt besonders die Skulpturen

---

4 Bereits am 13. 05. 1935 war im Gebäude der Reichspost am Wilhelmplatz (heute Platz der Einheit) die Fernsehstelle Potsdam eingerichtet worden. Der erste von Berlin aus gesendete Beitrag war der Ufa-Film „Das Flötenkonzert von Sanssouci". Im Anschluss an die Filmübertragung erschien der Hauptdarsteller, Otto Gebühr, im Kostüm Friedrich II. auf dem Bildschirm.

5 Das „Preußische Gemeindeverfassungsgesetz" vom 15. 12. 1933 sah – entsprechend des Führerprinzips – keine Stadtverordnetenversammlungen vor. Die Potsdamer löste sich am 28. 12. 1933 auf. Durch den Regierungspräsidenten wurden 18 Ratsherren bestimmt, die als Gremium eine beratende Funktion besaßen.

6 Am 10. 03. 1934 war der Potsdamer Kreisleiter der NSDAP, General a.D. Hans Friedrichs, durch den preußischen Ministerpräsidenten Hermann Göring in sein Amt als OB eingeführt worden. Eine Wahl hatte es nicht gegeben.

23. 09.
die „Verordnung über die Verbrauchsregeln für Seifenerzeugnisse und Waschmittel aller Art" tritt am 23. 09. 1939 in Kraft

23. 09.
Einrichtung eines Kindergartens für die Kinder der Mütter, die auf dem Potsdamer Wochenmarkt einkaufen; *„Die Kinder werden von geeigneten Kräften in dieser Zeit sorgsam betreut...",* heißt es in der Potsdamer Presse

25. 09.
auf Drängen nationalsozialistischer Kräfte wird für die Stiftung Hermannswerder eine neue Satzung beschlossen; in ihr heißt es u.a.: *„...im Dienste der Wohlfahrtspflege auf nationalsozialistischer Grundlage die Aufgaben der Gesundheitsförderung sowie die Erziehung und Ausbildung weiblicher Jugend zu pflegen..."*

25. 09.
die 35.000 Potsdamer Haushaltungen sind im Besitz der neuen Bezugskarten für Lebensmittel; der „Normalverbraucher" erhält pro Monat 2.000 g Fleisch oder Fleischwaren, 9.600 g Brot, 1.080 g Fett, 250 g Käse, 400 g Marmelade und 1.000 g Zucker

28. 09.
Oberst Enno Max v. Colomb verstirbt in Potsdam (geb. 11. 01. 1861); er hatte sich als Marinemaler einen Namen gemacht

29. 09.
OB Hans Friedrichs legt am Grabe von Peter Joseph Lenné einen Kranz zu dessen 150. Geburtstag nieder; die Schleifeninschrift lautet: *„Dem Gestalter der Potsdamer Landschaft zum 150. Geburtstag. Die dankbare Stadt Potsdam"*

29. 09.
Schlagzeile in der PT
Einmarsch der Truppen in Warschau

30. 09.
die Kennzeichnung von privaten Fahrzeugen mit einem roten

Winkel, deren Weiterbenutzung im öffentlichen Interesse liegt, ist in Potsdam abgeschlossen; Zuwiderhandlungen werden mit dem Entzug des Führerscheins bestraft

30. 09./ 01. 10.
2. Reichsstraßensammlung 1939; für eine Spende gibt es als Abzeichen ein germanisches Schwert, das am Kragen getragen werden kann; die PT fragt: *„Sind sie nicht ein Sinnbild unseres Kampfes, die kleinen germanischen Schwerter, unseres Wehrwillens in einer Zeit, da Deutschlands Freiheit wieder bedroht ist?"*

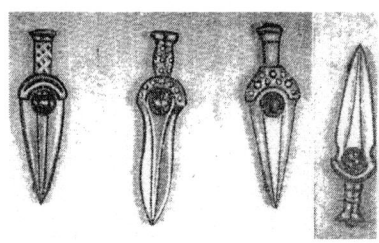

Abzeichen zur 2. Reichsstraßensammlung 1939

September
in den Babelsberger Althoff-Studios beginnt die Filmproduktion; dafür baute Gustav Althoff die Gaststätte „Klemms Festsäle" um

September
in der PT werden 9 Todesanzeigen Gefallener veröffentlicht

01. 10.
Einführung der Einheitstafelmargarine zu 0,98 RM; die bis dahin auch erhältliche Konsum-Margarine kostete 0,63 RM

01. 10.
der Großdeutsche Rundfunk beginnt mit der regelmäßigen Ausstrahlung der Sendung „Stimme der Heimat", die als das „Wunschkonzert für die Wehrmacht" gilt; 1942 übernimmt die in Potsdam lebende Schauspielerin Renate Barken den Part der Ansage; in einem Brief an die Schauspielerin vom Oktober 1942, von vier Soldaten unterschrieben, heißt es:
„Wir haben Dich hier bei uns vernommen
und durch Dich ist die Heimat zu uns gekommen.

*Wir dachten alle an zu Haus
und fragten uns, wie siehst Du aus.
Schick uns bald ein Bild von Dir,
Stimme der Heimat, Dank dafür!"*

01. 10.
beim Platzkonzert des Musikkorps des Luftnachrichten-Regiments des Oberbefehlshabers der Luftwaffe Potsdam-Eiche auf dem Wilhelmplatz wird der „Festmarsch" des Potsdamer Polizisten und Komponisten Carl Teike uraufgeführt

02. 10.
Schlagzeile in der PT
Einrücken in Warschau

04. 10.
aus Anlass des Sieges der deutschen Wehrmacht über die polnische Armee – am 23. 09. hatte das Oberkommando der Wehrmacht das Ende des Feldzuges gegen Polen erklärt – beginnt in ganz Deutschland eine siebentägige Beflaggung; die Kirchenglocken läuten täglich zur Erinnerung an die Opfer

05. 10.
Berliner Gesangs- und Instrumentalkünstler vom Rundfunk gestalten im Lazarett Hermannswerder einen bunten Nachmittag; es ist eine der ersten Veranstaltungen dieser Art in Potsdam

06. 10.
die letzten polnischen Feldtruppen kapitulieren vor der Deutschen Wehrmacht

11. 10.
in der „Durchführungsverordnung zum Abschnitt 4 der Wirtschaftsordnung" wird festgelegt, dass die Unternehmer die nicht mehr zu zahlenden Lohnzuschläge für Mehrarbeit, Sonntags-, Feiertags- und Nachtarbeit an das Reich (Finanzkasse) abzuführen haben

12. 10.
Abschluss der farblichen Innengestaltung des Potsdamer Schau-

spielhauses; die PT schreibt begeistert: „*Der zarte Elfenbeinton des Gestühls vereinigt sich mit dem sanften Goldglanz der Ornamentik der Wände und Pilaster, als Kontrapunkt bieten die grünen Polster der Sitze und Brüstungen die Mozart-Fröhlichkeit des scheidenden Rokoko.*"; damit wurde „*...hinzugefügt, was mehr als 140 Jahre nicht vorhanden war...*"

12. 10.
Schlagzeile in der PT
Hoch- und Tiefangriffe auf schwere englische Kreuzer

PT, 28./29. 10. 1939

13. 10.
der in Potsdam wirkende Komponist Herms Niehl schreibt eines der bekanntesten nationalsozialistischen Kriegslieder nach einem Text von Hermann Löns – „Denn wir fahren gegen Engeland"; bereits zwei Tage später erfolgen die Rundfunkaufnahmen in Berlin [7]
im Refrain heißt es:

---

7 Welche Wirkung dieses Lied hatte, macht ein Bericht der „Potsdamer Tageszeitung" vom 05. 03. 1940 über ein Konzert am 04. 03. 1940 im Lindenpark wider: „Eindrucksvoll versteht Herms Niel seinen Abend zu schließen. Man muss dabei gewesen sein, wenn er und seine Mannen das Engellandlied von Vers zu Vers steigern und die Hörer restlos mitreißen. Da setzt dann der Applaus orkanartig ein und das Lied muss wiederholt werden. Das macht unserm Herms Niel so leicht keiner nach."

„Gib' mir deine Hand, deine weiße Hand,
leb' wohl, mein Schatz, leb' wohl mein Schatz,
leb' wohl, lebe wohl,
denn wir fahren, denn wir fahren,
denn wir fahren gegen Engeland, Engeland."

14. 10.
Major Oskar v. Kretschmann verstirbt (geb. 23. 08. 1879); er war der Ehemann der Elisabeth Pietschker aus dem Pfarrhaus Bornstedt; auf dem Bornstedter Friedhof ist er beigesetzt

16. 10.
der Deutsche Rundfunk geht dazu über, nach den Nachrichten nicht mehr den „Marsch der Deutschen in Polen", sondern „Denn wir fahren gegen Engeland" zu senden

16. 10.
durch die Reichsregierung wird ein Lohn- und Gehaltsstopp verfügt

18. 10.
während eines Appells am Stadtschloss werden 1.000 Pimpfe und Jungmädel in die Reihen der HJ bzw. des BDM aufgenommen

18. 10.
Schlagzeile in der PT
Zahlreiche Gefangene im Westen

19. 10.
in der „2. Durchführungsverordnung über die Sühneleistung der Juden" wird die *„...Judenvermögensabgabe zur Erreichung des Betrags von 1 Milliarde Reichsmark..."* von 20 auf 25 % des Vermögens erhöht; am 15. 11. ist die höhere Abgabe fällig [8]

---

8 Die „1. Durchführungsverordnung über die Sühneleistung der Juden" vom 21. 11. 1938 hatte festgelegt: „Die Kontribution von einer Milliarde Reichsmark wird als Vermögensabgabe von den Juden deutscher Staatsangehörigkeit und Juden, die staatenlos sind, eingezogen. Die Abgabe beträgt 20 von 100 des Vermögens." Ausgangspunkt ist die „Verordnung über die Anweisung des Vermögens der Juden" vom 26. 04. 1938, die die Meldung des jüdischen Eigentums vorschreibt.

19. 10.
Verordnung der Polizei über die Sammlung von Küchen- und Nahrungsmittelabfällen aus Haushalten in „Haussammeleimern"; die Eimer werden von der NSV abgeholt; die Verordnung tritt am 01. 11. in Kraft

19. 10.
der Potsdamer Polizeipräsident Wilhelm Graf v. Wedel verstirbt (geb. 18. 11. 1898); er übte das Amt von 1935 bis 1939 aus; sein Nachfolger wird Heinrich Georg Hubertus v. Dolega-Kozierowski, der das Amt bis Kriegsende ausübt

22. 10.
auch in Potsdam findet der 1. Eintopfsonntag des Winters 1939/40 statt [9]

22. – 29. 10.
Werbewoche des DRK Potsdam; im Aufruf heißt es: „*Volksgenossen! Eure Männer, Brüder, Söhne stehen im Kampf gegen rücksichtslose Feinde. An der Seite der Wehrmacht steht das Deutsche Rote Kreuz, das Euren Angehörigen ohne Unterschied in unzähligen Fällen in schwerer Not Hilfe brachte und in ständiger Bereitschaft seine Hilfe auch Euch zur Verfügung stellt.*
Helft auch Ihr jetzt und arbeitet mit an der Erhaltung der Schlagkraft des Deutschen Roten Kreuzes als sanitäre Hilfsorganisation der Wehrmacht. [...]
Tretet ein in die Kreisgemeinschaft des Deutschen Roten Kreuzes, deren Aufgaben insbesondere sind 1. Werbung von Mitgliedern, 2. tätige Mithilfe bei der Errichtung und dem Betrieb von Anstalten und Einrichtungen des DRK, 3. Mitarbeit für den Bereitschaftsdienst durch Beschaffung von Material und Gerät, 4. aktive Unterstützung der Arbeit der Bereitschaften und Schwesternschaften."

---

9 Der Eintopfsonntag wurde in Deutschland am 1. 10. 1933 durch das nationalsozialistische Regime ins Leben gerufen. An jedem folgenden ersten Sonntag im Monat in der Zeit von Oktober bis März sollte in deutschen Haushalten nur Eintopf gegessen werden. Die Kosten, die diese Mahlzeit verursachte, durften pro Person 50 Pfennig nicht überschreiten. Das für das sonst übliche Sonntagsessen ausgegebene und damit gesparte Geld musste dem kurz zuvor gegründeten Winterhilfswerk und somit Bedürftigen gespendet werden.

31. 10.
Schlagzeile in der PT
Die ersten Sowjettruppen in Lettland [10]

Oktober
in der PT werden 9 Todesanzeigen Gefallener veröffentlicht

01. 11.
Einführung der Reichskleiderkarte; die PT erklärt: *„Das Ziel, welches mit der Kleiderkarte angestrebt wird, ist die Einfügung der Verbraucherdeckung in die Gesamtkriegsplanung, die mit den Deckungsmöglichkeiten abgestimmt ist."*

01. 11.
Aufstellen der Propaganda-Ersatz-Kompanie in Potsdam; zu ihren Aufgaben gehören die Kriegsberichterstattung in Wort, Bild und Film, die Wehrbetreuung und die „Aktivpropaganda" (Beeinflussung des Feindes)

02. 11.
Schlagzeilen in der PT
Schwaches Artilleriefeuer im Westen
Feierliche Wiedereröffnung des deutschen Ständetheaters in Prag

02. 11.
die 1. Ergänzungsverordnung zum Kriegssonderstrafrecht vom 17. 08. 1939 tritt in Kraft; sie bedroht eine mehr als dreitätige unbefugte Abwesenheit von der Truppe mit bis zu 10 Jahren Freiheitsstrafe und Fahnenflucht mit lebenslänglich Zuchthaus oder Tod

04. 11.
die „3. Verordnung zur Ausführung des Personenstandsgesetzes – Personenstandsverordnung der Wehrmacht" gestattet „...*die*

---

10 Am 05. 10. 1939 hatte Lettland auf Druck der Sowjetunion mit ihr ein Beistands- und Stützpunktabkommen abgeschlossen. Am 31. Oktober 1939 wurde ein Umsiedlungsvertrag zwischen dem Deutschen Reich und Lettland unterzeichnet und anschließend zügig durchgeführt: 48.600 Deutschbalten wurden nach Deutschland umgesiedelt. Diese so genannte Repatriierung wurde am 15. 12. 1939 für abgeschlossen erklärt.

Eheschließung vor dem Standesbeamten in Abwesenheit der Verlobten..." sowie *"...die Eheschließung vor dem Standesbeamten in Abwesenheit des Mannes..."*

05. 11.
in den „Alhambra"-Lichtspielen findet die 1. Filmfeierstunde der HJ statt; reichsweit werden den Jungen und Mädchen *"... große nationalpolitische Gedanken..."* durch Vertreter von Partei und Staat nahegebracht sowie deutsche Propagandafilme gezeigt

09. 11.
Gedenkfeier im Konzerthaus zum Jahrestag des Hitler-Putschs am 09. November 1923 in München; der Kreisschulungsleiter Pg. Reinhardt unterstreicht in seiner Ansprache, *"...dass die Gefallenen von gestern uns heute mahnen, in doppeltem Einsatz die aufgerissene Lücke zu schließen und uns noch fester und entschlossener hinter den Führer zu stellen, der das Vermächtnis der Ewigen Wache in seinem Herzen trägt und den die Vorsehung uns so gnädig erhalten hat."*

14. 11.
Ortsgruppenleiter Pg. Wetzel fordert auf der Versammlung des Haus- und Grundstückvereins, dafür Sorge zu tragen, dass sich Hausgemeinschaften bilden, in denen sich die Bewohner *"...wie in einer großen Familie fühlen sollen..."*; ferner wird darauf hingewiesen, dass der Hauswirt für die sachgemäße Einrichtung eines Luftschutzraumes zuständig ist

15. 11.
eine Säuglings- und Kleinkinderpflegeverordnung beschränkt die Tätigkeit jüdischen Pflegepersonals auf jüdische Anstalten

19. 11.
„Erlass des Führers Adolf Hitler über den Bußtag 1939"; darin heißt es: *„Der dem deutschen Volk aufgezwungene Kampf nötigt zur Anspannung aller Kräfte. Aus diesem Grunde wird in diesem Jahr der auf Mittwoch, den 22. November, fallende Bußtag auf Sonntag, den 26. November, verlegt."*

25. 11.
Verordnung der preußischen Regierung in Potsdam über die Endverbraucherpreise von Hühnern und Gänsen; darin ist u.a. festgelegt:

Brathühner, gerupft	500 g = 1,10 RM
Brathühner, entrupft und entdarmt	500 g = 1,15 RM
Gans, gerupft	500 g = 1,25 RM
Gänsebrust, ohne Knochen	500 g = 2,00 RM
Gänsekeule	500 g = 1,70 RM

25. 11.
der Zoologe und Ethnologe Emil Heinrich Snethlage verstirbt (geb. 31. 08. 1897); sein Forschungsschwerpunkt waren die Indianerstämme Südamerikas; die letzte Ruhe fand er auf dem Bornstedter Friedhof

27. 11.
die „Polizeiverordnung über das Abbrennen von Feuerwerkskörpern und ähnlichen Erzeugnissen" untersagt das Abbrennen besagter Erzeugnisse im Freien

28. 11.
der Rittmeister und Schriftsteller Hermann Gustav v. Spalding verstirbt (geb. 02. 04. 1875); auf dem Bornstedter Friedhof befindet sich seine letzte Ruhestätte

29. 11.
in der „Polizeiverordnung über die Fernhaltung Jugendlicher von öffentlichen Tanzlustbarkeiten" heißt es: *„Der Aufenthalt in Räumen, in denen öffentliche Tanzlustbarkeiten stattfinden und die Teilnahme an Tanzlustbarkeiten im Freien ist weiblichen Jugendlichen unter 16 und männlichen unter 18 nur in Begleitung des Erziehungsberechtigten oder einer von ihm aufgetragenen volljährigen Person und auch dann nur bis 22 Uhr gestattet. Das Verbot [...] gilt nicht für die Angehörigen der Wehrmacht und des Reichsarbeitsdienstes..."*; als Strafen werden bis zu 150,- Reichsmark und in besonders schweren Fällen Haft bis zu sechs Wochen angedroht

30. 11.
Schlagzeile in der PT
Moskau hat die diplomatischen Beziehungen zu Finnland abge-
brochen

30. 11. – 13. 03. 1940
Sowjetisch-Finnischer Krieg; durch die mit sowjetischen Sicher-
heitsinteressen begründete Auseinandersetzung verliert Finnland erhebliche Teile seines Territoriums

November
in der PT werden 4 Todesanzeigen Gefallener veröffentlicht

01. 12.
Schlagzeile in der PT
Die Stimmung des deutschen Volkes ist gut

02. 12.
in der „Verordnung über die Vertragshilfe des Richters aus
Anlass des Krieges" heißt es: *„Eine wesentliche Voraussetzung*
für das Durchhalten der deutschen Wirtschaft im Kriege ist,
dass jeder seinen Zahlungsverpflichtungen pünktlich nach-
kommt. Wer sich dieser Pflicht entzieht, gefährdet den Sieg...";
die Verordnung legt fest, dass der, der aus Kriegsgründen seinen
Zahlungsverpflichtungen nicht nachkommen kann, richterliche
Hilfe bei der Vertragsabwicklung in Anspruch nehmen darf

05. 12.
in der „Verordnung gegen Gewaltverbrecher" heißt es: *„Wer*
bei einer Notzucht, einem Straßenraub, Bankraub oder einer
anderen schweren Gewalttat Schuss-, Hieb- oder Stoßwaffen
[...] anwendet oder mit einer solchen Waffe einen anderen an
Leib und Leben bedroht, wird mit dem Tode bestraft."

05. 12.
der Potsdamer Gastwirt Wilhelm Nickel feiert sein 50jähriges
Berufsjubiläum

06. 12.
im Rahmen einer Feierstunde in der Gemeindeschule IV werden

31 Babelsberger Mädchen begrüßt, die seit April 1939 in St. Andreasberg (Harz) ihr „Landjahr" abgeleistet hatten

08. 12.
der OB Hans Friedrichs teilt mit:
„Der Krieg bringt es mit sich, dass in diesem Jahr zum ersten Mal Potsdam auf den Zauber des Weihnachtsmarktes [...] verzichten muss. Zum Weihnachtsmarkt und zur vorweihnachtlichen Stimmung gehören die brennenden Lichterbäume, die in den verdunkelten Straßen selbstverständlich nicht erstrahlen dürfen. Und weil auch sonst der Krieg dem Verkauf der gerade auf dem Weihnachtsmarkt dargebotenen Waren Beschränkungen auferlegen muss, habe ich angeordnet, dass der Weihnachtsmarkt in diesem Jahr nicht stattfindet. Etwas Ganzes und Überzeugendes würde er doch nicht werden..." [11]

10. 12.
beim 3. Opfersonntag für das KWHW 1939/40 werden in Potsdam 32.000,- RM als „Eintopfspende" gesammelt

11. 12.
in allen Ortsgruppen der NS-Frauenschaft sind Nähstuben eingerichtet

12. 12.
die „Verordnung über den Arbeitschutz" gestattet, die tägliche Arbeitszeit bis zehn Stunden auszudehnen

12. 12.
Schlagzeilen in der PT
122000 Bruttoregistertonnen in der ersten Dezemberwoche versenkt
Hollands Butterausfuhr nach England am Erliegen

12. 12.
in Potsdam beginnt die NSV mit der „Austauschaktion für Bekleidung und Schuhwerk", „...*passende, gleichwertige Stücke...*" – besonders bei Kinder- und Jugendbekleidung

---

11 Dieses Verbot bleibt faktisch bis 1944 wirksam.

– können getauscht werden; *„Wertvolle Rohstoffe werden dadurch eingespart und wichtigeren Verwendungszwecken vorbehalten. Jeder Potsdamer Volksgenosse überlege also, ob er noch über gut erhaltene, aber nicht mehr passende Kleidungsstücke und Schuhe verfügt, die auf dem Wege des Austausches einer nützlichen Verwendung zugeführt werden können. "*

15. 12.
in der großen Halle des Reichsbahnausbesserungswerkes gibt das Philharmonische Orchester Dresden ein Konzert; es ist der erste Auftritt dieses Klangkörpers in Potsdam; unter der Leitung des Dirigenten Paul von Kempen erklingt u.a. die Sinfonie Nr. 1 e-moll von Johannes Brahms

19. 12.
die Potsdamer Bäckerinnung gestaltet für 250 Flaksoldaten im Restaurant „Alter Fritz" eine Weihnachtsfeier

20. 12.
die „Verordnung über die Fortführung des Reichsarbeitsdienstes für die männliche Jugend während des Krieges" legt fest:
„Vordringliche Aufgabe des Reichsarbeitsdienstes während des Krieges sind Arbeiten im Interesse der Kriegsführung. [...] Anforderungen des Chefs des Oberkommandos der Wehrmacht auf Arbeitseinsatz im Interesse der Kriegsführung haben den Vorrang vor allen anderen Einsatzanforderungen [...] Die Dienstzeit im Reichsarbeitsdienst beträgt sechs Monate... "

23. 12.
in Potsdam findet das erste KWHW-Preisschießen seinen Abschluss; 14.336,91 RM werden auf das Konto des KWHW überwiesen

24. 12.
Karte des Kommunisten Albert Klink aus dem Konzentrationslager Sachsenhausen an seine Mutter, Luise Rudolph, Potsdam-Babelsberg, Ludwigstraße 7 (heute Spindelstraße):
*Meine Lieben!
Heute habe ich Euren lieben Brief erhalten und mich sehr gefreut. Wie ich sehe, werdet Ihr das Fest gut verleben, ich*

freue mich darüber und werde in Gedanken bei Euch sein. Ich wünsche Dir, liebe Mutti, und allen Lieben frohe Festtage und ein gutes neues Jahr und verbleibe mit den herzlichsten Grüßen und Küssen Euer Albert" [12]

24. 12.
zur ersten Kriegsweihnacht des Zweiten Weltkrieges schreibt die PT: *„In einer ernsten Zeit, aber zuversichtlich und hoffnungsvoll, feiert das Deutschland Adolf Hitlers in diesem Jahre sein Weihnachtsfest. Vier Monate eines uns aufgezwungenen Krieges liegen nun hinter uns. Und während die Glocken das Fest der Freude und des Friedens einläuten, stehen Hunderttausende von deutschen Männern und Jungmännern am Westwall, in der Luft und zur See unter den Waffen, um den Feind von Deutschland fernzuhalten, ihn zu schlagen und unsere, der Deutschen gute Sache zum Siege zu verhalfen.*
Denken wir an sie, an die Opfer, an die Opfer in Sonderheit der Toten und Verwundeten, die dieser vom englisch-jüdisch-freimaurerischen Kapitalismus heraufbeschworene Krieg vom deutschen Volke forderte, dann werden alle noch so drückenden Sorgen und Nöte des Kriegsalltages uns klein erscheinen. Und wir werden unseres Führers und seiner – unserer – Soldaten würdig sein und bleiben, komme, was da wolle.
So lasst uns Weihnachten feiern.
Gott sei mit dem Führer auf allen seinen Wegen.
Es lebe Großdeutschland."

30. 12.
Schlagzeile in der PT
Der Führer an die Wehrmacht: „Mit solchen Soldaten muss Deutschland siegen!"

31. 12.
im Schauspielhaus gibt der international bekannte Pianist Edwin Fischer ein Konzert; es erklingen Werke von Johann Sebastian Bach, Robert Schumann, Ludwig van Beethoven und Franz Schubert

---

12 Vergleiche 15. 01. 1940.

31. 12.
die PT schildert den Jahreswechsel 1939/40 folgendermaßen:
„Der Schritt vom alten ins neue Jahr hat sich fast unmerk-
lich vollzogen. Wohl hatten in Gaststätten und im Familien-
kreis Feiern stattgefunden, bei denen – ähnlich wie in früheren
Zeiten – eine leicht beschwingte Stimmung herrschte, doch
waren sie alle in einem dem Ernst der Zeit entsprechenden
würdigen Rahmen gehalten und haben bewiesen, dass es auch
ohne einen Rekordverbrauch an alkoholischen Getränken und
ohne lärmende Lustigkeit möglich ist, althergebrachte Feste
zu begehen. Weit davon entfernt, auf Humor und Geselligkeit
zu verzichten, gestaltete sich der Silvesterabend durchweg zu
einigen besinnlichen Stunden im Gedenken an das vergangene,
an herrlichen Erfolgen so reiche Jahr in der gläubigen Gewiss-
heit unserer unüberwindlichen Stärke und der festen Zuversicht
auf den Endsieg."

Dezember
in der PT werden 2 Todesanzeigen Gefallener veröffentlicht

1940

05. 01.
die „Polizeiverordnung zum Schutz der nationalen Symbole und Lieder" verbietet das „...*Singen und Spielen des Deutschlandliedes, des Horst-Wessel-Liedes und anderer durch Tradition und Inhalt geheiligten vaterländischen Lieder oder nationalsozialistischer Kampflieder...*" in Gaststätten aller Art sowie das Spielen traditioneller Armeemärsche zum Tanz; die Verordnung gilt auch für fahrende Spielleute; eine Missachtung kann mit einer Geldstrafe bis zu 150,- RM oder Gefängnis bis zu sechs Wochen geahndet werden

05. 01.
der in Potsdam lebende Jugendbuchautor Max Mezger verstirbt (geb. 03. 02. 1876); er verarbeitete vor allem seine Erlebnisse in Madagaskar für die junge Generation

06./ 07. 01.
die Gaustraßensammlung der NS-Frauenschaft erbringt in Potsdam eine Summe von 28.000,- RM; verkauft werden kleine Holzplaketten „Tiere des Waldes" sowie eine Plakette „Märkischer roter Adler"

06./ 07. 01.
Schlagzeile in der PT
Vier-Jahresplan [13] *und Kriegswirtschaft*

08. 01.
Aufführung des Oratoriums „Der reiche Tag" von Paul Höffer in Berlin durch den Städtischen Chor Potsdam unter Leitung von Prof. Karl Landgrebe; am 09. 01. erfolgt die Potsdamer Erstaufführung im Saal des RAW Potsdam

08. 01.
20 Potsdamer Fischer ziehen auf dem Heiligen See das „Große Garn", ein Netz, das unter dem Eis entlang gezogen wird; das Ergebnis ist jedoch mager

---

13 Der Vierjahresplan, erstmals 1936 aufgestellt, war auf die wirtschaftliche Selbständigkeit des Deutschen Reiches und damit auf die Sicherung der Kriegswirtschaft gerichtet. „Beauftragter des Vierjahresplanes" war Hermann Göring.

10. 01.
im Konzerthaus werden zahlreiche Angehörige der Potsdamer Propaganda-Ersatzkompanie an die Front verabschiedet; als Ehrengäste sind Joseph Goebbels, Minister für Volksaufklärung und Propaganda, und Robert Ley, Reichsorganisationsleiter, anwesend

10. 01.
bei einem Großbrand am Alten Markt 16 kommt der 78jährige Stellmacher Gottfried Woelk ums Leben; acht Menschen können gerettet werden

Brand vom 10. 01.

13. 01.
Konteradmiral Ferdinand Ritter v. Purschka verstirbt (geb. 03. 10. 1870); auf dem Bornstedter Friedhof wird er beigesetzt

15. 01.
der Tapezierer und Dekorateur Albert Klink wird im Konzentrationslager Sachsenhausen ermordet (geb. 03. 03. 1911); er war einer der führenden Kommunisten in Nowawes

16. 01.
Schlagzeile in der PT
300 russische Flugzeuge über Finnland

16. 01.

die PT veröffentlicht folgende Aufforderung:

„Warum für stark verschmutzte Hände kostbare Seife verschwenden? ATA holt Schmutz und Schmier aus der Haut und beseitigt schnell und gründlich alle Spuren schmutziger Arbeit.
Hausfrau, begreife:
ATA spart Seife!"

20. 01.

der Potsdamer Regierungspräsident legt Preise für Fuhrleistungen mit Pferden fest; es dürfen nur *„...versprochen, gezahlt oder angenommen werden...":*

Stundensatz Einspänner	2,75 RM
Stundensatz Zweispänner	3,50 RM
Halbtagsatz Einspänner	10,- RM
Halbtagssatz Zweispänner	13,- RM
Tagessatz Einspänner	18,- RM
Tagessatz Zweispänner	24,- RM

21. 01.

der junge Potsdamer Pianist Kurt Woywoth gibt im Nikolaisaal gemeinsam mit dem Sänger Robert Titze ein Premierenkonzert; sie bringen von Woywoth vertonte Gedichte von Josef Weinheber; die Presse schreibt begeistert: *„Die tiefempfundenen Texte von Josef Weinheber haben eine ergänzende Vertonung gefunden, die in ihrer aparten Harmonik einen eigenen Reiz besitzt.";* Kurt Woywoth wird eigens für dieses Konzert vom Kriegsdienst freigestellt

22. 01.

in Potsdam werden –20,8° C gemessen; es ist der kälteste 22. Januar seit Beginn der regelmäßigen Wetteraufzeichnungen in Potsdam im Jahre 1893

22. 01.

Schlagzeile in der PT
Neue Kältewelle – neuer Schnee

23. 01.

mit der „Verordnung über die Einführung der Sommerzeit" wird diese vom 01. 04. – 06. 10. eingeführt; die Verordnung wird bis 1945 jährlich neu erlassen

26. 01. – 19. 02.
am Viktoria-Gymnasium (heute: Helmholtz-Gymnasium) fällt der Unterricht wegen Kohlemangels aus

30. 01.
Heinrich Himmler, Reichsführer SS und Chef der deutschen Polizei, fordert in einer Rede alle Männer der SS und Polizei auf, möglichst noch während des Krieges Väter zu werden

Januar
die PT veröffentlicht keine Todesanzeigen Gefallener

02. 02.
der Reichsminister für Volksaufklärung und Propaganda, Joseph Goebbels, empfängt die Filmstellenleiter der einzelnen Reichsgaue; er weist darauf hin, dass sie die Grundregel wirksamer Propaganda „...*Vereinfachung und ständige Wiederholung...*" nicht außer acht lassen dürfen

02. 02.
Wilhelm Müller-Loebnitz verstirbt in Bornstedt (geb. 02. 01. 1874); er hatte sich einen Namen als Militärschriftsteller gemacht

05. 02.
Schlagzeile in der PT
Deutsche Seekriegsbilanz wirkt auf England niederschmetternd

06. 02.
im ehemaligen Kutschstall am Neuen Markt wird eine Großmarkthalle für Obst und Gemüse eröffnet; sie versorgt die etwa 400 Potsdamer Geschäfte

08. 02.
das Berliner Philharmonische Orchester unter Hans Chemin-Petit und der Potsdamer Pianist Wilhelm Kempff konzertieren im großen Saal des Reichsbahnausbesserungswerkes; es erklingt u.a. von Hans Chemin-Petit als Potsdamer Erstaufführung sein „Orchesterprolog"

15. 02.
Verordnung des Reichswirtschaftsministers Walter Funk, wonach Bezugsscheine für die Brautausstattung nur noch nach Vorlage des standesamtlichen Aufgebots ausgegeben werden dürfen

15. 02.
in der jüdischen Gemeinde Potsdams finden letztmalig Wahlen statt

16. 02.
Oberst Alexander v. Massow verstirbt (geb. 20. 07. 1869); auf dem Bornstedter Friedhof ist er beigesetzt

17./ 18. 02.
zum „Tag der Deutschen Polizei" finden in Potsdam zahlreiche Veranstaltungen zur Unterstützung des KWHW statt – so werden Polizeifiguren aus Leichtmetallangeboten, der 77. Wagen der Benz-Werke ist zu besichtigen und im Lustgarten finden Kinderreiten sowie Preisschießen statt

18. 02.
der in Potsdam geborene Sänger Emil Liepe verstirbt (geb. 16. 01. 1860); von 1884 bis 1902 war sein Heldenbariton u.a. bei den Wagner-Festspielen in Bayreuth sehr geschätzt

19. 02.
Schlagzeile in der PT
Vier feindliche Geleitzüge erfolgreich angegriffen

22. 02.
der General der Artillerie Hans Karl Hermann v. Gronau verstirbt (geb. 06. 02. 1850); mit einem Staatsakt am 26. 02. in der Garnisonkirche wird an ihn als einen der letzten Kriegsführer des Ersten Weltkriegs erinnert

22. 02.
in den Richtlinien des Chefs der Parteikanzlei und Ministers Martin Bormann zur Erteilung des Religionsunterrichts ist die christliche Glaubenslehre mit nationalsozialistischen Inhalten

in Zusammenhang zu bringen

27. 02.
der Architekt Peter Behrens verstirbt (geb. 14. 04. 1868); der Vorreiter des modernen Industriedesigns lebte um 1924 in Neubabelsberg

28. 02.
die PT teilt mit:
„Vorübergehende Beschränkung des Zeitungsumfangs
Die durch den besonders harten Winter eingetretenen Verkehrsschwierigkeiten machen es allen Verlagen zur Pflicht, ihrerseits auf die notwendige Lebensmittel- und Kohlenversorgung der Bevölkerung Rücksicht zu nehmen. Der Transport von Papier unterliegt daher vorübergehend unvermeidlichen Beschränkungen. Alle Leser werden gebeten, diesen besonderen Umständen Rechnung zu tragen und die Gründe hierfür zu würdigen. Es wird mit allen Kräften danach gestrebt, sie schnellstens zu überwinden. Verlag der Potsdamer Tageszeitung."

29. 02.
die PT teilt mit:
„In der Zeit vom 11. März bis 7. April erfolgt eine Sonderzuteilung von 125 Gramm Kunsthonig an alle Versorgungsberechtigten. Der Kunsthonig wird auf die Abschnitte Fl. 1 der Reichsfleischkarte für Normalverbraucher und der Reichsfleischkarte für Kinder bis zu sechs Jahren abgegeben."

29. 02.
Aufruf des OB Hans Friedrichs zur Schneebeseitigung, in dem es heißt: *„...besonders die Hauptverkehrsstraßen unserer Stadt (sind) bereits in einem Maße von den gewaltigen Schneemassen dieses Winters befreit worden, das hervorragend genannt werden muss. Trotzdem sind noch erhebliche Restbestände an Eis- und Schmutzmassen liegen geblieben, zu deren Beseitigung ich hiermit die Bevölkerung aufrufe. Den Hausbesitzern empfehle ich, zu diesem Zweck Hausgemeinschaften zu bilden und im übrigen – soweit noch nicht geschehen – ihr Hauptaugenmerk auf Reinigung der Bürgersteige, Freilegung der Rinnsteine und Gullys und Auflockerung der vereisten Schneemassen zu richten."*

Februar

in der PT werden 3 Todesanzeigen Gefallener veröffentlicht

01. 03.

die Potsdamer SA übernimmt die militärische Ausbildung
und Schulung von wehrfähigen Männern zwischen 18 bis 45
Jahren, die noch nicht gedient haben bzw. keiner Kampfforma-
tion angehören

01. 03.

Vorschlag in der PT für einen Küchenzettel für vier Personen
unter dem Motto

*„Die Woche lang nach Gramm gemessen
und dennoch satt und gut gegessen!*

*Nr. 1
Morgens: Kaffee mit entrahmter Frischmilch, Brötchen mit
Kunsthonig. Mittags: Schmorbraten (400 g), Thüringer Klöße,
gefüllte Bratäpfel. Abends: Scheiterhaufen, Brote mit Käse und
Rettich, Pfefferminztee."*
so wird Scheiterhaufen gemacht:
*„7 alte Semmeln, ½ Liter entrahmte Frischmilch, 1 Ei, 40 g
Zucker 500 g Äpfel 20 g Fett. Die Semmeln werden in Scheiben
geschnitten, mit dem in der Milch verquirlten Ei, die mit Zucker
abgeschmeckt ist übergossen. In einer gefetteten Auflaufform
werden die geweichten Semmeln mit dem Obst eingeschichtet,
so, dass die Semmeln den Schluss bilden. Der Auflauf wird mit
Butterflöckchen belegt und etwa 30 bis 40 Minuten im Ofen
mit bei guter Hitze gebacken. Es ist besser wenn die Äpfel vor
dem Einschichten angedünstet werden."*

*„Nr.2
Morgens: Milchsuppe, Brot mit Apfelschmalz. Mittags: Erb-
sensuppe (mit Speckschwarten), Marmeladenauflauf. Abends:
Aufgebratene Thüringer Klöße (Reste vom Sonntag) mit roten
Rüben, Brote mit Streichwurst (100g)."*
so wird Marmeladenauflauf gemacht:
*„250 g Marmelade, 300 g Haferflocken, Vanillezucker, 1 Zit-
rone, 40 g Fett. Die Flocken werden mit Zitronenschale in*

Wasser ausgequollen und halb erkaltet mit der Marmelade gemischt, die mit Zitronensaft verdünnt worden ist. In die gefettete Form eingefüllt, wird der sehr sättigende Auflauf ohne weiteres gebacken, nachdem er mit Fett bepinselt wurde. Vor dem Auftragen wird er dick mit Vanillezucker bepudert."

„*Nr. 3*
Morgens: Brotsuppe. Mittags: Wirsingkohl mit Klößchen (200 g), Fruchtgelee. Abends: Pellkartoffeln mit Specktunke, Brote mit Apfel-Rettich-Aufstrich, Kakao."
so wird Fruchtgelee gemacht:
„*1 Liter Fruchtsaft (eingemachter Fruchtsaft mit Zucker verdünnt), 90 g DPM, Zucker nach Geschmack, 1 Prise Salz. Der Saft wird zum Kochen gebracht, das kalt angerührte DPM hinzugefügt und und mit dem Zucker zusammen aufgekocht. Man reicht Vanillemilch und Vanilletunke dazu."*

„*Nr. 4*
Morgens: Kaffee mit entrahmter Frischmilch, Brote mit Marmelade. Mittags: fleischloser Eintopf, heiße Apfel- oder Holundersuppe. Abends: Pellkartoffeln mit Quark, Brote mit Wurst (100 g), Apfelschalentee".
so wird Fleischloser Eintopf gemacht:
„*200 g weiße Bohnen, 2 Liter Wasser, am Tage vorher einweichen, 750 g Mohrrübenscheiben, 1 kg Kartoffelstückchen, Suppengrün, 1 Eßlöffel Speckwürfel und Fett, 1 feingewürfelte Zwiebel, 2 Eßlöffel Mehl, 2 Brühwürfel, Salz. Die weißen Bohnen werden mit dem Einweichwasser halbweich gekocht, dann gibt man Suppengrün, Mohrrübenscheiben und nach 30 Minuten Kochzeit Kartoffelstückchen und Salz dazu. Speckwürfel, Fett und Zwiebel werden glasig angebraten, mit dem Mehl hell geröstet, mit etwas Suppe aufgefüllt, mit den aufgelösten Brühwürfeln gemischt und in die Suppe gegeben; mit Salz abschmecken."*

„*Nr. 5*
Morgens: Haferflockensuppe, Marmeladenbrot. Mittags: Mohrrübenpfanne, Apfelmus. Abends: Warmer Kartoffelsalat, Butterbrot und Hagebuttentee."
so wird Mohrrübenpfanne gemacht:

„1 kg Pellkartoffeln, 500 g Möhren (gelbe Rüben), 40 g Speck oder Fett, reichlich Petersilie, Zwiebel oder Lauch. Die Pellkartoffeln zieht man noch heiß ab und schneidet sie, nachdem sie etwas ausgekühlt sind, in Scheiben oder Würfel. Die geputzten Möhren schneidet man in größere Würfel oder Stifte und dünstet sie unter Zusatz von wenig Gemüsebrühe oder Wasser gar, aber nicht zu weich. Man darf nur so viel Flüssigkeit zugeben, wie von den Möhren aufgenommen werden kann. Speck und Zwiebel lässt man etwas anrösten und gibt dann Möhren, Kartoffeln hinzu und lässt langsam bräunen. Beim Anrichten wird reichlich Petersilie übergestreut."

„Nr. 6
Morgens: Roggenmilchsuppe, Vollkorn- oder Knäckebrot mit Butter. Mittags: Kartoffelbreiauflauf mit aufgebackener frischer Blutwurst (100 g). Abends: Bechamelkartoffeln, Brote mit Apfelschmalz, Brombeertee.

Nr. 7
Morgens: Märkische Strietzelsuppe, Röstbrot. Mittags: Dicke Kartoffelsuppe mit kleingeschnittenen Würstchen (200 g), Apfel oder eingemachtes Kompott. Abends: Buttermilchplinsen, Brote mit Streichwurst (125 g)."
so werden Buttermilchplinsen gemacht:
„1/2 Liter Buttermilch, 375 g Mehl, 1 Teelöffel Backpulver, Salz, Bratfett und eine halbe in heißes Fett getauchte Zwiebel zum Ausfetten der Pfanne. Alle Zutaten zu einem „Eierkuchenteig" verrühren und in der ausgefetteten Pfanne dünne Plinsen backen. Die Plinsen schmecken nicht nach Zwiebel."

03. 03.
große Tanz- und Singeveranstaltung der Potsdamer BDM-Gruppen im Hoditzsaal (heute Nikolaisaal) zugunsten des KWHW

05. 03.
die PT teilt mit, dass beim Kauf von schierem Fleisch (Filet, Schnitzel, Goulasch, Roulade) 20% Knochen bei Schweinefleisch und 25% bei Rindfleisch des Kaufgewichts mitgekauft werden müssen; die Knochen werden auf die Fleischmarken

angerechnet; Hammelfleisch darf nur noch mit eingewachsenen
Knochen abgegeben werden

05. 03.
der Potsdamer Bäckerinnungs-Gesangsverein begeht die
50-Jahr-Jubelfeier unter dem Motto
*„So lang das deutsche Handwerk blüht, blüht auch das deut-
sche Vaterland";* seit 1915 steht der Verein unter Leitung des
Chormeisters Ungewitter

05. 03.
2.500 Potsdamer nehmen am Wunschkonzert zugunsten des
KWHW im Saal des RAW Potsdam mit dem SA-Orchester
unter Herms Niel teil; die Veranstaltung wird der großen Nach-
frage wegen am 07. 03. wiederholt; es kommt eine Summe
von 14.378,38 RM zusammen, die, wie Kreisamtsleiter Krone
unterstreicht, das *„...Ergebnis einer starken, geschlossenen,
inneren Front..."* sei

07. 03.
der Babelsberger Paul Sch. wird wegen Schwarzschlachtung
zu einem Jahr Gefängnis und einer Geldstrafe von 1.000,- RM
verurteilt

08. 03.
nach der „Polizeiverordnung über die Kenntlichmachung im
Reich eingesetzter Zivilarbeiter und Arbeiterinnen polnischen
Volkstums" haben sie *„...auf der rechten Brustseite jedes Klei-
dungsstückes eine mit ihrer jeweiligen Kleidung fest verbun-
dene Kennzeichnung stets sichtbar zu tragen..."*; das Abzeichen
zeigt ein auf gelbem Rechteck ausgedrucktes „P" in lila Farbe

09./10. 03.
Schlagzeile in der PT
Fünf Jahre Wehrfreiheit [14]

10. 03.
Jugendfilmstunde der HJ Potsdam-Babelsberg; gezeigt wird der

---

14 Am 16. 03. 1935 war im Deutschen Reich wieder die allgemeine Wehrpflicht eingeführt worden.

Film „Der Herrscher" aus dem Jahre 1937 (Regie Veit Harlan); das Ministerium für Volksaufklärung und Propaganda hatte diesen Film als „staatspolitisch und künstlerisch besonders wertvoll" eingestuft

12. 03.
der Regisseur, Schriftsteller, Schauspieler und Theaterleiter Ralph Arthur Roberts verstirbt (geb. 02. 10. 1884); er schrieb bzw. inszenierte zahlreiche Ufa-Filme

13. 03.
Schlagzeile in der PT
Eine diplomatische und moralische Niederlage für England! Frieden zwischen Russland – Finnland

14. 03.
Hermann Göring, Beauftragter für den Vierjahresplan, ruft die deutsche Bevölkerung zu einer freiwilligen Spende von Kupfer, Bronze, Messing, Zinn, Blei und Nickel unter der Losung „Metallspende für den Führer" anlässlich dessen 51. Geburtstag am 20. 04.

16. 03.
die Potsdamer PEK gestaltet im Konzerthaus einen „Bunten Abend" zugunsten des KWHW; drei Stunden dauert das Programm „Mit PK auf Abwegen!"; man sah „...*alles, was zum soldatischen Leben gehört: Einkleiden, Ausmarsch, Gefechtsübungen, Stubendienst, „Schliff" und Freizeit, ganz vorzüglich aufgenommen, so dass die Umgebung versank und man in einem richtigen Kino zu sitzen und Wochenschaubilder zusehen glaubte"*

17. 03.
zum „Tag der Wehrmacht" wird in Potsdam ein „Tag der Fleischtöpfe Ägyptens" durchgeführt; ein „...*markenfreies Fleischgericht mit Beilage und einer Scheibe Brot...*" wird für -,50 RM abgegeben; in der PT vom 12. 03. heißt es: „*Wir lutschen noch nicht am letzten Knochen, ihr Herren Briten, und wir werden dahin niemals kommen in diesem Kriege!"*

21. 03.
die PT teilt mit, dass der Ostersonntag (24. 03.) „...als fleischfreier Tag..." entfällt, so dass „...*in den Gaststätten und Beherbergungsbetrieben an diesem Tage gegen Abgabe von Fleischmarken fleischhaltige Gerichte verabfolgt werden dürfen*"

24. 03.
Erstaufführung der Operette „Drei Wochen Sonne" von August Peböck nach dem Libretto von Sigmund Graff und Bruno Hardt-Warden im Schauspielhaus

26. 03.
im Deutschen Reich beginnt die „Metallspende"; diese Sammlung, so schreibt die PT, wird „...*ein ganz großer Erfolg werden, ein neuer Beweis unseres Gemeinschaftsgeistes und unerschütterlichen Siegeswillens. Mann für Mann werden wir antreten bei diesem „Appell des guten Willens", und freudig wird auch der kleinste Haushalt sein Scherflein beitragen, um mit seiner freiwilligen Spende mitzuhelfen beim Entscheidungskampf unserer Nation*"

28. 03.
die „Verordnung über die Verbrauchsregelung für Schuhe und Sohlenmaterial" legt u.a. fest, dass „...*Schuhe aller Art sowie Leder und Austauschstoffe für Leder zur Besohlung von Schuhen...*" nur noch gegen Bezugsscheine zu erhalten sind

30. 03.
der Potsdamer Regierungspräsident erlässt die Polizeiverordnung zu den „Pflichten der Zivilarbeiter und -arbeiterinnen polnischen Volkstums während ihres Aufenthalts im Regierungsbezirks Potsdam"; sie sieht u.a. ein Ausgehverbot in der Zeit vom 01. 04. – 30. 09 von 21.00 bis 05.00 Uhr und in der Zeit vom 01. 10. – 31. 03. zwischen 20.00 bis 06.00 Uhr vor; außerhalb des Ortsbereichs bedürfen die polnischen Arbeitskräfte einer polizeilichen Genehmigung zur Benutzung öffentlicher Verkehrsmittel; die Verordnung verbietet den „...*Besuch deutscher Veranstaltungen kultureller, kirchlicher und geselliger Art...*", desgleichen den Besuch von Gaststätten

März
in der PT werden 4 Todesanzeigen Gefallener veröffentlicht

März/April
die Havel tritt über die Ufer wie seit Jahrzehnten nicht; die
Presse schreibt: *„Das Wasser überschwemmt Laubenkolonien
wie am Hinzenberg und am Horstweg in Babelsberg, Obst-
gärten und Gemüseland in Caputh, es ertränkt Äcker, das kann
man bei Drewitz sehen – es dringt in die Keller. So mussten
viele Laubenbewohner mitsamt ihren Kaninchen und Hühnern
flüchten. Vieles von ihrer Habe ist verloren gegangen. Die vom
Wasser Verjagten mussten bei Freunden und Bekannten Not-
quartier aufschlagen. Etwa 80 Familien aus der Laubenkolonie
am Horstweg fanden im Potsdamer Altersheim Aufnahme."*

01. 04.
82,1 % der Potsdamer Haushalte sind mit einem Rundfunk-
gerät versehen

01. 04.
im Zuge der Arisierung wird die Orenstein & Koppel AG unter
treuhänderische Verwaltung gestellt und erhält den Namen
*„Maschinenbau und Bahnbedarf AG MBA, vormals Orenstein
& Koppel"*

01. 04.
Ernst Eichgrün feiert den 50. Jahrestag der Übernahme der
Photowerkstatt des Hofphotographen Hermann Selle

01. 04.
Eröffnung der Tanz- und Musikschule Feltner-Mürich durch
das Ehepaar Feltner; Frau Mürich ist eine in Potsdam bekannte
Tanzpädagogin, er ist Schauspieler

02. 04.
die „Verordnung über den Nachrichtenverkehr" bestimmt:
*„Wer versucht, mittelbar oder unmittelbar Nachrichten ohne
Genehmigung [...] in das feindliche Ausland gelangen zu lassen,
wird mit Gefängnis, in leichteren Fällen mit Haft oder mit
Geldstrafen, bestraft sofern nicht nach anderen Bestimmungen*

*eine schwerere Strafe, insbesondere wegen Landesverrats, die
Todesstrafe verwirkt ist..."*

03. 04.

die PT berichtet über die „Metallspende", die zu Ehren des
Geburtstages des Führers Adolf Hitler stattfindet: *„Es liegt
etwas Feierliches über dieser großen Metallspendeaktion. Die
Menschen scheinen wie an Geburtstagen innerlich gehoben
zu sein. [...] Bis zum 20. April können noch Gegenstände aus
Kupfer, Messing, Bronze, Nickel, Alpaka, Blei und Zinn in den
Sammelstellen [...] abgegeben werden."*

05. 04.

erstmals wird mit der Potsdamer Großalarmanlage ein Probe-
alarm durchgeführt

05. 04.

Oberstleutnant Joachim v. Köckritz verstirbt in Potsdam (geb.
16. 02. 1872); während des Ersten Weltkrieges war er Kommandant des in Potsdam stationierten Leibgardehusarenregi-
ments; auf dem Bornstedter Friedhof ist er beigesetzt

06. 04.

der Stab und der Nachrichtenzug einer Potsdamer Panzerjäger-
Ersatzabteilung erleben im „Lindenpark" einen „Bunten Nach-
mittag"; besondere Aufmerksamkeit erweckt das uraufgeführte
Panzerjägerlied vom Schützen Menden; in ihm heißt es:

*„Wir, die Husaren der Division,
haben schon manche Schlacht geschlagen.
Polens Armada zerschlugen wir schon
in knapp achtzehn Tagen.
Wo wir erscheinen, ruft heilige Pflicht,
wir fürchten Tod und Teufel nicht;
ja, wir Panzerjäger kämpfen mit Herz und Verstand,
siegen und sterben für das Vaterland."*

09. 04.
die deutsche Wehrmacht überfällt Norwegen und Dänemark

09. 04.
Schlagzeile in der PT
Kopenhagen in deutscher Hand

10. 04.
Dänemark wird kampflos durch die deutsche Wehrmacht besetzt

10. 04.
der Oberleutnant Otto Martin Houselle fällt (geb. 10. 11. 1908); der in Potsdam aufgewachsene Fliegeroffizier wird auf dem Bornstedter Friedhof beigesetzt

14. 04.
Filmstunde der HJ Babelsberg; gezeigt wird der erste deutsch-japanische Gemeinschaftsfilm „Die Tochter des Samurai" aus dem Jahre 1936 (Regie Arnold Franck)

14. 04.
Vereinsmannschaftskampf der Turnerinnen des Bezirkes Havel in der Turnhalle des Städtischen Lyzeums in der Waisenstraße (heute Dortustraße); vier Frauenvereinsmannschaften stellen sich der Wertung in der Gymnastik, im Barren, Schwebebalken, Pferd und im Korbball

19. 04.
feierliche Aufnahme der 10-jährigen Potsdamer in die HJ; in der großen Halle des RAW sprechen der Gauleiter Emil Stürtz und der Gebietsführer der HJ, Werner Kuhnt; der hebt in seiner Rede hervor: „*Adolf Hitler meint nicht, dass ihr nur Kinder seid, denen man alles erst zeigen muss. Er glaubt an euch, und das sollt ihr euer ganzes Leben hindurch nicht vergessen. Freiwillig sollt ihr die Disziplin auf euch nehmen, die ein deutscher Mann besitzen muss. Freiwillig sollt ihr alles tun in Schule, Elternhaus und im Dienst, was von euch verlangt wird. Unbändig stolz müsst ihr sein. Als kleinste und jüngste Soldaten des Führers habt ihr die Pflicht, Mut und Tapferkeit, Treue und Ausdauer*

und Opfersinn zu beweisen, wie es Adolf Hitler draußen und jeder Kämpfer in der Heimat tut.“

20./21. 04.
Schlagzeile in der PT
Adolf Hitler führt uns zum Sieg! Überwältigender Erfolg der Metallspende

24. 04.
die im Februar 1940 gebildete Chorgemeinschaft Potsdam-Babelsberg (Männergesangverein „Liederkranz“, „Mähliß'sche Liederfreunde“, Männergesangverein „Deutsches Lied“) geben unter Leitung von Musikdirektor Konrad Korth im Konzerthaus Babelsberg ihr erstes Konzert; die Presse schreibt begeistert: *„Der Zusammenschluss zum Besten unseres deutschen Liedes hat gute Früchte gezeitigt. Die stattliche Sängerschar, weit über hundert Mitglieder, füllte das festlich-geschmückte Podium vollständig aus. [...] (Man) kann der großen Sangesarbeit nur uneingeschränktes Lob zollen...“*

25. 04.
Schlagzeile in der PT
Italien kämpft an der Seite Deutschlands um sein eigenes Schicksal

25. 04.
im Konzerthaus werden 280 DRK-Helferinnen und 40 DRK-Helfer vereidigt; der Kreisführer des DRK, OB Hans Friedrichs, stellt fest, *„...dass das Rote Kreuz in Potsdam eine ganz besonders starke Entwicklung genommen hat, worin der Geist der alten Soldatenstadt seinen Ausdruck findet“*

26. 04.
die Potsdamerin Martha Kiener erhält aus dem Konzentrationslager Sachsenhausen die Nachricht, dass ihr Mann Reinhold verstorben sei (geb. 1898); der Sozialdemokrat war 1936 wegen Verteilung religiöser Schriften zu einem Jahr Gefängnis verurteilt und danach nach Sachsenhausen verbracht worden

27./28. 04.
in Potsdam beginnen die Sammlungen für das KWHW des
DRK 1940 mit der 1. Haussammlung; 40.731,- RM werden
gespendet; für das Sommerhalbjahr 1940 werden sieben Sammlungen angesetzt

30. 04.
die jüdische Gemeinde Potsdam trägt sich zwangsweise in das
Vereinsregister beim Amtsgericht Potsdam als „Synagogengemeinde e.V." ein; damit ist die jüdische Gemeinde keine Anstalt
des öffentlichen Rechts

April
in der PT werden 8 Todesanzeigen Gefallener veröffentlicht

05. 05.
der Funkmechaniker Georg Graf v. Arco verstirbt (geb. 30. 08.
1869); als Assistent Adolf Slabys war er an den ersten erfolgreichen drahtlosen Funkübertragungen zwischen der Sacrower
Kirche und der Matrosenstation 1897 an der Glienicker Brücke
beteiligt

06. 05.
Kuchen und Dauerbackwaren werden markenpflichtig

09. 05.
die deutsche Reichsregierung verhängt *für Juden eine generelle Aus-
gangsbeschränkung; diese gilt vom 01. 04. - 30. 09. zwischen 21.00
- 05.00 Uhr; vom 01.10. - 30. 03. zwischen 20.00 - 06.00 Uhr*

10. 05.
Beginn des deutschen Angriffs auf Frankreich und die neutralen
Staaten Belgien, Niederlande und Luxemburg; eine Kriegserklärung gegen die Beneluxstaaten erfolgt nicht; am 22. 06. endet
der Feldzug mit dem Waffenstillstandsabkommen zwischen
dem Deutschen Reich und Frankreich

10. 05.
Schlagzeile in der PT
Das deutsche Westheer in breitestem Vormarsch

11. 05.

die „Verordnung über den Umgang mit Kriegsgefangenen" legt fest: *„Sofern nicht ein Umgang mit Kriegsgefangenen durch die Ausübung einer Dienst- oder Berufspflicht oder durch ein Arbeitsverhältnis der Kriegsgefangenen zwangsläufig bedingt ist, ist jedermann jeglicher Umgang mit Kriegsgefangenen und jede Beziehung zu ihnen untersagt. [...] Soweit hier nach ein Umgang mit Kriegsgefangenen zulässig ist, ist er auf das notwendigste Maß zu beschränken..."*

11. 05.

Kameradschaftsmusterung der Marine-Kameradschaft Potsdam und Umgegend aus Anlass des 50jährigen Bestehens; vier Gründungsmitglieder sind noch dabei

12. 05.

Möchengladbach ist die erste deutsche Stadt, die von der britischen Luftwaffe bombardiert wird

15. 05.

Schlagzeile in der PT
Kapitulation der Festung Holland

17. 05.

der Babelsberger Turn- und Sportverein 1862 weiht seinen eigenen Boxring im Konzerthaus in der Augustusstraße (heute An der Sternwarte) ein; die PT schreibt: *„Die Jugend- wie die Alterskämpfe waren fast ausnahmslos von einem starken Kampfgeist erfüllt, und das Tempo war manchmal so, dass man in dem Wirbel der Schläge und der wechselnden Stellungen mit den Augen kaum mitkam. Es war als wollten die Boxer im Ring es unseren Soldaten gleichtun und blitzartig ihre Gegner erledigen."*

17. 05.

Brüssel wird kampflos übergeben

19. 05.

in den Ortsgruppen der NSDAP werden zum Muttertag an etwa 200 Mütter das „Ehrenkreuz der deutschen Mutter" [15],

---

15 Die Ehrung wurde in drei Stufen an arische Frauen vergeben: Stufe 1 (Bronze) für vier lebend geborene Kinder, Stufe 2 (Silber) für sechs und Stufe 3 (Gold) für acht lebend geborene Kinder.

im Volksmund „Mutterkreuz" genannt, vergeben; die Vergabe erfolgt alljährlich zum „Muttertag" im Mai

19. 05.
(Sonntag) 48.000 Berliner kommen mit öffentlichen Verkehrsmitteln als Touristen nach Potsdam

19. 05.
Sepp Herberger, Trainer der deutschen Nationalmannschaft, besucht das Spiel um den Tschammer-Vereinspokal [16] zwischen Eintracht Babelsberg und Tennis Borussia; Eintracht gewinnt das Spiel vor 2.500 Zuschauern mit 5:2

25. 05.
die PT berichtet, dass für Ledersandalen seit einiger Zeit Holzsandalen mit Lederriemen angeboten werden und fügt hinzu: *„Man sieht, unsere Mitbürgerinnen sind mit wehenden Fahnen vom Leder zum Holz übergegangen."*

25. 05.
immer öfter tauchen in der PT solche Anzeigen auf:

Stellmacher, Lackierer Schlosser, Elektriker Sattler, Arbeitsburschen
gesucht

Bequem zu erreichender Arbeitsplatz in Mitte der Stadt.

E. Zimmermann, Fahrzeuge
Potsdam, Friedrichstraße 6.
Französische Straße 23, Ruf 3072

---

16 Der seit 1935 ausgetragene Tschammer-Vereinspokal ist der erste nationale Fußball-Pokalwettbewerb Deutschlands. Benannt wurde er nach dem Reichssportführer Hans v. Tschammer und Osten (1887 – 1943). Bis 1964 diente der Pokal dem Deutschen Fußball-Bund (DFB) in der Bundesrepublik Deutschland als Trophäe, wobei das Hakenkreuz durch das DFB-Logo ersetzt wurde.

26. 05.

Eröffnung einer städtebaulichen Ausstellung im Kulturhaus in der Kurfürstenstraße (heute Logenhaus); der OB Hans Friedrichs erklärt dazu u.a.: *„Das für Potsdam Besondere liegt darin, dass zusätzlich zu der richtigen Lebensordnung für Gegenwart und Zukunft eine große historische Mission tritt. Nur eine großzügige Auffassung kann hier das Richtige finden. Wie geradezu lächerlich wäre eine Erhaltungsabsicht, die sich auf die Garnisonkirche, Sanssouci und die sonstigen Schlösser des Großen Königs beschränken würde. Potsdam ist nun einmal Nationalbesitz. Und nur mit dem Rahmen der Altstadt und der Landschaft wird Potsdam vom Volk als der friderizianische Boden empfunden. Es kann also die Lebens- und Raumordnung für Gegenwart und Zukunft keinesfalls über die historisch-landschaftliche Verpflichtung zur Tagesordnung übergehen. Das Gegenteil ist richtig. Die Lebens- und Raumordnung muss sich der geschichtlichen Mission unterordnen. Das ist eine Sonderlage...“*

26. 05.

Oberleutnant Wilhelm Prinz von Preußen, Enkel Wilhelm II., erliegt seinen während des Frankreichfeldzugs erlittenen schweren Verletzungen (geb. 04. 07. 1906); am 29. 05. wird er unter großer Anteilnahme im Antikentempel des Parks Sanssouci beigesetzt

26. 05.

Abschluss der Keglersaison 1939/40 in Potsdam; den begehrten Vereinspreis holt sich die Mannschaft von Germania 09 mit Radtke, Heller und Clemenz; der bislang übliche Kampf von Fünfermannschaften wird kriegsbedingt auf Dreiermannschaften reduziert

28. 05.

die „Bekanntmachung zur Verordnung über den Nachrichtenverkehr" regelt, welches Land als *„feindliches Ausland"* gilt: *Großbritannien, Nordirland, Kanada, Australischer Bund, Neuseeland, Südafrikanische Union, Frankreich (mit Kolonien), Ägypten, Sudan, Irak*

28. 05.
Schlagzeile in der PT
Bedingungslose Kapitulation der belgischen Armee

29. 05.
im NS-Frauenschaftsheim, Junkerstraße 30 (heute Gutenberg-straße), findet ein Lehrgang zur Zubereitung von Wildgemüse statt

31. 05.
der General der Infanterie Elimar Friedrich von Taysen verstirbt (geb. 15. 04. 1866); bei Bildung des in Potsdam stationierten Infanterieregiments 09 im Jahre 1921 wurde er dessen erster Kommandant

31. 05.
Generalmajor Dettlof Graf v. Schwerin verstirbt (geb. 27. 04. 1869); der Hofmarschall bei Wilhelm II. in Doorn ist auf dem Bornstedter Friedhof beigesetzt

Mai
in der PT werden 15 Todesanzeigen Gefallener veröffentlicht

01. – 09. 06.
„Festliche Musiktage Potsdam 1940"; die PT schreibt:
„Potsdam hält an der selbstgeschaffenen Form seiner Musik-tage fest [17] *und gibt so die Verbindung zwischen Kunst und Musik, Soldatendienst und Musendienst.";* Werke von u.a. Johann Sebastian Bach, Georg Friedrich Händel, Wolfgang Amadeus Mozart und Ludwig van Beethoven werden von dem Pianisten Edwin Fischer mit seinem Kammerensemble, dem Dirigenten Hans v. Benda mit dem Berliner Kammerorchester und dem Dirigenten Wilhelm Furtwängler mit dem Berliner Philharmonischen Orchester zur Aufführung gebracht

---

17 Die „Potsdamer Musikfesttage" werden seit 1938 durchgeführt.

Eröffnung der „Festlichen Musiktage Potsdam 1940" im Neuen Palais

02. 06.
Morgenfeier im Schauspielhaus aus Anlass des 200. Jahrestages der Thronbesteigung Friedrich II.; das Berliner Kammerorchester unter Leitung von Hans v. Benda spielt Werke Friedrich II.; ausgestellt werden die Originalpartituren der Brandenburgischen Konzerte von Johann Sebastian Bach

04. 06.
Ende der Schlacht bei Dünkirchen; 338.226 alliierte Soldaten können nach England übergesetzt werden

05. 06.
Schlagzeile in der PT
Der stolze Siegesbericht – Die Westmächte verloren 1,2 Millionen Gefangene

08./09. 06.
die HJ veranstaltet eine Haus- und Straßensammlung zum Erhalt des deutschen Jugendherbergswerkes; *„Kein Volksgenosse aus dem Gau Mark Brandenburg wird [...] fehlen, wenn die Jugend des Führers an ihn mit der Bitte herantritt, sie in ihrem Bestreben, sich neue Heime und damit neue Erziehungsstätten zu schaffen, zu unterstützen. Heer, Marine und Luftwaffe kämpfen an den Fronten des europäischen Krieges für die*

Ehre und Freiheit Großdeutschlands und damit für die groß-deutsche Jugend. Sie muss als Garant der Zukunft jede Gele-genheit erhalten, Körper und Geist zu stählen und zu stärken."

08./09. 06.
Schlagzeile in der PT
88.000 Gefangene bei Dünkirchen [18]

09. 06.
kirchenmusikalische Gedenkstunde in der Kirche St. Peter und Paul auf Nikolskoe anlässlich des 100. Todestages Friedrich Wilhelm III.; zur Aufführung kommt die Kantate Johann Sebastian Bachs „Gott soll allein mein Herze haben"; es singt der Babelsberger Bethlehem-Kirchenchor sowie die Solistin Margarethe Roll (Alt)

10. 06.
die norwegische Armee kapituliert vor der deutschen Wehrmacht

11. 06.
Schlagzeile in der PT
Italien marschiert gegen den gemeinsamen Feind

13. 06.
drei junge Frauen aus Potsdam werden zu ihrem Einsatz in das besetzte Belgien verabschiedet; gemeinsam mit weiteren Frauen werden sie dort in deutschen Lazaretten zur Unterstützung pflegerischer Kräfte eingesetzt

14. 06.
Paris wird von den deutschen Truppen besetzt

---

18 In der „Operation Dynamo", eine militärische Evakuierungsaktion der britischen Admiralität im Zweiten Weltkrieg wurden vom 26. 05. bis zum 4. 06. 1940 die Reste des britischen Expeditionskorps und Reste der französischen Armee, die von deutschen Truppen bei Dünkirchen eingekesselt waren, per Schiff nach England transportiert. Bis zum 4. 06. konnten insgesamt 338.226 alliierte Soldaten, davon etwa 110.000 Franzosen, evakuiert werden.

16. 06.
Prof. Kurt Breysig verstirbt im Ortsteil Bergholz-Rehbrücke
(geb. 05. 07. 1866); er zählt zu den bedeutenden Geschichts-
philosophen in der ersten Hälfte des 20. Jahrhunderts [19]

22. 06.
01.42 – 01.59 Uhr Fliegeralarm; erstmals fallen Bomben auf
Potsdam; getroffen werden die Babelsberger Post, Gebäude
in der Luisenstraße (heute Wollestraße), Lindenstraße (heute
Rudolf-Breitscheid-Straße) und Hermannstraße (heute Jute-
straße); der Minister für Volksaufklärung und Propaganda,
Joseph Goebbels, in sein Tagebuch: *„...in der Nacht kleiner
Bombenangriff auf Berlin. In Babelsberg Post und einige Pri-
vathäuser zerstört. Dazu Lazarett. Ich fahre selbst hin und lasse
aus der ganzen Sache einen Fall machen. Brauchbar für kommende Aktionen gegen England. Das Ausland soll darauf vorbereitet werden."*

Babelsbergs zerstörte Post

aus den Erinnerungen von Lothar Loewe:
„Im „Cafe Rabien" [20] *am Nauener Tor saßen die meist schwarz
gekleideten Geheimratswitwen mit ihren Töchtern und tranken
Malzkaffee. Während der nächtlichen Fliegeralarme pflegten
die Potsdamer ihre Luftschutzkeller überhaupt nicht aufzusu-*

19 Siehe 01. 09. 1943.
20 heute „Café Heider"

chen. In Potsdam gab es weder Schutzbunker, noch waren die Keller vorschriftsmäßig abgestützt. Es kursierte das Gerücht, Churchill habe angeordnet, Potsdam sollte wegen der verwandtschaftlichen Bindungen des englischen Königshauses zum deutschen Hochadel nicht bombardiert werden."

22./23. 06.
Schlagzeile in der PT
Die alte Schmach getilgt. Frankreich erhielt in Compiégne die Waffenstillstandsbedingungen [21]

24. 06.
02.00 – 02.50 Uhr Fliegeralarm

26. 06. – 06. 07.
Freizeitlager für Potsdamer „Mädel und BDM-Werk-Mädel" in der Jugendherberge Tiefensee bei Werneuchen; die PT erklärt: „Tiefensee ist eine der schönsten Jugendherbergen der Mark Brandenburg. [...] Es ist ein heller Fachwerkbau mit strohgedecktem Dach. Hell und freundlich leuchtet sie weit durch den Wald hindurch. Und an der Jugendherberge liegt ein schöner See."; der Lagerbeitrag beträgt 12,- RM; ein weiteres Freizeitlager findet vom 06. – 16. 07. statt

Juni
in Potsdam werden 2 Fliegeralarme gegeben

Juni
in der PT werden 57 Todesanzeigen Gefallener veröffentlicht

02. 07.
die ersten zurückkehrenden Truppen der Potsdamer Garnison werden in Potsdam auf dem Güterbahnhof willkommen geheißen; die PT schreibt dazu: *„Nach ihrem Einsatz auf dem polnischen und französischen Kriegsschauplatz ist gestern eine*

---

21 Am 11. 11. 1918 war im Wald bei Compiégne (Frankreich) das Waffenstillstandsabkommen zwischen der Entente und dem Deutschen Reich unterzeichnet worden. Es beendete den I. Weltkrieg. Der Vertrag von Versailles, abgeschlossen am 28. 06. 1919, bestätigte und verschärfte die Bedingungen.

Abteilung unseres siegreichen Heeres in Potsdam eingerückt. Der überwältigende herzliche Empfang ist von der Truppe mit tiefer Bewegung aufgenommen worden. Der Kommandant bittet uns deshalb, der gesamten Einwohnerschaft Potsdams seinen und seiner Abteilung warm empfundenen Dank zum Ausdruck zu bringen."

02. 07.
der Filmpionier Guido Seeber verstirbt (geb. 22. 06. 1879); er hatte 1912 das erste Filmatelier in Babelsberg in Betrieb genommen

03. 07.
die Potsdamer Schützengilde teilt ihren Beschluss mit, *„...in diesem Jahre, dem 475. ihres Bestehens, wegen der Kriegszeit auf Schützenfest, Königs- und Vogelschießen zu verzichten..."*

06. 07.
der Kreisleiter der NSDAP, Wilhelm Borgschulze-Mentges, und der Potsdamer Polizeipräsident, Hubertus v. Dolega-Kozierowski, sprechen im großen Saal des Café Sanssouci vor Potsdamer Ortsgruppen- und Zellenleitern zur Ernährungsfrage; gefordert wird eine *„...gleichmäßige Verteilung der anfallenden Obst- und Gemüsevorräte an alle Schichten der Bevölkerung..."*

06. 07.
Boxveranstaltung des Babelsberger Turn- und Sportvereins 1862 im Konzerthaus Babelsberg; die Babelsberger können nur im Jugendfedergewicht mit Schulz ein Unentschieden erreichen

07. 07.
bei der „Großen Potsdamer Ruderregatta" auf dem Templiner See gibt es 24 Rennen mit 380 Beteiligten aus 43 Vereinen; Potsdamer Siege:
HJ-Anfänger-Gig-Vierer m. Steuermann – RC Vineta-Potsdam
HJ-Gig-Vierer m. Steuermann – Potsdamer RC
HJ-Gig-Achter – RC Vineta-Potsdam

08. 07.
in Potsdam treffen 800 Ferienkinder aus allen deutschen Gauen ein; sie werden von Familien privat betreut

10. – 14. 07.
der Zirkus Carl Hagenbeck gastiert in Potsdam auf dem Schützenplatz (heute etwa Leipziger Dreieck); die Presse schreibt nach der Eröffnungsvorstellung: *„Und was wir diesmal sahen, ist wirklich Zirkus, kein Varieté unterm Zelt, sondern Zirkus mit Pferden, Elefanten, Zebras, Maultieren, einer prachtvollen Tigergruppe. Die erregenden Laute der exotischen Tierschau. Und ganz selbstverständlich Fleiß, Können, wunderbare Präzision der diesem geheimnisvollen Getriebe angehörenden Menschen.“*

12. 07.
02.00 – 02.10 Uhr Fliegeralarm

12. 07.
NSDAP-Kreisleiter Wilhelm Borgschulze-Mentges, OB Hans Friedrichs sowie Mitglieder der NS-Frauenschaft betreuen bzw. besuchen mehr als 700 Verwundete in den Potsdamer Lazaretten

13./14. 07.
Schlagzeilen in der PT
Erfolgreiche Operationen in überseeischen Gewässern
U-Boot meldet Versenkung 24684 BRT feindlichen Handelsschiffsraumes

15. 07.
Eröffnung des „Blütenparks" auf der Freundschaftsinsel; eigentlich hatte die Eröffnung am 21. September 1939 (anlässlich des 150. Geburtstag von Joseph Peter Lenné) stattfinden sollen, war aber wegen des Kriegsausbruchs verschoben worden; der Stadtgärtner Hans Kölle berichtet: *„80 cbm Kompost, 2160 cbm Dung und 160 Ballen Torf wurden zur Verbesserung des schon in gärtnerischer Kultur gewesenen Bodens verwendet. Der Garten umfasst 7800 qm Rasenfläche, 1440 qm Stauden und 4.800 qm Wegefläche. Seiner Anlage nach wird der Blütengarten ganz beherrscht von einer zentralen Rasenfläche, belebt*

durch einige sehr alte Laubbäume und mehrere alte Obst-
bäume..."

16. 07.
03.15 – 04.00 Uhr Fliegeralarm

16. 07.
Konrad Gehlhoff aus Potsdam-Babelsberg, Hakendamm 39,
rettet einen neunjährigen Knaben am Ostufer des Templiner
Sees vor dem Tod durch Ertrinken

17. 07.
Premiere des ersten antisemitischen und antibritischen Ufa-
Films „Die Rothschilds. Aktien auf Waterloo" in der Regie von
Erich Waschneck und nach dem Drehbuch von C. M. Köhn
sowie Gerhard T. Buchholz; als Darsteller agieren u.a. Carl
Kuhlmann, Herbert Hübner, Erich Ponto, Bernhard Minetti,
Gisela Uhlen, Hubert v. Meyerinck und Ursula Deinert

18. 07.
Schlagzeile in der PT
Über 37 Millionen erbrachte die letzte Rotkreuzsammlung

19. 07.

Potsdamer Frauen helfen Flugzeuge bauen

die PT berichtet: *„Es ist eine bekannte Tatsache, dass im Kriege*
die deutsche Frau überall da, wo sie hingestellt wird, ihren
„Mann" steht. Selbstverständlich stehen da auch unsere Pots-
damer und Babelsberger Frauen nicht zurück.
Bei den Arado-Flugzeugwerken mit ihren weitverzweigten
Betrieben, die maßgeblich am Aufbau der deutschen Luftwaffe
beteiligt sind, vertreten sie tatkräftig die zum Dienst an der
Front eingezogenen Männer."

21. 07.
OB Hans Friedrichs gratuliert der Stadtsparkasse zum 100.
Jahrestag ihres Bestehens

22. 07.
22 Gruppen der Brandenburger HJ – darunter auch zahlreiche Potsdamer Jungen – fahren für 20 Tage in das „...*befreite Ostgebiet, um dort kulturell und politisch in einzelnen Einsatzkreisen zu wirken...*"

23. 07.
kriegsbezogene Zigarettenwerbung in der PT:

Muskelier und Offiziere v. Infanterie-Rgt. 23 im 7jährigen Krieg.

Soldaten rauchen aufmerksamer, sie genießen den Tabak gründlicher, schon deshalb, weil sie oft nicht wissen, wann sie ihren Vorrat wieder ergänzen können. Da wir uns mit der Herstellung unserer Zigaretten sehr viel Mühe geben, glauben wir, unsere Marken gerade den Soldaten besonders empfehlen zu dürfen.

24. 07.
die PT berichtet, dass in Potsdam 200 Reichsbahnkleingärtner auf 76 ha tätig sind (die größte Anlage gibt es mit 40 ha in der Babelsberger Straße zwischen Nuthe und Havel); 1939 gab es in den Anlagen 3.839 Obstbäume mit 7.000 kg Ertrag; es wurden 1939 nicht weniger als 23.039 kg Hackfrüchte geerntet; 87 Kaninchen, 43 Hühner, 41 Tauben, 11 Gänse und 31 Enten wurden gezählt

27. 07.
Fritz Dietloff Graf Schulenburg, Reserveoffizier des in Potsdam stationierten Infanterieregiment 09, plant den Führer Adolf Hitler während der angekündigten Parade in Paris auf den Champs-Elysées zu erschießen; Hitler jedoch hatte Paris bereits am 23. 07. – quasi inkognito – besucht

28. 07.
205. Orgelfeierstunde in der Friedenskirche; es spielt der Berliner Organist Kurt Gerhardt

29. 07.
die Deutsche Reichspost kündigt den jüdischen Bürgern die Telefonanschlüsse

Juli
in Potsdam werden 2 Fliegeralarme gegeben

Juli
in der PT werden 21 Todesanzeigen Gefallener veröffentlicht

06. 08.
Schlagzeile in der PT
5 Millionen BRT Handelsschiffsraum wurden seit Kriegsbeginn vernichtet

09. 08.
Eröffnung der Ausstellung „Die dicke Berta" [22]; die PT schreibt dazu: *„Es wird ein naturgetreues Modell dieses Riesengeschützes des Weltkrieges [23] gezeigt, das auf den Betrachter einen ganz gewaltigen Eindruck macht."*

10./11. 08.
bei den Deutschen Leichtathletikmeisterschaften erläuft Erich Puch vom VfL Potsdam den Sieg im Marathon; zugleich werden er, Willi Trapp und Wilhelm Borns Marathon-Mannschaftsmeister

12. 08.
Schlagzeile in der PT
93 Flugzeuge am Sonntag abgeschossen

14. 08.
durch die „2. Verordnung zur Änderung der Verordnung über

---

22 Der von der Firma Krupp entwickelte 42-cm-Mörser wurde während des Ersten Weltkrieges zur Bekämpfung von Festungsanlagen eingesetzt.
23 Gemeint ist der Erste Weltkrieg.

die Verbrauchsregeln der Seifenerzeugnisse und Waschmittel aller Art" wird ab 01. 10. die Reichsseifenkarte eingeführt

14. 08.
02.40 – 02.50 Uhr Fliegeralarm

15. 08.
01.32 – 02.25 Uhr Fliegeralarm

17. 08.
die Schäden an den Telefonleitungen in Babelsberg, bedingt durch den Bombentreffer vom 22. 06., sind beseitigt; für 1.600 Babelsberger sind die Telefonleitungen wieder bereit

19. 08.
Gedenkkonzert in der Garnisonkirche anlässlich des Todestages Friedrich II.; der Organist Prof. Otto Becker, der Flötist Joachim Kluge sowie die Mezzosopranistin Hanna Kleist-Schotte tragen Werke von Johann Sebastian Bach, Friedrich II., Johann Joachim Quantz und Carl Philipp Emanuel Bach vor; die PT schreibt: *„Professor Otto Becker, als feinsinniger Solist und Begleiter, war, wie immer, auf musikalisch vorbildlicher Höhe."*

20. 08.
Schlagzeile in der PT
Erfolgreiche Bombenangriffe auf Südengland

21. 08.
00.40 – 02.22 Uhr Fliegeralarm

23. 08.
00.45 – 02.25 Uhr Fliegeralarm

25. 08.
beim Opfersonntag für das DRK werden in Potsdam 27.601,- RM gesammelt

26. 08.
00.15 – 03.35 Uhr Fliegeralarm

27. 08.
00.40 – 01.40 Uhr und
02.18 – 02.55 Uhr Fliegeralarm

28. 08.
Fertigstellung der Betonbrücke über die Nuthe zwischen
Potsdam und Drewitz; sie ersetzt eine ältere Holzbrücke

29. 08.
Schlagzeile in der PT
Feiger englischer Angriff auf Berliner Wohnviertel

29. 08.
00.20 – 03.20 Uhr Fliegeralarm

30. 08.
00.45 – 03.30 Uhr Fliegeralarm

31. 09.
00.55 – 02.10 Uhr Fliegeralarm

31. 08./01. 09.
Schlagzeile in der PT
Der totale Krieg erfordert den totalern Einsatz aller

August
in Potsdam werden 10 Fliegeralarme gegeben

August
in der PT werden 7 Todesanzeigen Gefallener veröffentlicht

01. 09.
00.15 – 02.00 Uhr Fliegeralarm

02. 09.
der Potsdamer Pianist Wilhelm Kempff konzertiert im Marmor-
palais mit seinen Schülern (Gerda Botradi, Elsa Thies, Detlef
Kraus, Emma Sagebiel und Hildegard Scharnick) im Rahmen
der Aufführungen des Deutschen Musikinstituts für Ausländer;
im Pressebericht heißt es: *„Man kann wohl sagen, dass allen*

Vortragenden die unruhige Zeit mit ihrem Luftschutzkelleraufenthalt nichts anhaben konnte."

04. 09.
Treffen der in der Organisation „KdF" zusammengefassten Briefmarkensammler im „Preußischen Hof"; Herr Porazik spricht zu dem Thema „Plauderei über altdeutsche Marken"

05. 09.
00.05 – 02.40 Uhr Fliegeralarm; bei dem Angriff der Royal Air Force auf Berlin werden beim An- und Abflug 7 Sprengbomben auf Potsdam abgeworfen; einige Wohnhäuser und Teile der Kindl-Brauerei werden zerstört; Heinz Drechsler und Ewald Behrend kommen ums Leben – sie sind die ersten Potsdamer Bombenopfer

In der Nacht zum 5. September 1940 verunglückten tödlich in treuer Pflichterfüllung unsere Gefolgschaftsmitglieder, die Brauer

Ewald Behrend
und
Heinz Drechsler

Wir werden diesen Arbeitskameraden jederzeit ein ehrendes Gedenken bewahren.

Betriebsführung und Gefolgschaft
der
Berliner Kindl Brauerei
Aktiengesellschaft
Abteilung II — Potsdam

Potsdams erste Bombenopfer

05. 09.
Potsdamer Premiere des Lustspiels „Jugendliebe" von Leo Lenz im Schauspielhaus in Anwesenheit des Dichters; Alice Weymuth und Paul Lipinski spielen unter der Regie von Alfred Richter-Anschütz die Hauptrollen; Curt Goetz tritt in einer Nebenrolle auf

06. 09.
Schlagzeile in der PT
Die schwerste Nacht für London. Umfangreiche nächtliche Angriffe der deutschen Luftwaffe. Straßenverkehr lahmgelegt

08. 09.
erster Opfersonntag des KWHW 1940/41; die PT fordert:
„Wer noch zaudernd die Geldscheine in der Hand überzählt,
den mahnt ein Blick auf den Soldaten, der das schwarzweiß-
rote Band des Eisernen Kreuzes im Knopfloch trägt: Hat dieser
wohl nur einen Augenblick gezaudert, als das Kommando kam:
Freiwillige vor?"

08. 09.
die Einschränkung des nächtlichen Straßenbahnverkehrs
beginnt; die letzte Bahn ab Hauptbahnhof fährt 23.00 Uhr

09. 09.
Schlagzeile in der PT
1,6 Millionen am ersten Opfersonntag

09. 09.
im neuen Gebäude der Neuen Königstraße (heute Berliner
Straße 98) nimmt die Verwaltung der Wasserstraßendirektion
Berlin ihre Arbeit auf; sie wurde von Berlin nach Potsdam verlegt; Architekt des neuen Gebäudes ist Prof. Werner March

11. 09.
Schlagzeile in der PT
Der verbrecherische Luftüberfall auf Berlin

12. 09.
Schlagzeile in der PT
Tag und Nacht Angriffe auf Ägyptens Küste

15. 09.
Zusammenschluss der beiden Babelsberger Sportvereine Turn-
und Sportverein 1862 und Turngemeinde Jahn zur Babelsberger
Turn- und Sportgemeinschaft

18. 09.
der Lehrer Gotthart Große aus Leipzig hält vor den Mitgliedern
des Potsdamer Alpenvereins den Vortrag „Im Schneesturm und
Sonnenlicht durch die Alpen"; die Presse schreibt: *„An diesem*
Abend hat sich die Sehnsucht nach den geliebten Bergen wieder

so recht fest ins Herz gefressen, und heiße Wünsche und Hoffnungen wandten sich dem neuen Reisejahr zu."

21. 09.
die HJ-Mannschaft des Ruderclub „Vineta" wird in Berlin-
Grünau Reichssieger im Achter

21./22. 09.
1. Reichs-Straßensammlung des Sports für das KWHW; am 17.
09. hatte die PT ein Gedicht des Potsdamers R. Nispel zu dieser
Straßensammlung veröffentlicht, in ihm heißt es:
> *„Jeder Sportmann sucht in Ehren*
> *sich beim Sammeln zu bewähren.*
> *Auf den Straßen, Plätzen, Sälen,*
> *nirgend wird ein Sammler fehlen.*
> *Kameraden vom deutschen Sport*
> *brecht den Sammelrekord.*
> *Brecht ihn eisern, hart und zäh*
> *mit der Büchse des WHW!"*

die PT schreibt: „*...der Sammelaktion der Potsdamer Turner
und Sportler (war) ein voller Erfolg beschieden. Besonders
erwähnenswert ist der fast hundertprozentige Einsatz in den
ländlichen Vereinen.*"

22./23. 09.
23.50 – 02.25 Uhr Fliegeralarm

23./24. 09.
23.20 – 03.20 Uhr Fliegeralarm

24. 09.
Schlagzeile in der PT
Japanischer Einmarsch in Indochina

24. 09.
die Abteilung für Berufserziehung und Betriebsführung der DAF eröffnet eine Fachbuchausstellung in Verbindung mit dem Potsdamer Buchhandel; gezeigt wird eine Auswahl der ca. 5.000 Lehrmittel, die für die verschiedenen Fachgebiete zur Verfügung stehen

24./25. 09.
23.35 – 02.30 Uhr Fliegeralarm

25./26. 09.
22.47 – 04.00 Uhr Fliegeralarm

27. 09.
Schlagzeile in der PT
Drei-Mächte-Pakt: Deutschland, Italien und Japan

27. 09.
Mitteilung des Potsdamer Polizeipräsidenten zur Verdunklung von Hausfluren; darin heißt es: „*Die Verdunklung der Treppenhäuser und Hausflure ist sofort in der Weise durchzuführen, dass alle Lichtaustrittsöffnungen abzudunkeln sind. Kein Licht darf ins Freie fallen! Lichtaustrittsöffnungen sind Fenster aller Art sowie die Haus- und Hoftüren.*"

27. 09.
die PT teilt eine Verordnung des Ministers für Wissenschaft, Erziehung und Volksbildung, Bernhard Rust, mit, in der es u.a. heißt: „*Der Vormittagsunterricht für Schüler des schulpflichtigen Alters – das heißt für die Volksschulen und die Klassen 1 bis 4 der Mittel- und Höheren Schulen – fällt aus, wenn in der Nacht vorher über 24 Uhr hinaus Fliegeralarm gewesen ist.*"; der Unterricht wird nachmittags zwischen 14.00 – 17.00 Uhr nachgeholt, „*...wenn die Belegung der Schulgebäude dies gestattet und der Unterricht anderer Schulen oder Klassen nicht geschädigt wird*"

28. 09.
der in Potsdam wohnende Dirigent der Berliner Philharmoniker, Wilhelm Furtwängler, wird auf Dauer an die Wiener Staatsoper verpflichtet

28./29. 09.
00.33 – 02.25 Uhr und
02.48 – 03.18 Uhr Fliegeralarm

29. 09.
in der Friedenskirche finden die Orgelfeierstunden 1940 ihren Abschluss; u.a. spielt der Reger-Schüler Prof. Karl Landgrebe Regers „Canzone", op. 65

29. 09.
Auftakt der Jugendfilmstunden 1940/41 in den Lichtspieltheatern Potsdams; gezeigt wird der erste Großfilm der HJ „Der Marsch zum Führer" [24]; im Lichtspieltheater „Alhambra" spricht der Kreisleiter der NSDAP, Wilhelm Borgschulze-Mentges: *„Er hob hervor, dass Potsdam über eine Jugendführung verfüge, die sich besonders stark dafür einsetzt, den Jungen und Mädchen immer aufs neue geistig Wertvolles und Wissenswertes zu bieten, so dass er mit Stolz sagen könne, diese Erziehungsarbeit durch die Bannführung geschähe vorbildlich."*

30. 09.
00.35 – 02.40 Uhr Fliegeralarm

30. 09.
Schlagzeile in der PT
Luxemburgs deutsche Zukunft

September
in Potsdam werden 9 Fliegeralarme gegeben; 2 Menschen verlieren ihr Leben

September
in der PT wird 1 Todesanzeige eines Gefallenen veröffentlicht

[24] Der Film zeigt den Sternmarsch der Hitlerjugend zum X. Reichsparteitag der NSDAP 1938 in Nürnberg.

01. 10.
00.15 – 04.30 Uhr Fliegeralarm

01./02. 10.
22.45 – 01.00 Uhr Fliegeralarm

02. 10.
die „Verordnung über die Verlängerung der Sommerzeit" legt
fest, dass die Regelung bis auf weiteres bestehen bleibt (siehe
23. 01. 1940)

02. 10.
der Bordfunker Unteroffizier Franz Knape aus Potsdam kommt
beim Luftangriff auf London ums Leben

Vom erfolgreichen Feindflug kehrte
nicht mehr zurück unser lieber Sohn, mein
lieber Bräutigam und treuer Bruder

Bordfunker Unteroffizier

Franz Knape

In tiefer Trauer

Franz Knape
Emma Knape geb. Neumann
Maridi Waltl
Gerhard Knape

Beisetzung erfolgte in Osnabrück auf
dem Hegerfriedhof am 12. Oktober 1940.
Von Beileidsbesuchen bitten wir Abstand zu nehmen.

02. 10.
02.15 – 03.50 Uhr Fliegeralarm

03. 10.
Schlagzeile in der PT
London im Bombenhagel der vierten Vergeltungswoche

04. 10.
die Dienststelle der Staatspolizei Potsdam fordert, die als
arbeitslos geltenden evangelischen Hilfspfarrer der Beken-

nenden Kirche [25]„...*einer nutzbringenden Beschäftigung zuzu-führen...*"; im Ergebnis dieser Einberufungsaktion zur Wehrmacht gibt es in Potsdam bis Ende 1940 weder einen amtlichen Bekenntnispfarrer noch einen Hilfsprediger

05. 10.

Singewettstreit des HJ-Jungstammes Babelsberg-Drewitz in der Aula der Althoffschule; jedes der vier Fähnlein hatte eine Singegruppe aufgestellt, die jeweils ein Marsch- und ein Volkslied vorzutragen hatte; „Es zog ein Zug Soldaten", „Was wirbelt und ruft", „Kleine Dorothee", „Was unsere Väter schufen" waren die Märsche – „Abendlied einer Flakbatterie", „Lass doch der Jugend ihren Lauf", „Das Leben ist ein Würfelspiel", „Horch, was kommt von draußen rein" die Volkslieder

06. 10.

bei einem Appell der Ortsgruppe Potsdam der Technischen Nothilfe werden 50 neue Mitglieder vereidigt; der Vorsitzende der Ortsgruppe, Tauer, hebt hervor, dass „...*sie in die Front der Kämpfenden eingereiht (würden), um in der Heimat ihre Schuldigkeit zu tun; denn dieser Krieg sei ein totaler, und niemand dürfe in der großen Kampfgemeinschaft fehlen*"

06. 10.

die NS-Kriegsopferversorgung Potsdam führt am Schießstand am Luftschiffhafen ein Preisschießen für 30 Verwundete durch; als bester Schütze erweist sich der Potsdamer Leutnant Kaiser

06. 10.

Premiere des Stückes von Karl Zuchardt „Die Prinzipalin" im Schauspielhaus

07. 10.

in Potsdam beginnt ein Lehrgang für Kisuaheli; die Kursteil-

---

25 Die Bekennende Kirche (BK) war eine Oppositionsbewegung evangelischer Christen gegen Versuche einer Gleichschaltung von Lehre und Organisation der Deutschen Evangelischen Kirche (DEK) mit dem Nationalsozialismus. Am 12. August 1934 hatte Anna v. Gottberg (1885 – 1958) in Potsdam zur Bekennenden Kirche aufgerufen. Bereits 1935 hat die Bekennende Kirche in Potsdam 2.017 und in Nowawes ca. 1.000 Mitglieder. Einer ihrer bekanntesten Repräsentanten wurde der Pfarrer Dietrich Bonhoeffer (1916 – 1945).

nehmer werden mit dem Satz begrüßt „Watu weusi wanasalimu wabwana Wudachi" (Die schwarzen Leute grüßen ihre deutschen Herren)

07./08. 10.
22.10 – 03.00 Uhr Fliegeralarm

07. – 11. 10.
Speiseplan im Ersatz-Verpflegungsmagazin in der Leipziger Straße:

07. 10.	Salzkartoffeln mit Senfsoße und Blutwurst, Nachtisch
08. 10.	geschnittene Karotten mit Brühkartoffeln
09. 10.	Schweineschnitzel mit Gemüse, Salzkartoffeln, saure Gurke
10. 10.	Spitzbein, Weißkohl und Kartoffeln
11. 10.	Topfwurst, Kartoffeln und Sauerkohl

08. 10.
Aufforderung an die Leser der PT:

Machen Sie Ihrem Soldaten im Felde die große Freude
und schicken Sie ihm durch uns jeden Tag die „Potsdamer Tageszeitung". Das kostet nur 2,10 RM. im Monat. Wir besorgen alles für Sie.

08. 10.
in Potsdam wird ein Laufgraben fertig gestellt, der vor Splitterwirkung bei Fliegerangriffen schützen soll

08. 10.
Schlagzeile in der PT
Rund 15 Millionen Reichsmark vorläufiges Ergebnis der ersten Reichsstraßensammlung

09. 10.
die PT weist darauf hin, „...*dass das Steigenlassen von Drachen während der Kriegszeit...*" verboten ist

10./11. 10.
23.30 – 02.30 Uhr Fliegeralarm

12./13. 10.
22.10 – 01.45 Uhr Fliegeralarm

14./15. 10.
22.40 – 00.20 Uhr und
01.20 – 05.00 Uhr Fliegeralarm

15. 10.
die ersten fünf jungen Potsdamerinnen werden nach zwei Dienstjahren aus dem „Frauenhilfsdienst für Wohlfahrts- und Krankenpflege im Deutschen Frauenwerk" feierlich entlassen; zwei von ihnen waren für drei Monate in Frankreich eingesetzt worden

15. 10.
der Jurist Julius Haeckel verstirbt (geb. 09. 04. 1866); von 1911 bis zu seinem Tode war er als Vorsitzender des Potsdamer Geschichtsvereins ehrenamtlich tätig und hinterließ zahlreiche Publikationen zur Stadtgeschichte

15. 10.
der Kunstspringer Hans Luber, Silbermedaillengewinner bei den Olympischen Sommerspielen 1912 in Stockholm und Europameister 1926, 1927 sowie mehrfacher Deutscher Meister, verstirbt (geb. 15. 10. 1893); beim Luftschiffhafen-Schwimmfest des Potsdamer Schwimmclubs 1893 am 08. 07. 1928 hatte er sich vor begeistertem Publikum am Schauspringen beteiligt

15./16. 10.
22.00 – 00.20 Uhr Fliegeralarm

16. 10.
die Meistertänzerin Daisy Spies, der 1. Solotänzer Kurz Lenz sowie die Kammertanzgruppe des Deutschen Opernhauses Berlin treten im Schauspielhaus auf; begleitet werden die Tänzer am Flügel vom Komponisten und Kapellmeister Leo Spies

16./17. 10.
23.00 – 00.10 Uhr Fliegeralarm

19. 10.
die „Verordnung über das Reformationsfest 1940" bestimmt:
„Mit Rücksicht auf die dringend notwendige Kohleförderung und die sonstige Produktionsnotwendigkeit wird in diesem Jahr das auf Donnerstag den 31. Oktober 1940 fallende Reformationsfest [...] auf Sonntag den 3. November 1940 verlegt."

19. 10.
21.35 – 23.45 Uhr Fliegeralarm

20. 10.
00.08 – 02.15 Uhr und
03.05 – 06.05 Uhr Fliegeralarm

20. 10.
Helmuth James Graf v. Moltke, führendes Mitglied der Widerstandsgruppe Kreisauer Kreises, schließt seine „Denkschrift über die Grundlagen der Staatslehre" ab; er regt die Neugründung eines Staates im Deutschen Reich nach dem Sturz des nationalsozialistischen Regimes an; dieser soll demokratisch von unten nach oben aufgebaut sein; seine Repräsentanten sind durch ein Wahlmännerkollegium zu wählen; alle Parteien sollen durch Wählerinitiativen ersetzt werden

20. 10.
in der Kiezstraße dreht die Tobis-Filmgesellschaft den Einzug der Truppen in Potsdam nach Beendigung des Siebenjährigen Krieges (1763) für den Film „Der große König"; Hunderte Potsdamer wirken als Komparsen mit

23. 10.
02.38 – 06.00 Uhr Fliegeralarm

24. 10.
das Strub-Quartett (benannt nach Prof. Max Strub) konzertiert im Schauspielhaus; es erklingen Werke von Heinz Schubert, Wolfgang Amadeus Mozart und Ludwig van Beethoven; die

Presse schreibt: „*Es ist ein heißes Musizieren, das alle Hörer zu heller Begeisterung entflammt.*"

24. 10.
00.50 – 05.30 Uhr Fliegeralarm

25. 10.
Schlagzeilen in der PT
Italienische Flieger zum ersten Mal gegen die englische Insel
Erfolgreiche Tag- und Nachtangriffe

25. 10.
04.15 – 05.20 Uhr Fliegeralarm

26./27. 10.
die Potsdamer spenden am 2. Opfersonntag 51.234,12 RM

26./27. 10.
22.22 – 00.25 Uhr und
03.28 – 05.10 Uhr Fliegeralarm

27. 10.
1.500 Potsdamer Jungen und Mädchen werden im großen Saal des RAW in die HJ bzw. in den BDM aufgenommen

28. 10.
20.55 – 23.45 Uhr Fliegeralarm

29. 10.
Schlagzeile in der PT
Italienische Truppen überschritten die griechische Grenze

30. 10.
20.55 – 23.45 Uhr Fliegeralarm

31. 10.
die „Verordnung über den Bußtag 1940" legt fest: „*Der auf Mittwoch den 20. November fallende Bußtag wird in diesem Jahr auf Sonntag den 17. November verlegt.*"

Oktober
in Potsdam werden 20 Fliegeralarme gegeben; 2 Menschen verlieren ihr Leben

Oktober
in der PT werden 3 Todesanzeigen Gefallener veröffentlicht

01. 11.
Schlagzeilen in der PT
London vor einem furchtbaren Winter
Amtsstellen hilflos gegenüber der katastrophalen Lage
Unübersehbare Zerstörungen

01. 11.
20.55 – 01.00 Uhr Fliegeralarm

02. 10.
03.00 – 04.45 Uhr Fliegeralarm

02./03. 11.
zur Unterstützung der 3. Reichsstraßensammlung für das KWHW 1940/41 werden auf dem Bassinplatz zwei Liliputt-Eisenbahnen aufgebaut; gegen ein „...*geringes Opfer*...“ können große und kleine Fahrgäste die Bahn nutzen

03. 11.
der Gesangverein der Potsdamer Bäckermeister gestalten ein Gesangkonzert in einem Potsdamer Lazarett; u.a. wird angestimmt „Morgen marschieren wir“, „Nur die Hoffnung festgehalten“, „Für Deutschland“ und „In die Ferne“; die Bäckerinnung spendet 1.000 Stück Blechkuchen

03. 11.
02.20 – 03.45 Uhr Fliegeralarm

04. 11.
Beginn der Bauarbeiten für 96 1- bzw. 1½-Zimmer-Wohnungen mit Duschen und moderner Inneneinrichtung zwischen Heideweg und Großbeerenstraße

06. 11.
04.00 – 05.32 Uhr Fliegeralarm

08. 11.
01.40 – 02.12 Uhr und
03.25 – 05.30 Uhr Fliegeralarm

10. 11.
der Potsdamer Ruder-Club feiert im Bootshaus den 57. Jahrestag seiner Gründung; bisher konnten 171 Siege in offenen Wettkämpfen errungen werden

10. 11.
die Handballmannschaft der Babelsberger Turn- und Sportgemeinschaft bestreitet ein Spiel gegen die Nationalpolitische Lehranstalt (NAPOLA); die Schüler siegen mit 9 : 6

10. 11.
21.00 – 00.00 Uhr Fliegeralarm

13. 11.
20.25 – 22.40 Uhr

14. 11.
00.35 – 05.50 Uhr Fliegeralarm

14. 11.
bei dem deutschen Luftangriff auf die englische Stadt Coventry werden 568 Zivilisten getötet; von den 75.000 Gebäuden der Stadt werden 65.000 zerstört

14./15.11.
20.37 – 01.00 Uhr Fliegeralarm

15. 11.
02.45 – 04.40 Uhr Fliegeralarm

16. 11.
23.00 – 23.50 Uhr Fliegeralarm

17. 11.
die bekannte Fliegerin Elly Beinhorn-Rosemeyer spricht im großen Saal des Konzerthauses vor begeistertem Publikum über ihren Alleinflug von Berlin nach Indien, Persien und Thailand

18./19. 11.
22.15 – 00.10 Uhr Fliegeralarm

19./20. 11.
21.40 – 00.55 Uhr Fliegeralarm

20. 11.
04.20 – 06.10 Uhr Fliegeralarm
es ist das erste Mal, dass über eine Bombardierung Potsdams im Wehrmachtsbericht informiert wird; es heißt darin: *„Ein Flugzeug warf seine Bomben auf die historische Stadt Potsdam. Der hier und an anderen Stellen Deutschlands angerichtete Sachschaden ist unbedeutend und beschränkt sich im allgemeinen auf leichte Beschädigungen von Wohnhäusern und Straßen..."*

20. 11.
Schlagzeilen in der PT
Ungarn ist dem Dreimächtepakt beigetreten
Feiger Bombenüberfall auf das historische Potsdam

21. 11.
22.20 – 23.30 Uhr Fliegeralarm

21. 11.
die vier noch bestehenden Wochenschauen (Deulig, Fox, Tobis, Ufa) im Deutschen Reich werden zur „Deutschen Wochenschau" zusammengefasst und in den Ufa-Konzern integriert

23. 11.
20.48 – 22.50 Uhr Fliegeralarm

23./24. 11.
Schlagzeile in der PT
Beitritt Rumäniens zum Dreimächtepakt

24. 11.
der Städtische Chor Potsdam und das Städtische Orchester Berlin geben im Nikolaisaal unter Leitung von Prof. Karl Landgrebe das „Deutsche Requiem" von Johannes Brahms

26. 11.
21.20 – 22. 40 Uhr Fliegeralarm

28. 11.
beim „Stoßtruppappell" in den Arado-Flugzeugwerken spricht der Gauschulungswalter von Osthannover; Pg. Marschmann zu den Betriebsangehörigen über das Führerwort *„Ich will an Deutschland glauben dürfen solange ich lebe!", über den unbändigen Willen, diesem Volk und diesem Lande wieder den Platz an der Sonne zu geben. [...] Die Arbeit des Arado-Betriebes sei Vertrauensarbeit, der Soldat der Front setze in sie und auf uns sein Vertrauen, diese Arbeit sei keine Arbeit für uns, unsere Lohntüte oder dgl., sondern sie sei Arbeit für das Schicksal unseres Volkes! Darum müsse auch gegenseitiges Vertrauen das Fundament unserer gemeinsamen Arbeit sein [...] Nach dem Siege, den auszunutzen das deutsche Volk diesmal verstehen werde, wüchsen unsere Aufgaben ins Ungemessene. Heute schon gelte es, sich auf diese Aufgaben vorzubereiten. Paradies sei nicht, was dem Menschen geschenkt werde. Paradies sei nur das, was er erarbeite, erschaffe und erkämpfe."*

28. 11.
21.25 – 22.58 Uhr Fliegeralarm

November
in Potsdam werden 19 Fliegeralarme gegeben

November
in der PT wird 1 Todesanzeige eines Gefallenen veröffentlicht

03. 12.
„Stoßtruppappell" bei der Maschinenbau und Bahnbedarf AG in Potsdam-Babelsberg; zu der Gefolgschaft spricht Gauschulungswalter Pg. Marschmann; er unterstreicht: *„Das Morgenrot der nationalsozialistischen Zeit läuft und ein neues Europa*

wird erstehen. Inseln um Europa sind kein Begriff mehr, nein der Kampf des deutschen Volkes ist ein Kampf gegen das Welt-judentum. Dass wir in diesem Kampfe siegen, dafür ist uns hei-ligster und höchster Garant unser Führer durch unseren uner-schütterlichen Glauben an seine Sendung und Werk."

04. 12.
die PT macht für Weihnachtsgeschenke der Fa. Rudolph Hertzog, Berlin, Reklame; es werden u.a. angeboten:

Flotte Bluse	10,50 RM
Fesche Kappe	10,10 RM
Handschuhe (Wolle)	3,45 RM
Handtasche (Leder)	12,00 RM
Bauernschürze	3,35 RM

05. 12.
Schlagzeile in der PT
Starke Brände in London und Birmingham

05. 12.
Eröffnung des Kinos „Bergtheater" am Leipziger Dreieck mit dem Spielfilm „Ein Leben lang" (in den Hauptrollen Paula Wessely und Joachim Gottschalk); der Zuschauerraum (17 x 24 m) fasst 600 Personen; *„...hier am Schlageterplatz, in der früher recht stiefmütterlich behandelten Teltower Vorstadt, ist ein Lichtspielhaus entstanden, das an Größe und Schönheit den Berliner Filmpalästen ebenbürtig an die Seite gestellt werden kann [...] Da ist kein Talmiglanz, wie man ihn oft finden kann in „Filmpalästen". Künstlerisch und gediegen, so offenbart sich das Ganze wie jede, und sei es die unauffälligste, Einzelheit."*

Eröffnungsinserat in der PT

07. 12.

im Haus Großbeerenstraße 65 taucht ein Schmetterling (Pfau-
enauge) auf; er wird in eine warme Stube gebracht, taut tatsächlich auf und fliegt zwei Tage durch die Wohnung

09. 12.

die Straßenbahnverwaltung verbietet das Rauchen auf dem
Vorderperron des Motorwagens während der Dunkelheit, „...
*da durch das Glimmen der Zigarren usw. und besonders durch
das Anzünden derselben das Fahrpersonal geblendet und die
Sicht nach der dunklen Straße verhindert wird*"

10. 12.

die vier Monate alte Renate Klunter wird vor dem Karstadt-
Kaufhaus in der Brandenburger Straße entführt; das Kind wird
im Kinderwagen am 18. 12. vor dem Eingang des Palast-Hotels

„abgestellt"; als Täterin wird Charlotte G. (23) aus Bentsche
(Kreis Meseritz) ermittelt; am 29. 01. 1941 wird sie zu vier
Jahren Gefängnis und anschließender Unterbringung in eine
Heil- und Pflegeanstalt verurteilt

13. 12.
der Führer Adolf Hitler unterzeichnet die Angriffspläne gegen
Griechenland

13. 12.
das Dresdener Opernballett gibt im Schauspielhaus ein Gastspiel; die PT schreibt dazu: *„Die (nicht nur äußerliche) Farbig-
keit dieser künstlerischen Darbietung, die tänzerische Bewegt-
heit einer schöpferischen Gestaltung, hatten die Herzen des
freudig mitgehenden Publikums erfüllt."*

14./15. 12.
bei der 4. Reichsstraßensammlung der Wintersaison 1940/41
für das KWHW werden in Potsdam durch die HJ und den BDM
135.000 Abzeichen verkauft; der Erlös beträgt 28.640,- RM

15. 12.
21.00 – 22.50 Uhr Fliegeralarm

16. 12.
04.00 – 06.25 Uhr Fliegeralarm

16. 12.
Albert Lehmann schließt die historische Gaststätte „Frosch-
kasten", Wall am Kiez; die Presse schreibt: *„Sei bedankt, alter
„Froschkasten", in der Reihe alter gewesener lokalhistorischer
Gaststätten stehst du in erster Reihe und gern werden wir
deiner gedenken..."*

20./21. 12.
21.58 – 01.05 Uhr Fliegeralarm

21. 12.
04.20 – 07.30 Uhr Fliegeralarm
sechs Menschenleben sind zu beklagen

22. 12.

02.55 – 05.28 Uhr Fliegeralarm

23. 12.

Dr. Kurt Vossberg verstirbt (geb. 18. 10. 1863); er übte das Amt des Potsdamer OB von 1907 – 1924 aus

24. 12.

aus den Erinnerungen von Dr. Manon Andreas-Grisebach:

„Ich bekomme vom Ludwig-Voggenreiter-Verlag [26] *ein Buch geschenkt: „Von Art und Brauch. Spielzeug aus Wald und Wiese." Noch heute hüte ich es als kostbares Etwas. Viele Sachen habe ich in meiner Potsdamer Kinderzeit nach den dort gedruckten Anleitungen gebastelt: eine Hirtenschalmei, Ernteszenen mit Erntewagen und Bäuerinnen, Hirsch, Hase und Vögel aus Stroh, Eicheln, Federn, Ahornzungen, Kastanien und Rinden – „Erschienen im Ludwig-Voggenreiter-Verlag/ Potsdam", und der befand sich gegenüber von uns in der Wörtherstraße (heute Menzelstraße). Ich habe nur die besten Erinnerungen an dieses große Haus, das zwar auch einem Goldenen Parteigenossen, nämlich dem Karl Ludwig Voggenreiter, gehörte und viele Nazi-Bücher verlegte, aber als Kind mit 12, 13 und 14 Jahren habe ich dort Packen gelernt beim dicken Packer Hartwig, Lieder, Sagen und Heldenepen gelesen, und in der Voggenreiter-Familie, die privat in unserem Haus wohnte, unten in einer großen Parterre-Wohnung [...] ging ich ein und aus, spielte mit dem jüngsten Sohn Hartmut, bekam zu essen und kurz vor Kriegsende, Anfang April ,45, schloss Frau V., die Josefa, ihren Trachtenladen in der Potsdamer Innenstadt und schenkte mir ein herrliches Dirndl, lange mein Stolz und Schwarm, weiße Kniestrümpfe mit grün eingestrickten Zöpfen, und dann verschwand sie. Den Ludwig-Voggenreiter-Verlag haben die Russen gleich nach der Eroberung konfisziert und*

---

26 Der Verlag hatte sich 1924 in Potsdam niedergelassen. Er hatte sich besondere Verdienste um die Neupfadfinderbewegung erworben. Beginnend mit 1933 setzte eine deutliche Orientierung auf nationalsozialistisches Schrifttum ein.

weggeräumt [27] [28]. *Aus meiner Sicht muss ich sagen, dass dieser Obernazi uns erstens nie diffamierte, und dass er zweitens in der Bombennacht im April 1945 im Luftschutzkeller auf der kläglich schmalen Holzbank neben meiner Mutter, der Jüdin, zitternd saß, sie ihre Hand auf die seine legte und sagte: „Keine Angst, es ist sicher bald vorbei."*

28. 12.
in Potsdam verstirbt Generalleutnant Heinrich Freiherr v. Hadeln (geb. 21. 11. 1871); er wird auf dem Bornstedter Friedhof beigesetzt

31. 12.
Schlagzeile in der PT
1941 bringt die Vollendung des größten Sieges unserer Geschichte

Dezember
in Potsdam werden 5 Fliegeralarme gegeben; 6 Menschen verlieren ihr Leben

Dezember
in der PT werden 2 Todesanzeigen Gefallener veröffentlicht

---

27 Der Ludwig-Voggenreiter-Verlag wurde am 30. 11. 1948 durch die Landesregierung Brandenburg enteignet.
28 Ludwig Voggenreiter, geboren am 07. 03. 1898, wird wegen seiner nationalsozialistischen Verlagstätigkeit durch sowjetische Organe inhaftiert und verstirbt zwischen dem 15. und 17. 08. 1947 im sowjetischen Gefangenenlager Buchenwald.

1941

02. 01.

der ehemalige deutsche Großindustrielle und Kriegsgegner
Fritz Thyssen und dessen Frau Amélie werden in der geschlossenen Abteilung des Privatsanatoriums von Dr. Richard Sinn in
Potsdam interniert; dort befindet sich auch der Präsident der
Nationalversammlung Frankreichs, Edouard Herriot; der Versuch Hermann Görings am 02. 02. 1941, Thyssen zur Abkehr
von seiner Haltung gegenüber Adolf Hitler zu bewegen, scheitert; im November 1943 wird Fritz Thyssen in das Konzentrationslager Sachsenhausen verschleppt

04. 01.

der Schauspieler Rudi Godden verstirbt (geb. 18. 04. 1907);
auch in seinen Ufa-Filmrollen verkörpert er einen lebenslus-
tigen, nie verzagenden Typus; er stirbt an einer Blutvergiftung

05. 01.

Potsdamer Arbeitstagung mit dem Bezirkssportführer Thomsen;
er gibt „...*wertvolle Anregungen für die Werbearbeit für die
nächste Zeit und für die würdige Ausgestaltung der Kamerad-
schaftsabende. Der Frauensport soll kräftiger gepflegt werden,
Kleinkinderturnen, bei dem die Mütter um Mithilfe gebeten
werden, wird rege gefördert.*"

06. 01.

Schlagzeile in der PT
Londons City ein Trümmerhaufen

07. 01.

Verhaltenshinweis in der PT

Gedankenloses und hastiges Heraustreten

aus erleuchteten Räumen in die
Dunkelheit ist gefährlicher Leichtsinn.
Bleibe darum, wenn Du aus einem
hellen Raum auf die Straße treten
willst, erst einige Sekunden stehen und
schließe die Augen. Du gewöhnst Dich
so an die Dunkelheit. Ältere und ge-
brechliche Leute sollten bei Verdunkelung der Straße möglichst fernbleiben
oder sich von rüstigen Personen be-
gleiten lassen.

09. 01.
in Ohrdruf (Thüringen) fliegen 13 Schwäne ein; wie sich später herausstellt, stammen sie aus Potsdam; OB Hans Friedrichs spricht dem Bürgermeister von Ohrdruf Dank für die Wartung und Pflege aus

11. 01.
Appell der SA-Standarte 235 im großen Saal des RAW; Sturmbannführer Hemmerling unterstreicht nach seinem Rechenschaftsbericht über das Jahr 1940, dass der SA-Sturm 235 bereit sei „...zu neuer treuer Arbeit im Jahr der Entscheidung"

11. 01. – 16. 02.
in den neun Potsdamer Ortsgruppen der NSDAP findet erstmalig das Kriegswinterhilfswerkschießen statt; als bester Schütze geht Willi Wendland von der Ortsgruppe Charlottenhof mit 38 (von 40) Ringen hervor

11./12. 01.
Schlagzeilen in der PT
Neue Etappe der deutsch-sowjetrussischen Freundschaft
Das neue Vertragswerk im Mittelpunkt der Moskauer Presse

12. 01.
am Telegraphenberg finden die ersten Ski-Langlaufmeisterschaften des HJ-Banns 374 statt; es werden altersabhängig zwei bzw. drei Kilometer gelaufen

12. 01.
Jahreshauptversammlung des Entomologischen Vereins Potsdams; Erdmann Griep, stellv. Vorsitzender und Geschäftführer, kann u.a. feststellen, dass rings um Potsdam ca. 1.100 verschiedene Käfer leben

18. 01.
in den Potsdamer NSDAP-Ortsgruppen finden mehrere Großveranstaltungen statt; sie geben „...nicht nur ein anschauliches Bild der gegenwärtigen politischen Lage, sondern zugleich auch einen Ausblick in die Zukunft, die vom deutschen Wesen bestimmend beeinflusst werden wird."; die NSDAP-Ortsgruppen

Charlottenhof, Kiewitt, Sanssouci und Wildpark treffen sich im
Konzerthaus zum Thema „England, unser letzter Feind"

26. 01.
die PT ruft zur Altkleidersammlung am 28./29. 01. auf: „An
alle Potsdamer, besonders aber an die Hausfrauen, ergeht [...]
die herzliche Bitte, durch eine Sachleistung bei dieser Altkleidersammlung das Winterhilfswerk wirkungsvoll zu unterstützen.
Angenommen werden Kleider, Wäschestücke und Schuhe, auch
wenn diese Sachen erst ausgebessert werden müssen. Diese
Arbeit wird dann in den Nähstuben der NS-Frauenschaft ausgeführt werden."

28. 01.
gegen 21.30 Uhr; an der Kaiserbrücke stürzt ein Mann in das
Wasser und droht zu ertrinken; er wird durch einen Soldaten
gerettet, der erfolgreich Wiederbelebungsversuche durchführt

31. 01.
Schlagzeile in der PT
1941 wird das geschichtliche Jahr einer Neuordnung Europas sein

Januar
die PT veröffentlicht 2 Todesanzeigen Gefallener

02. 02.
bei der Reichsstraßensammlung für das KWHW der Handwerker und Beamten werden in Potsdam 27.710,- RM gespendet

06. 02.
das Präsidium des DRK und das DRK-Hauptlager in Potsdam
führen einen Kameradschaftsabend mit Kleinkaliber-Schießen
für das KWHW durch; es werden 3.140,- RM gesammelt

07. 02.
Schlagzeile in der PT
Ein einziger Kriegstag kostet 12 ½ Millionen Pfund

07. – 12. 02.
im Potsdamer Konzerthaus findet die erste Leistungsschau von

Lehrlingen des Gaus Mark Brandenburg statt unter dem Motto;
*„Nur wer dauernd nach Höchstleistungen strebt, kann sich in
der Welt durchsetzen!"*

09. 02.
Kameradschaftsnachmittag der Betriebssportgemeinschaften
des Kreisgebiets Potsdams im Konzerthaus; in den Disziplinen
Gymnastik, Laufen und Springen beteiligen sich u.a. die Außenstelle der Aachener und Münchener Lebensversicherung AG,
die Maschinenbau und Bahnbedarf AG, Kaufhaus Karstadt,
Arado-Flugzeugwerke sowie die Kreissportgruppe

10. 02.
22.30 – 23.30 Uhr Fliegeralarm

11. 02.
die ersten deutschen Truppen landen in Tripolis; sie unterstützen die italienischen Verbände

12. 02.
auf der Sitzung des Potsdamer Geschichtsvereins wird Oberingenieur Wilhelm Ruppin einstimmig zum Nachfolger des verstorbenen Vorsitzenden Julius Haeckel gewählt; besondere Verdienste hatte er sich bei der Erforschung des Ortsteils Babelsberg
erworben; er spricht zu dem Thema *„Ernstes und Heiteres aus
hundert Jahren Geschichte der Kolonie Nowawes"*

12. 02.
der 18jährige K. aus Potsdam wird zu drei Monaten Haft wegen
„Bummellebens" verurteilt; die richterliche Begründung: *„So
etwas wird im Kriege nicht geduldet; die Front in der Heimat
muss genau wie der Soldat im Felde ihre Pflicht tun!"*

15./16. 02.
„Tag der deutschen Polizei" in Potsdam; die Veranstaltungen
werden im Rahmen des KWHW durchgeführt; Höhepunkt ist
am 16. 02. der Bau einer Behelfsbrücke Brandenburger/Lindenstraße, für die ein „Brückenzoll" zugunsten des KWHW gezahlt
werden muss, sowie ein Konzert über Großlautsprecheranlagen

16. 02.
Film-Volkstag im Deutschen Reich; für 10 Pfennige kann sich jeder „...die schönsten Spielfilme des deutschen Filmschaffens..." ansehen; vorzugsweise werden nationalsozialistische Propaganda- und Durchhaltefilme gezeigt

17. 02.
20 HJ-Mitglieder aus Potsdam und der Umgegend stellen sich der Prüfung zur Aufnahme in eine Adolf-Hitler-Schule [29]; bei der Prüfung, die im Potsdamer Stadtschloss stattfindet, werden u.a. folgende Fragen gestellt:

> *„Was weißt du vom Dreimächtepakt?*
> *Wie ist die augenblickliche Kriegslage in Polen?*
> *Wann wurde das 2. Reich errichtet?*
> *Wieviel Jungen waren in deiner Jungenschaft?*
> *Wie viel Bruttoregistertonnen wurden beim letzten*
> *Angriff auf einen englischen Geleitzug versenkt?"*

20. 02.
der Sicherheitsdienst der SS meldet in einem Geheimbericht, dass im Deutschen Reich ein zunehmender Missbrauch von Kopfschmerzmitteln festzustellen ist

20. 02.
die „Polizeiverordnung über den Verkehr mit Gefangenen" legt fest: „...*Wer es vorsätzlich und unbefugt unternimmt, mit einem Gefangenen oder sonst auf behördliche Anordnung Verwahrten in Verkehr zu treten, insbesondere sich durch Worte, Zeichen oder auf andere Weise mit ihm zu verständigen, ihm etwas zu übermitteln oder sich etwas von ihm übermitteln zu lassen, wird mit Geldstrafe bis zu 150,- RM oder mit Haft bis zu 6 Wochen bestraft."*

---

29 Die Adolf-Hitler-Schulen waren nationalsozialistische Eliteschulen in der Form eines Internats. Sie sollten als Vorschulen für die Ordensburgen dienen und wurden nach erfolgreicher fünfjähriger Ausbildung mit einer Prüfung abgeschlossen, die dem Abitur gleichgestellt war. Am 19. April 1937 wurde in der Ordensburg Crössinsee (Ostpommern) die erste Schule dieser Art eröffnet.

20. 02.
Wunschkonzert im RAW Potsdam mit dem Reichsmusikzug des
RAD unter Leitung von Herms Niel; am 29. 01. hatte die PT
bereits Musiktitel zur Auswahl vorgeschlagen:

> *Antje, mein blondes Kind*
> *Liebes Mädel, schönes Kind*
> *Edelweiß*
> *Die Landpartie*
> *Das ist SA*

der Erlös der Veranstaltung von 19.186,70 RM wird dem
KWHW zur Verfügung gestellt; am 25. 02. wird die Veranstaltung wiederholt

24. 02.
der Potsdamer Vizeadmiral Lothar v. Arnauld de la Periére fällt
(geb. 18. 03. 1886); er war der erfolgreichste U-Boot-Komman-
dant im Ersten Weltkrieg

24. 02. – 02. 03.
„Küchenzettel für eine Woche – vier Personen am Tisch" der PT
„Montag:
Morgens: Kaffee mit Milch, Brötchen mit Butter oder Marme-
lade
Mittags: Brühkartoffeln (400 g) mit süßsaurem Kürbis, Arme
Ritter mit Saft
Abends: Sauerkrautpfannkuchen, Brote mit Käse, Pfeffer-
minztee
Dienstag:
Morgens: Haferflockensuppe, Marmeladenbrot
Mittags: geröstete Grießsuppe, Makkaroniauflauf mit Schiko-
reesalat
Abends: Pellkartoffeln mit Hackfleischtunke (125 g), rote
Rübensalat
Mittwoch:
Morgens: Brotsuppe
Mittags: Wirsingkohleintopf mit Hammelfleisch (250 g)
Abends: Kartoffelsuppe, Vollkornbrot mit Quarkaufstrich;
Brombeertee

Donnerstag:
Morgens: Kaffee mit Milch, Brot mit Marmelade
Mittags: Hackbraten (300 g) mit Kartoffelsalat, Kompott mit
Vanillecreme
Abends: Bratkartoffeln und rote Beete, Brote mit Butter und
Rettich, Hagebuttentee
Freitag:
Morgens: Milchsuppe, Vollkornbrot mit Butter
Mittags: gefüllter Weiß- oder Wirsingkohl (150 g), Flammerie
Abends: Senfkartoffeln und saure Gurken
Sonnabend:
Morgens: Hafergrütze mit Milch, Knäckebrot
Mittags: Kürbissuppe, Mischgemüseeintopf (125 g)
Abends: Schikoreegemüse mit holländischer Sauce, Vollkorn-
brot mit Käse, Glühwein von Most
Sonntag:
Morgens: Kaffee mit Milch, Vollkornbrot mit Marmelade
Mittags: Mohrrübenpfanne
Abends: Ofenkuchen, Brote mit Streichwurst (100 g), deut-
scher Tee"

25. 02.
Schlagzeile in der PT
Wenn das Kommando erschallt, wird Deutschland marschieren

25. 02.
nach der „5. Polizeiverordnung über Tanzlustbarkeiten im
Kriege" können durch den Innenminister Ausnahmen von
der Verordnung vom 27. 09. 1939 über Tanzlustbarkeiten im
Kriege zugelassen werden

26. 02.
bei der Fa. Frieseke & Höpfner sind Verwundete aus einem
Reservelazarett zu Gast; sie werden vom Gefolgschaftsführer
Höpfner begrüßt, und es wird ihnen zugesichert, nach dem
Krieg Arbeit für sie zu haben

27. 02.
die PT veröffentlicht das „1. Rührteigrezept von Dr. Oetker";
es wird auch darauf hingewiesen, dass täglich in der Siemens-

Elektrolehrküche Potsdam "Dr.-Oetker-Backberatungen" durchgeführt werden

28. 02.
Schlagzeile in der PT
Weitere schwere Schiffsverluste der Briten

Februar
in Potsdam wird 1 Fliegeralarm gegeben

Februar
die PT veröffentlicht 3 Todesanzeigen Gefallener

01. 03.
die Schauspielerin Hilde Hofer-Pittschau feiert ihr 50-jähriges
Bühnenjubiläum; sie steht an diesem Abend in dem Stück
„Nacht in Siebenbürgen" von Nikolas Asztalos als Maria The-
resia im Potsdamer Schauspielhaus auf der Bühne

01. 03.
am Potsdamer Himmel zeigt sich ein „...*Nordlicht größten
Ausmaßes...*"

01./02. 03.
Sammlung für das KWHW; die Luftkriegsschule Werder stellt
Modelle verschiedener Flugzeuge zur Verfügung, die auf dem
Wilhelmplatz (heute Platz der Einheit) und im Lustgarten ange-
sehen werden können; gegen Zahlung einer Spende kann man
auch in den Modellen den Steuerknüppel in die Hand nehmen

02. 03.
Großveranstaltung zur Eröffnung der „Woche wehrgeistiger
Erziehung" (02. – 09. 03.) in der Mark Brandenburg; Gauleiter
Emil Stürtz führt aus, dass die Erzieherschaft die Aufgabe habe,
„...*die deutsche Jugend dahin zu bringen, dass sie das Zeitge-
schehen richtig sieht, dass sie nicht alle Erfolge als selbstverständlich erachtet und hoffärtig wird, sondern demütig und
bescheiden dienen lernt. Wir alle dienen dem Großdeutschen
Reich, dem Führer, der Zukunft der Nation – und gerade weil
wir dienen können, sind wir die wahren Herren.*"

03. 03.
Schlagzeilen in der PT
Deutsche Truppen in Bulgarien
Bulgarien trat dem Dreimächtepakt bei

03. 03.
Kreisarbeitstagung des Gaststätten- und Beherbergungsgewerbes von Potsdam, Babelsberg und Umgegend; es wird u.a. streng darauf hingewiesen, dass Fleischgerichte nur gegen entsprechende Marken abzugeben sind

06. 03.
musikalischer Vortragsabend in der Reichsschule des RAD in den Cummons; Prof. Karl Landgrebe stellt Werke von Johann Sebastian Bach und Georg Friedrich Händel vor

07. 03.
die PT teilt mit, dass die NSDAP-Ortsgruppe „Sedan" 2.000 Bücher für die Wehrmachts-Buchsammlung zur Verfügung stellte

13. 03.
00.30 – 05.30 Uhr Fliegeralarm

14. 03.
Schlagzeile in der PT
England muss sich auf kommende schwere Schiffsverluste vorbereiten

14. 03.
im Potsdamer Schauspielhaus erlebt die Komödie „Die Schmetterlingsschlacht" von Hermann Sudermann eine Neuinszenierung

14. 03.
Mitgliederversammlung der vier Babelsberger Ortsgruppen der NSDAP; der Redner unterstreicht: Wir brauchen uns „*...keine Kopfschmerzen um die Zukunft zu machen – wir wollen nur als „Soldaten des Führers" die Befehle ausführen, die er uns gibt, wir wollen nur eine Parole kennen: Dem Führer folgen!"*

16. 03.
Helden-Gedächtnisfeier in der Klein Glienicker Kapelle; für die sechs gefallenen Söhne des Potsdamer Ortsteils werden Kerzen am Heldengedächtniskronleuchter entzündet

16. 03.
der OB Hans Friedrichs ordnet für Potsdam an, dass Tauben in der Zeit vom 20. 03. – 01. 05. und vom 15. 09. – 14. 10. so zu halten sind, dass sie „...*die bestellten Felder und Gärten nicht aufsuchen können...*"

16. – 25. 03.
„*Woche der Potsdamer Pimpfe und Jungmädel*" unter dem Motto „*Aufklärungsaktion*"; die PT erklärt: „*Die Eltern sollen durch diese Woche über die neue Jugenddienstpflicht aufgeklärt werden.*"

19. 03.
Deutschlands bedeutendster Tänzer, Harald Kreutzberg, tritt im Schauspielhaus, auf; die PT schreibt: „*Am Flügel begleitete Friedrich Wilckens (wenn man diese künstlerische Einhelligkeit mit dem Tänzer Begleitung nennen darf). Es war eine Gemeinschaft, die feinste Steigerungen brachte. Und das bis auf den letzten Platz gefüllte Schauspielhaus der Residenzstadt Potsdam zeigte vollstes Verständnis, es jubelte Harald Kreutzberg und seinem musikalischen Partner zu und begeisterte sich an den aus angeregter Freude gespendeten Wiederholungen. Und so war der letzte Tanzabend dieser Spielzeit wie ein starkes und frohes Frühlingslicht.*"

19. 03.
Auguste Gehrmann verstirbt mit 103 Jahren (geb. 03. 02. 1838); sie war die älteste Einwohnerin Potsdams

Nachruf.

Die älteste Einwohnerin Potsdams

Frau Auguste Gehrmann
geb. T a u

die bis in ihr hohes Alter geistig rüstig blieb und an den Geschehnissen der großen Zeit regen Anteil nahm, ist am 19. März 1941 im Alter von 103 Jahren in unserem Versorgungsheim verstorben.

Die Beerdigung findet am Sonnabend, dem 22. März 1941, um 13 Uhr, von der Halle des Neuen Friedhofes aus statt. Ehre dem Andenken der ältesten Einwohnerin der Stadt!

Der Oberbürgermeister.
F r i e d r i c h s.

22. 03.

der Sacrower See mit dem zwischen der Landstraße Kramp-
nitz – Groß-Glienicke, dem Lehnitz- und Jungfernsee und der
Havel liegende Königswald sowie das südwestliche Gebiet des
Ortsteils Sacrow im Stadtkreis Potsdam werden in das Reichs-
naturschutzbuch eingetragen und damit unter den Schutz des
Reichsnaturschutzgesetzes gestellt

23./24. 03.

23.00 - 05.15 Uhr Fliegeralarm

25. 03.

Schlagzeile in der PT
Jugoslawien im Dreimächtepakt

30. 03.

Beginn des sonntäglichen Einsatzes von 14 Angehörigen des
BDM-Werk „Glaube und Schönheit" auf dem Potsdamer
Hauptbahnhof; sie verkaufen S-Bahnfahrkarten; dadurch
werden Beamte für andere Aufgaben freigestellt

März

in Potsdam werden 2 Fliegeralarme gegeben

März

die PT veröffentlicht 3 Todesanzeigen Gefallener

01. 04.

Potsdam hat 35.538 Rundfunkteilnehmer; das sind 83,7 auf
100 Haushalte; der Reichsdurchschnitt liegt bei 63,4

01. 04.

der Droschkenkutscher Wilhelm Hannemann, Brandenburger
Straße 35, erlebt sein 50-jähriges Berufsjubiläum; zu Beginn
seiner beruflichen Laufbahn fuhren in Potsdam noch über hundert Droschkenkutscher

04. 04.

in der „Verordnung über den Dienst am Tag vor Ostern 1941"
ist festgelegt: *„Bei den staatlichen Behörden, den Gemeinden,*

*Gemeindeverbänden und sonstigen Körperschaften, Anstalten
und Stiftungen des öffentlichen Rechts ist mit Rücksicht auf die
Kriegsnotwendigkeit auch in diesem Jahre wie im Jahre 1940
am Tag vor Ostern in gleichem Umfange Dienst zu leisten wie
an anderen Sonnabenden."*

04. 04.
Premiere des Ufa-Films „Ohm Krüger" in der Regie von Hans
Steinhoff mit Emil Jannings; das mit einem Budget von 5,4 Millionen RM produzierte Prestige- und Propagandaprojekt versucht,
die Vernichtung von Menschen in den Konzentrationslagern zu
rechtfertigen, indem es diese als Erfindung der Briten in Südaf-
rika anprangert; die PT schreibt: „*Wo auch immer in Deutschland dieser Film zur Aufführung kommen wird, da wird man in
ihm die Parallele zur Gegenwart erkennen, in der, wie damals,
ein Volk angetreten ist zum Kampf gegen englische Willkür.*"

06. 04.
deutsche Verbände überschreiten die jugoslawische Grenze

10. 04.
00.30 – 03.45 Uhr Fliegeralarm

11. 04.
Premiere des Ufa-Films „...reitet für Deutschland" in mehreren deutschen Städten; Regie führt Arthur Maria Rabenalt;
es wirken u.a. Willy Birgel, Paul Dahlke und Wolfgang Staudte
mit; als Vorbild für diesen Propagandafilm dient das Leben
des zweifachen Olympiasiegers von 1928 in Antwerpen, Carl
Friedrich v. Langen, der am 02. 08. 1934 an den Folgen eines
Reitunfalls im Potsdamer St.-Joseph-Krankenhaus verstarb
(geb. 25. 06. 1887)

13. 04.
00.30 – 05.30 Uhr Fliegeralarm

14. 04.
die Ortsgruppe „Kiewitt" der NSDAP schickt den „Feldpost-
brief Nr. 1" an die Frontsoldaten; berichtet wird über die „*Aufgaben und die Tätigkeit der Partei in der Heimat [...] und über-*

mitteln ihnen persönlich interessierende Nachrichten sowie die Wünsche der Heimat"

17. 04.
Jugoslawien kapituliert vor der deutschen Wehrmacht

18. 04.
00.30 – 03.45 Uhr Fliegeralarm

21. 04.
223.000 griechische Soldaten kapitulieren vor der deutschen Wehrmacht

24. 04.
die britischen Stellungen in Griechenland werden von den deutschen Truppen überrannt; 50.000 englische Soldaten werden nach Ägypten verschifft

25. 04.
02.00 – 03.00 Uhr Fliegeralarm

25. 04.
Gastspiel des Teatro Reale dell'Opera (Rom) im Schausielhaus mit der Buffooper „Die Italienerin in Algier" von Gioacchino Rossini; die Presse schreibt: *„Das Haus spendete den römischen Gästen begeisterten Beifall..."*

26. 04.
der „Mähliß'sche Männer-Gesang-Verein Nowawes" (gegründet 13. 09. 1861) und der „Liederkranz" (gegründet 23. 04. 1873) schließen sich zur „Chorgemeinschaft Babelsberg 1861" zusammen; *„...Grundsteinlegung und Richtfest zugleich..."* nennt Hermann Franke, langjähriger Chorleiter, die Vereinigung

26. 04.
Jahresversammlung des Potsdamer Tierschutzvereins; seit Kriegsbeginn wurden 72 Anzeigen wegen Tierquälerei bearbeitet, *„...die zum Teil auf gütlichem Wege geklärt werden konnten".*

27. 04.

am „Tag des deutschen Kanusports" versammeln sich Boote aus Kanuklubs von Werder bis Wannsee auf dem Tiefen See und fahren durch den Stadtkanal bis zum Luftschiffhafen und zum Forsthaus Templin

die Kanus bei der Fahrt durch den Stadtkanal

28. 04.
Schlagzeile in der PT
Über der Akropolis weht das Hakenkreuz

28. 04.
an 28 Betriebe der Provinz Mark Brandenburg verleiht der Gauleiter Emil Stürtz Diplome für hervorragende Leistungen im „Leistungskampf der deutschen Betriebe 1940/41"; darunter sind auch die Potsdamer Betriebe Friesecke & Höpfner sowie die Tempo-Spezialschallplattenfabrik

April
in Potsdam werden 4 Fliegeralarme gegeben

April
die PT veröffentlicht 1 Todesanzeige eines Gefallenen

01. 05.
01.00 – 02.45 Uhr Fliegeralarm

01. 05.
das RAW wird auf einer Tagung der Reichsarbeitskammer in

Berlin durch den Stellvertreter des Führers, Rudolf Heß, sowie den Reichsorganisationsleiter, Robert Ley, neben sieben weiteren Betrieben der Provinz Mark Brandenburg im „Leistungskampf der deutschen Betriebe 1940/41" als „Nationalsozialistischer Musterbetrieb" mit der „Goldenen Fahne" ausgezeichnet

01. 05.
aus den Erinnerungen von Dr. Manon Andreas-Grisebach:
„Mit 10 Jahren kam ich in die Schar der „Jungmädel". Ich bekam die Uniform mit der weißen Bluse und dem schwarzen Hals-Tuch im Lederknoten, alles gefiel mir sehr gut. Besonders die Heimabende. Wir mussten Lieder von Hans Baumann [30] *und anderen NS-Schreibern auswendig lernen, Lebenslauf des Führers und anderer wichtiger Männer – und ich konnte alles schneller als die anderen Mädchen in meinem Alter und deklamierte es ausdrucksvoll. Daher wurde ich ausgewählt, bei der 1. Mai-Parade die Fahne zu tragen. Aber wenige Tage davor sagte mir die BDM-Leiterin: „Es tut mir leid, das mit der Fahne, das wird nichts, die trägt Christa Hüllert." Christa Hüllert war die Tochter des Kartoffelgroßhändlers aus unserer Straße, Wörtherstraße. 1 (heute Menzelstraße), und Christas Vater war ein Goldener Parteigenosse, d.h. also seit den Zwanziger Jahren schon in der Partei Hitlers eingeschrieben, weshalb seine Tochter natürlich prädestiniert war zum Fahnetragen. Wenig später wurde ich sowieso aus den Jungmädeln ausgeschlossen, mein Blut passte nicht* [31]*, obschon die intellektuellen Fähigkeiten den Leiterinnen sehr wohl passten."*

01. 05.
auf der Schlossterrasse von Sanssouci singen mehrere hundert Mädel und Jungmädel des BDM-Untergau Potsdam den Mai ein

02. 05.
im RAW findet erstmals in der Geschichte ein Konzert aller

---

30 Der Lyriker, Komponist und (nach 1945) Kinderbuchautor (22. 04. 1914 – 07. 11. 1988) schuf u.a. bereits 1932 das bekannte Lied des Nationalsozialismus „Es zittern die morschen Knochen"
31 Manon Grisebach galt der nazistischen Gesetzgebung zufolge als Halbjüdin, da ihre Mutter, Hanna Grisebach, Jüdin war.

16 Männerchöre Potsdams statt; unter Leitung von Prof. Karl
Landgrebe erklingen Werke von Ludwig van Beethoven, Willibald Gluck, Richard Wagner, Carl Maria v. Weber, Franz Schubert, Johannes Brahms und Hugo Kaun; die PT schreibt dazu:
*„Die überraschende Einheitlichkeit und Präzision der künstlerischen Darbietungen des großen Klangkörpers ließen nicht
vermuten, dass mehrere Sonderchöre am Werk waren und dass
die Sängerzahl durch Einziehung zur Wehrmacht verändert
worden war, deutete aber auf die innerhalb eines jeden Chorverbandes unter dem jeweiligen Stamm-Dirigenten geleistete
Wertarbeit und auf die von Erfolg gekrönte Zielstrebigkeit zur
gemeinschaftlichen Einheitslinie unter einem Dirigenten hin."*

03. 05.
der Major Hans-Jürgen Hamann erleidet einen Unfalltod (geb.
06. 07. 1904); er hatte seine militärische Laufbahn beim IR 09
in Potsdam als Kadett begonnen; auf dem Bornstedter Friedhof
ist er beigesetzt

05. 05.
Korvettenkapitän Franz Raaz verstirbt (geb. 03. 05. 1882); er
wird auf dem Bornstedter Friedhof beigesetzt

05. 05.
die Medizinstudentin Herta v. Tsch. beginnt neben ihrem Studium in Berlin als erste Potsdamerin mit ihrem „akademischen
Kriegseinsatz" bei der Potsdamer Straßenbahn als Schaffnerin

06. 05.
die „Verfahrensordnung der Reichskammer der Bildenden
Künste als Ankaufstelle für Kulturgut" legt fest: *„Die Reichskammer der Bildenden Künste als Ankaufstelle für Kulturgut
entscheidet über die Veräußerung von jüdischen Schmuck und
Kunstgegenständen [...] Die Entscheidung erfolgt auf Grund
eines schriftlichen Antrages durch den jüdischen Veräußerer,
seines Vertreters oder eines von der Reichskammer der Bildenden Künste für diesen Zweck zugelassenen Kunst- und Antiquitätenhändler [...] Der Veräußerer hat ferner genaue Angaben
über die Eigentumsverhältnisse und den augenblicklichen
Zustand des Gegenstandes zu machen [...] Die Reichskammer*

der Bildenden Künste kann die Vorlage des Gegenstandes im Original verlangen. *Die Kosten des Hin- und Rücktransports, der Verpackung und der Aufbewahrung sowie die Gefahr des zufälligen Untergangs oder einer zufälligen Verschlechterung des Gegenstandes trägt der Veräußerer [...] Die Reichskammer der Bildenden Künste bestimmt ferner den Wert des Gegenstandes oder den Preis, zu dem der Gegenstand zu veräußern ist [...] Die Reichskammer der Bildenden Künste ist berechtigt, zur Deckung der hier in Durchführung dieser Verordnung entstehenden Verwaltungskosten 10 von 100 des Veräußerungspreises zu verlangen..."*

06. 05.
aus Potsdam werden im Rahmen der Kinderlandverschickung 735 Kinder nach Franken geschickt; 1941 werden 2.300 Potsdamer Kinder verschickt [32]

07. 05.
Schlagzeilen in der PT
Höllentanz der Bomben in Glasgow
Englands Norden erzittert unter deutschen Bomben

08. – 13. 05.
Zirkus Althoff gastiert in Potsdam auf dem Schützenplatz; 120 Artisten und 130 Tiere gehören zum Ensemble

09. 05.
01.00 - 03.45 Uhr Fliegeralarm

09. 05.
Premiere des Ufa-Spielfilms „U-Boote westwärts!"; unter der Regie von Günther Rittau und nach dem Drehbuch von Georg Zoch entstand einer der massenwirksamsten Propagandafilme

10. 05.
01.30 – 02.40 Uhr Fliegeralarm

---

32 Beginnend mit dem Oktober 1940 wurden Schulkinder und Mütter mit Kleinkindern aus bombenbedrohten Städten in weniger gefährdete Gebiete längerfristig verschickt.

11. 05.
01.25 – 02.50 Uhr Fliegeralarm

11. 05.
erstmals findet ein „Betriebsappell des Potsdamer Handwerks"
statt; Reichsamtsleiter Pg. Sehnert fordert im Konzerthaus die
Handwerker auf, ihren Teil im Kriege zu leisten

11. 05.
Jugendregatta des HJ-Gebietes Berlin 3 in Berlin-Grünau; der
Potsdamer Ruderklub Vineta gewinnt folgende Rennen:
Gigvierer mit Steuermann (schwer),
1.000 m in 3,57,8 min
Gigvierer mit Steuermann (leicht),
1.000 m in 4,62 min
Anfänger Gigvierer mit Steuermann (schwer),
1.000 m in 4,07 min

13. 05.
Schlagzeilen in der PT
45 englische Flugplätze schwer getroffen
13 Handelsschiffe mit 76248 BRT von U-Booten aus Geleitzug
versenkt

15. 05.
die „Verordnung über den Himmelfahrts- und Fronleichnamstag" bestimmt: *„Mit Rücksicht auf die Erfordernisse der*
Kriegswirtschaft werden der Himmelfahrtstag, 22. Mai, und
der Fronleichnamstag, 12. Juni, als staatliche Feiertage im Sinne
reichs- und landesrechtlicher Vorschriften in diesem Jahr auf
die nächst folgenden Sonntag, 25. Mai und 15. Juni, verlegt.
Kirchliche Feierlichkeiten sind auf diese Sonntage zu verlegen
und genießen an diesem Tag den bisherigen reichs- und landes-
rechtlichen Schutz."

15. 05.
die PT antwortet auf die Frage vieler Leser, ob der blaue Anstrich
der Fenster in den Straßenbahnen aus Verdunklungsgründen
notwendig ist: *„Wenn damit auch eine gewisse Unannehmlich-*
keit für die Fahrgäste ebenso wie für die Schaffner verbunden

ist, so muss diese während der Kriegszeit im Hinblick auf den angestrebten Zweck ertragen werden."

16. 05.
00.50 – 02.40 Uhr Fliegeralarm

20. 05.
„Mütterfeier" der NSDAP-Ortsgruppe Kiewitt im Konzerthaus; die Pgn. Luther hält einen Vortrag, „...in dem sie die Kriegsaufgaben der Mütter besonders darlegte"

22. – 26. 05.
in einer Luftlandeoperation besetzt die deutsche Wehrmacht die Insel Kreta

23. 05.
Schlagzeile in der PT
Vier britische Kreuzer im Mittelmeer versenkt

29. 05.
Schlagzeile in der PT
16 britische Kriegsschiffe rangen „Bismarck" nieder

30. 05.
die wöchentliche Fleischration wird für Blutspender von 250g (normal) auf 350 g erhöht; Frauen, die Muttermilch zu einer „Frauenmilch-Sammelstelle" bringen, erhalten die gleiche Vergünstigung

31. 05. – 15. 06.
Gauausstellung im Potsdamer Regattahaus zum Schülerwettbewerb „Seefahrt ist not"; die PT schreibt: „Flaggen und Wimpel schmücken die Wände der Halle, in der die große Zahl der besten Arbeiten ausgestellt worden ist. Sie beweisen, mit welcher Sachkenntnis und Ausdauer die märkischen Schüler den Fragen der deutschen Seegeltung nachspürten. Den größten Raum nehmen natürlich die Modelle der deutschen Kriegsmarine ein. U-Boote, Schnellboote, Sperrboote, Kreuzer und Zerstörer; die bunte Vielfalt einer neuzeitlichen Seemacht ist vertreten."; zur Ausstellung kommen 48.000 Besucher

Mai
in Potsdam werden 5 Fliegeralarme gegeben

Mai
die PT veröffentlicht 9 Todesanzeigen Gefallener

01. 06.
es tritt eine monatliche Rentenerhöhung in Kraft; sie beträgt bei Invaliden-, Alters- und Krankenrenten 6,- RM, bei Witwen- und Witwerrenten sowie bei Witwenkrankenrenten 5,- RM, bei Waisenrenten 4,- RM

02. 06.
zum Gedenken an die Thronbesteigung Friedrich II. im Jahr 1740 findet im Schauspielhaus ein Abend mit dem Staatsschauspieler Mathias Wieman statt; der Abend trägt das Motto „Musik und Dichtung aus der Zeit des großen Königs"

03. 06.
die PT informiert darüber, dass sich in den Gaststätten „... *an den beiden fleischlosen Tagen in der Woche...*" nichts ändert. „*Jedoch wird das Anbieten von Gerichten für 150 Gramm Fleischmarken grundsätzlich verboten. Ferner soll das 50-Gramm-Gericht stärker als bisher berücksichtigt werden.*"

03. 06.
01.30 – 03.05 Uhr Fliegeralarm

04. 06.
Wilhelm II., ehemaliger deutscher Kaiser, verstirbt im Exil (geb. 27. 01. 1859); sein „Codizil zu Meinem letzten Willen" – gefertigt am 25. 12. 1933 – tritt in Kraft; darin heißt es u.a.: „*Sollte Gottes Ratschluss mich aus dieser Welt abberufen zu einer Zeit, da in Deutschland das Kaisertum noch nicht wieder erstanden, d. h. eine nicht monarchische Staatsform noch vorhanden ist, so ist es mein fester Wille, da ich im Exil in Doorn zur ewigen Ruhe eingehe, auch in Doorn provisorisch beigesetzt zu werden [...] Die Feier schlicht, einfach, still, würdig. Keine Deputationen von zu Hause. Keine Hakenkreuzfahnen. Keine Kränze [...] Sterbe ich in Potsdam, so sollen meine Gebeine in dem*

oben genannten Sarkophag im Mausoleum am Neuen Palais [33]
beigesetzt werden…"

06. 06.
Schlagzeile in der PT
Deutschland wurde Mittelmeermacht

07. 06.
der in Potsdam stationierte Marathonläufer Willi Trapp läuft in
Paris die 42,195 Kilometer in 2 Stunden und 31 Minuten

13. – 22. 06.
„Potsdamer Musiktage"; bekannte Künstler und Ensembles
treten auf; zu ihnen zählen der Dirigent Clemens Kraus, der Pianist Edwin Fischer, Max Strub und sein Quartett, die Sängerin
Erna Berger, das Berliner Philharmonische Orchester sowie der
Städtische Chor Potsdam unter Leitung von Prof. Karl Landgrebe

14. 06.
im Konzerthaus werden im Rahmen einer Feierstunde an 20
Soldatenfrauen Kinderwagen vergeben; sie wurden aus dem
Erlös von Wehrmachtswunschkonzerten gekauft

14. 06.
Straßensammlung des Bundes der Angestellten in Potsdam; die
PT fordert „*Mehr noch als sonst ist die Spende aller Deutschen
für ihre Volksgenossen in diesem Kriegsjahr verpflichtend"*

15. 06.
Sportgruppenwettbewerb im Stadion Luftschiffhafen der
Kreise Potsdam, Brandenburg und Zauch-Belzig; am besten
schneiden die Mannschaften der Babelsberger Maschinen- und
Bahnbedarf AG, Karstadt Potsdam sowie die Kreissportgruppe
Potsdam ab

17. 06.
in Babelsberg wird eine Schuhumtauschstelle eingerichtet; gut

---

33 Gemeint ist der Antikentempel, in dem bereits die erste Frau Wilhelm II., Auguste
Viktoria, 1921 zur letzten Ruhe gebettet worden war.

erhaltene und zu klein gewordene Schuhe können gegen größere gegen Wertausgleich getauscht werden

22. 06.
das Deutsche Reich bricht den Nichtangriffspakt mit der Sowjetunion

22. 06.
Lichtbildervortrag der SA-Motorstandarte 27 über die Konst-
ruktion und Bedienung der Holzgasfahrzeuge

23. 06.
Schlagzeile in der PT
Erfolgreiche Kämpfe gegen die Rote Armee

24. 06.
der Generalleutnant Otto-Christoph Eltester verstirbt (geb. 23.
12. 1852); der Sohn des langjährigen Predigers an der Heiligengeistkirche und Ehrenbürgers Potsdams Heinrich Eltester
(1812-1869) wird auf dem Alten Friedhof beigesetzt

24. 06.
die PT veröffentlicht Auszüge aus Briefen von Frontsoldaten an
die Potsdamer NSDAP-Ortsgruppe „Sedan"
Gefreite Siegfried D.:
„Ich und viele meiner Kameraden wünschen nichts sehnlicher,
als bei der Endabrechnung dabei sein zu dürfen."
Leutnant H.:
„Bei allen Strapazen und allen Anstrengungen lebt in uns der
unerschütterliche Glaube an den Sieg, zu dessen Erringung wir
alle beitragen!"

25. 06.
Premiere des Ufa-Spielfilms „Friedemann Bach" in der Regie
von Traugott Müller; als Schauspieler des Biographie-Films
über den Bach-Sohn wirken u.a. mit: Gustaf Gründgens, Eugen
Klöpfer, Wolfgang Liebeneiner und Camilla Horn

26. 06.
der Astrophysiker Hans Ludendorff (geb. 26. 05. 1873) verstirbt;

im Jahre 1921 wurde er Direktor des Potsdamer Observatoriums auf dem Telegraphenberg

26. 06.
01.50 – 03.20 Uhr Fliegeralarm

27. 06.
Schlagzeilen in der PT
Auch Ungarn im Krieg mit der Sowjetunion
Spaniens Wunsch: Teilnahme am Kampf gegen den Weltfeind

29. 06.
die sowjetische Führung erklärt die Verteidigungsaktionen zum „Großen Vaterländischen Krieg"

29. 06.
die Potsdamer spenden zum Opfersonntag für das DRK 71.000,- RM

Juni
in Potsdam werden 2 Fliegeralarme gegeben

Juni
die PT veröffentlicht 3 Todesanzeigen Gefallener

01. 07.
Erich Theil, Postassistent am Potsdamer Postamt, wird zum Postsekretär befördert; der während des Ersten Weltkriegs verwundete und im Ergebnis erblindete Mann hatte sich qualifiziert und „...*bestand nach gründlicher dienstlicher Vorbereitung die Assistentenprüfung in allen Teilen mit Auszeichnung. Bald darauf zum Postassistenten ernannt, ist er seitdem als Lehrer des jungen postalischen Nachwuchses sowie als Schalterbeamter beim Potsdamer Postamt erfolgreich tätig.* "

03. 07.
Generalleutnant Otto Lancelle fällt (geb. 27. 03. 1885); als Major war er Führer der Reichsschule des RAD in Potsdam von 1933 – 1934

03. 07.
Schlagzeile in der PT
Widerstandskraft der Sowjetarmee gebrochen

04. 07.
die „Ausführungsbestimmung zu Paragraph 18 der 8. Durchführungsbestimmung zum Luftschutzgesetz" legt für Personen-
kraftwagen fest: *„Die Hauptscheinwerfer müssen, insofern sie
nicht mit Tarnblenden [...] versehen sind, in geeigneter Weise
(z.B. durch Pappen oder schwarzen Anstrich der Abschlussscheibe) lichtdicht so abgedeckt werden, dass nur ein waagerechter 5 – 8 cm langer und 1 cm breiter Streifen in der Mitte
der Abschlussscheibe das Licht austreten lässt. Die Kappen
müssen so ausgeführt sein, dass die vorgeschriebene Abmes-
sung der Lichtaustrittsöffnung nicht durch Verziehen oder Ein-
reißen verändert werden können..."; für Fahrräder ist festgelegt: „Fahrradlampen müssen lichtdicht so abgedichtet werden,
dass nur ein waagerechter etwa 1 cm breiter Schlitz in der Mitte
der Abschlussscheibe das Licht austreten lässt. Die Lampen
müssen bei Dunkelheit und klarer Sicht bis zu einer Entfernung
von 200 m noch sichtbar sein. Aus einer Entfernung von 500 m
dürfen sie jedoch nicht wahrnehmbar sein..."*

05./06. 07.
Gebiets- und Obergaumeisterschaften der HJ und des BDM im
Potsdamer Luftschiffhafen; 500 Jugendliche (darunter 30 aus
Potsdam) nehmen daran teil

06. 07.
das „politische Korps" und die SA-Standarte 235 marschieren
durch Potsdam; auf dem Luisenplatz spricht NSDAP-Kreisleiter
Wilhelm Borgschulze-Mentges. *„In knappen, markigen Sätzen
stellte Kreisleiter Borgschulze-Mentges den Männern die Größe
und den Ernst des gegenwärtigen Befreiungskampfes gegen den
weltzerstörenden Bolschewismus vor Augen. Deutschland hat
in diesem Kampf, der um die Freiheit Europas und der Welt
geht, die Führung übernommen, und unsere einzigartigen
Armeen stehen in diesen Stunden in schweren, aber siegreichen
Kämpfen an der Ostfront."*

07. 07.

Beginn der siebenwöchigen Ferienbetreuung für Potsdamer Kinder in drei Lagern – Luftschiffhafen, Großes Militärwaisenhaus, Sportplatz Schützendamm – durch die HJ und den BDM; Mittagessen und Kaffeeversorgung werden kostenlos bereitgestellt

09. 07.

die sowjetischen Einheiten im Kessel von Bialystok kapitulieren; die Rote Armee verliert 22 Schützendivisionen, 7 Panzerdivisionen, 6 motorisierte Brigaden, 3 Kavalleriedivisionen, 1.809 Geschütze und 3.332 Panzer; insgesamt geraten etwa 320.000 Rotarmisten in deutsche Gefangenschaft

10. 07. – 10. 09.

in der Kesselschlacht von Smolensk werden 300.000 Rotarmisten mit 3.000 Panzern eingeschlossen

11. 07.

Schlagzeilen in der PT
Die Doppelschlacht von Bialystok und Minsk
Bomben auf Hull, Great Parmonth und Verwick
Wieder schwerste britische Flugzeugverluste an der Kanalküste

18. 07.

10.30 Uhr; probeweise Inbetriebnahme der Potsdamer Großalarmanlage

19. 07.

die PT weist die Bevölkerung auf folgendes hin: *„Wer Kriegsgefangenen Briefpapier oder Briefmarken beschafft, umgeht die Überwachung der Kriegsgefangenen-Post. Wer Kriegsgefangenen deutsches Geld als Trinkgeld oder als Lohn aushändigt, verhilft ihnen zu Fluchtmitteln. Wer Kriegsgefangenen vorsätzlich zur Flucht hilft, begeht Landesverrat und wird dementsprechend bestraft…“*

20. 07.

die „Verordnung über die Behandlung der Kriegsschäden von Juden" legt fest: *„…Juden erhalten keine Entschädigung auf Grund der Kriegsschädenverordnung…"*

22. 07.
Schlagzeile in der PT
Moskau in rollenden Angriffen bombardiert – Volltreffer im Kreml-Bereich

24. 07.
Schlagzeile in der PT
Der Sohn Stalins in deutscher Hand

28. 07. – 23. 08.
auch in Potsdam findet die Reichs-Spinnstoff-Sammlung unter dem Motto „*Vermottete Kleider sind keine Andenken*" statt

29. 07.
Schlagzeile in der PT
40000 Japaner in Indochina gelandet

Juli
die PT veröffentlicht 59 Todesanzeigen Gefallener

03. 08.
00.55 – 03.30 Uhr Fliegeralarm

05. 08.
die Potsdamer Handwerker gründen im Konzerthaus das „Sozialgewerk Potsdam". „*Die Grundlage dieser Zusammenschlüsse ist die Notwendigkeit der Leistungssteigerung, damit die Gütererzeugung und dadurch die Lebenserhaltung besser werden*", schreibt die PT. Die Handwerksbetriebe „...*sollen durch das Sozialgewerk an den sozialen Fortschritt und die Ausgestaltung des betrieblichen Lebens wie im Großbetriebe herangebracht werden […] Aus all dem ergibt sich die Notwendigkeit der Zusammenführung, und die erweiterten Aufgaben der Zukunft gebieten, dass gerade im Krieg das Sozialgewerk anläuft.*"

06. 08.
Schlagzeile in der PT
Vorstöße in Ostafrika

08. 08.
00.25 – 02.15 Uhr Fliegeralarm
die Bethlehemkirche wird zerstört, und im Haus Neuendorfer
Anger 07/08 sind drei Tote zu beklagen; es sind die Zwillinge
Gerda und Günter Zöller (geb. 05. 12. 1930) und deren Großmutter Ida Boehle (geb. 02. 01. 1863)

08. 08.
die sowjetischen Einheiten im Kessel von Uman kapitulieren;
103.000 Rotarmisten gehen in Gefangenschaft; 317 Panzer und
858 Geschütze fallen unversehrt in deutsche Hand

08. 08.
Schlagzeile in der PT
Die schweren Verluste der Bolschewisten nehmen täglich zu

09. 08.
00.05 – 02.15 Uhr Fliegeralarm

11. 08.
00.40 – 02.10 Uhr Fliegeralarm

11. 08.
Maximilian Egon II. Fürst zu Fürstenberg stirbt (geb. 13. 10.
1863); der Unternehmer und Politiker war ein enger Vertrauter
des deutschen Kaisers Wilhelm II.

12. 08.
00.25 – 02.05 Uhr Fliegeralarm

13. 08.
an der Enver-Pascha-Brücke über den Teltow-Kanal ereignet
sich ein schwerer Unfall mit einem Pferdewagen; Pferd und
Wagen müssen unter schwierigen Umständen aus dem Wasser
gezogen werden

13. 08.
Schlagzeilen in der PT
Schwarzer Tag der britischen Luftwaffe:
58 Abschüsse über deutschem Reichsgebiet

13. 08.
00.15 – 02.45 Uhr Fliegeralarm

14. 08.
die Potsdamer NSDAP-Ortsgruppen „Bismarck" und „Sedan"
führen im Konzerthaus eine öffentliche Versammlung durch;
die Ansprache des Reichsredners und NSDAP-Kreisleiters von
Niederbarnim, Pg. Fritz Heermann, „...*war kein Vortrag im
hergebrachten Sinne, es war ein leidenschaftliches Bekenntnis
zum Führer, war die rednerisch und inhaltlich hervorragend
verwirklichte Absicht, aus der Persönlichkeit des Führers die
heutige Zeit verständlich zu machen und Deutschlands Stellung
und Aufgabe zwischen Plutokratie und Bolschewismus in das
Scheinwerferlicht der Bewegung zu rücken*"

15. 08.
Gründung der Heeresluftschutzschule in Potsdam. „*Die Heeresluftschutzschule als jüngstes Kind des Luftschutzes in der
Wehrmacht hat als Standort die alte Soldatenstadt Potsdam
erhalten, wodurch schon rein äußerlich dokumentiert wird, dass
der militärische Luftschutz heute gleichberechtigt im Rahmen
der deutschen Kampf- und Verteidigungsaufgaben dasteht.*"

15. 08.
00.15 – 02.45 Uhr Fliegeralarm

15./16. 08.
23.45 – 01.45 Uhr Fliegeralarm

16./17. 08.
auf einer sozial-pädagogischen Tagung der NSV der Mark Brandenburg auf Hermannswerder spricht Gauleiter Emil Stürtz
zur Frage der Frauenarbeit im totalen Krieg; er unterstreicht,
dass „...*die deutsche Frau oft gegen unser Gefühl stärker in
den Arbeitsprozess eingeschaltet werden (muss), als es friedliche Zeiten erfordern. Ihr dabei die Sorge für ihre Kinder
abzunehmen, sei eine der vornehmsten Aufgaben der Partei. So
gewinnt [...] die Arbeit in den märkischen Kindergärten und
Kindertagesstätten im Kriege besondere Bedeutung. [...] Heute
wie später müssen sich die deutschen Menschen im Kampf um*

*die Zukunft ihres Volkes bewähren, und so muss schon bei
dem Kinde begonnen werden, es zu der großen Gemeinschaft
zu erziehen, in der es später seine Pflicht so erfüllen muss, wie
es die heutige Generation tut."*

17. 08.
erstes Königsschießen der Babelsberger Schützen an den neu
erworbenen Schießständen an der Ravensburg; Schützen-
könig wird Rudi Kerntke, 1. Ritter Franz Letz, 2. Ritter Fritz
Schneider, Vogelkönig Walter Lucka, dessen 1. Ritter Franz
Gräfe, dessen 2. Ritter Fritz Schneider; den Wanderorden erhält
Fritz Maiwald

18. 08.
02.40 – 03.00 Uhr Fliegeralarm

19. 08.
01.30 – 02.50 Ihr Fliegeralarm

22. 08.
Schlagzeilen in der PT
Nach zwei Monaten Ostfeldzug:
Gigantische Verluste der Sowjets

22. 08.
im RAW findet eine Versammlung der NSDAP-Ortsgruppen
„Schlageter" und „Kurfürst" statt; es spricht Reichsredner Pg.
Hartmann über „Die Abrechnung mit den Moskauer Verrä-
tern"; er kennzeichnet „...*das Judentum, dem Gold das Ziel
seines verbrecherischen Wirkens ist. Es habe versucht, den
deutschen Geist auszurotten mit jenen verabscheuungswür-
digen Mitteln, wie sie nur dieser teuflischen Rasse recht sind.*"

23. 08.
die Reichsspinnstoffsammlung 1941 wird beendet; bereits am
13. 08. hatten die Potsdamer 11.000 kg Spinnstoffe in den
Sammelstellen abgeliefert

24. 08.
im ausgebrannten Gebäude der durch die Deutsche Post erwor-

benen ehemaligen Potsdamer Synagoge am Wilhelmplatz (heute
Platz der Einheit) beginnen Baumaßnahmen mit dem Ziel, einen
Gemeinschaftsraum für „...zeitwichtige Versammlungen..." zu
schaffen; das Vorhaben wird nicht zu Ende gebracht

25. 08. – 21. 09.
die Verbraucher erhalten eine Sonderzuteilung von 125g Kunsthonig

27. 08.
der Böttchermeister Max Blum, Brandenburger Straße 22, feiert
ein dreifaches Jubiläum: Goldene Hochzeit, 50 Jahre Meister
sowie 50 Jahre Leser der PT

August
in Potsdam werden 10 Fliegeralarme gegeben; 3 Menschen verlieren ihr Leben

August
die PT veröffentlicht 74 Todesanzeigen Gefallener

01. 09.
die „Polizeiverordnung über die Kennzeichnung der Juden"
bestimmt: „...Juden [...], die das sechste Lebensjahr vollendet
haben, ist es verboten, sich in der Öffentlichkeit ohne einen
Judenstern zu zeigen. [...] Der Judenstern besteht aus einem
handtellergroßen, schwarz ausgezogenen Sechsstern aus gelbem
Stoff mit der schwarzen Aufschrift „Jude'. Er ist sichtbar auf
der linken Brustseite des Kleidungsstücks fest aufgenäht zu
tragen. [...] Juden ist es verboten [...]
a) den Bereich ihrer Wohngemeinde zu verlassen, ohne eine
schriftliche Erlaubnis der Ortspolizeibehörde bei sich zu führen;
b) Orden, Ehrenzeichen und sonstige Abzeichen zu tragen. [...]
Wer dem Verbot der §§ 1 und 2 vorsätzlich oder fahrlässig
zuwiderhandelt, wird mit Geldstrafe bis zu 153 Reichsmark
oder mit Haft bis zu sechs Wochen bestraft..."*

01. 09.
an den deutschen Schulen wird mit sofortiger Wirkung die
Antiquaschrift (in einer Regierungserklärung als „deutsche

Normalschrift" bezeichnet) eingeführt; die bisher gebräuchliche Frakturschrift wird abgeschafft

02./03. 09.
23.53 – 03.53 Uhr Fliegeralarm

04. 09.
21.38 – 23.23 Uhr Fliegeralarm

05. 09.
Schlagzeile in der PT
Einschließung Leningrad schreitet fort

06./07. 09.
die 4. reichsoffenen HJ-Rudermeisterschaften des Gebietes Mark Brandenburg finden auf dem Templiner See statt; aus 44 Vereinen kommen 649 Teilnehmer; der Potsdamer Klub „Vineta" holt 14 Preise

07. 09.
1. Kriegs-Bezirksturnfest des Havellandes im Stadion Luftschiffhafen; daran beteiligen sich 500 Turnerinnen und Turner

07. 09.
im Potsdamer Schauspielhaus beginnt die Spielzeit 1941/42 mit Heinrich v. Kleists „Prinz Friedrich von Homburg oder Die Schlacht von Fehrbellin"; die PT hebt hervor: *„Wohl schwerlich hätte die Theaterleitung zur Eröffnung ein geeigneteres Stück wählen können als dieses preußischste aller Theaterstücke, das durch seinen strengen Geist der Pflichterfüllung der großen Tradition der Soldatenstadt Potsdam gerecht wird."*

07./08. 09.
23.25 – 04.00 Uhr Fliegeralarm

08. 09. 1941 – 27. 01. 1944
deutsche und finnische Blockade der sowjetischen Stadt Leningrad (heute St. Petersburg); durch Hunger und Bombenangriffe kommen 500.000 bis 1,5 Mio. Menschen ums Leben; allein im Januar und Februar 1942 kommen täglich bis zu 5.000 Menschen zu Tode

09. 09.
Schlagzeilen in der PT
Leningrad von allen Landverbindungen abgeschnitten
Luftangriffe auf Leningrad und Moskau

11. 09.
Schlagzeile in der PT
Mehr als 1200 britische Flugzeuge seit dem 22. Juni verloren

11. 09.
das Mitglied der illegalen Leitung der KPD aus Eberswalde,
Hans Ammon, wird im Potsdamer Gestapo-Gefängnis (Lindenstraße) derart gefoltert, dass er an den Folgen im Gefängnis
verstirbt (geb. 15. 08. 1901)

11. 09.
Versammlung der NSDAP-Ortsgruppe „Fridericus" im
Gemeindesaal in der Hoditzstraße (heute Wilhelm-Staab-
Straße); der Reichsredner Pg. Scherer führt u.a. aus: *„Der tiefe*
Sinn der Freiheit und des Lebens erfüllt dieses Ringen mit dem
Schlechten und jener Fäulnis, gestaltet im Judentum und seinen
Handlangern in Russland, England und Amerika... [...] In
Potsdam wäre kein Stein mehr aufeinander, wenn diese Horden
über uns gekommen wären, und Deutschland läge am Boden
ohne die Heldenleistungen der Väter und Söhne an der Front.
[...] Wir können stolz sein auf unsere Soldaten und wollen in
der geschützten Heimat alle Kraft daran setzen, die Freiheit
unseres Volkes zu wahren. Ihr Gottesgeschenk will erkämpft
sein in brüderlicher Gemeinschaft. Der Führer ist der Pflüger
deutscher Heimaterde in den Herzen unseres Volkes."

19. 09.
Kiew wird durch deutsche Truppen eingenommen

19. 09.
Anweisung der Stapostelle Potsdam an die Landräte sowie Bürgermeister der kreisfreien Städte der Provinz Brandenburg, *„...*
in geeigneter Weise die kirchlichen Veranstaltungen der BK in
der nächsten Zeit laufend zu überwachen..."
aus den Erinnerungen des evangelischen Pfarrers Viktor Hasse:

„Im September 1941 wurde ich wieder verhaftet und nach langen Verhören und Hausdurchsuchungen, die meine Gesundheit schon sehr erschüttert hatten, [...] mit der Überführung in ein Konzentrationslager bedroht, falls ich meine Haltung nicht ändere. Anfang Oktober, nach 3 ½ Wochen, wurde ich dann entlassen..."

20. 09.
02.50 – 05.12 Uhr Fliegeralarm

20./21. 09.
23.15 – 02.05 Uhr Fliegeralarm

23. 09.
Paul L. aus Babelsberg wird vom Potsdamer Amtsgericht zu einer Geldstrafe in Höhe von 70,- RM verurteilt, weil er ohne Genehmigung ein Lämmchen schlachtete

24. 09.
die PT veröffentlicht den Briefkopf der Ortsgruppe Potsdam der NSDAP „Sanssouci" als Beispiel; er wurde u.a. genutzt, um Briefe an die Soldaten im Felde zu schreiben

24. 09.
Feierstunde der Werkschaften und NS-Zellen im RAW unter dem Motto „Der Tag des Deutschen ist die Ernte der ganzen Zeit"

28. 09.
im Konzerthaus werden ausgewählte Mitglieder der HJ und des BDM des Jahrgangs 1923 in die NSDAP oder in eine ihrer

Gliederungen feierlich aufgenommen; der NSDAP-Kreisleiter Wilhelm Borgschulze-Mentges unterstreicht in seiner Rede: *„Unsere Generation hat in großer Zeit große Aufgaben zu erfüllen. Wie ein Samenkorn muss der Geist unserer schicksalhaften Zeit weitergegeben werden, damit er Frucht trägt. Es gilt, das Erbe der Väter in tüchtige Hände zu legen, damit Tat und Opfer nicht vergebens waren. Nur so kann unsere Zukunft für alle Zweiten gesichert werden."*

29. 09.
Johannes Rump, Schriftsteller und Pfarrer an der Potsdamer Friedenskirche, verstirbt (geb. 23. 10. 1871); er veröffentlichte Romane und religiöse Schriften unter dem Pseudonym Nathanael Jünger

29./30. 09.
Erschießung von 33.771 Juden der Stadt Kiew in der Schlucht von Babi Jar; aus der Ereignismeldung 106 vom 07. 10. 1941:
„...In Zusammenarbeit mit dem Gruppenstab und 2 Kommandos des Polizeiregiments Süd hat das Sonderkommando 4a am 29. und 30.9. 33771 Juden exekutiert. Geld, Wertsachen, Wäsche und Kleidungsstücke wurden sichergestellt und zum Teil der NSV zur Ausrüstung der Volksdeutschen, z. T. der kommissarischen Stadtverwaltung zur Überlassung an bedürftige Bevölkerung übergeben. Die Aktion selbst ist reibungslos verlaufen. Irgendwelche Zwischenfälle haben sich nicht ergeben..."
einer der Hauptverantwortlichen ist der in Potsdam geborene SS-Standartenführer und Kommandant des Sonderkommandos 4a Paul Blobel [34]

30. 09.
Schlagzeile in der PT
Britischer Angriff an der Tobrukfront abgewiesen [35]

30. 09.
00.05 – 00.54 Uhr Fliegeralarm

---

34 Paul Blobel (geb. 13. 08. 1894) wurde nach Kriegsende verurteilt und am 07. 06. 1951 hingerichtet.

35 Tobruk ist eine libysche Stadt am Mittelmeer. Vor allem wegen ihres Tiefseehafens und der Festung wurde sie während des Zweiten Weltkriegs hart umkämpft.

September
in Potsdam werden 6 Fliegeralarme gegeben

September
die PT veröffentlicht 54 Todesanzeigen Gefallener

01. 10.
die Höhere Landbauschule Potsdam begeht den 30. Jahrestag ihrer Gründung; sie war als „Seminar für praktische Landwirte" am 01. 11. 1911 in Königsberg gegründet und 1925 nach Potsdam verlegt worden; 1936 erhielt sie den Namen „Höhere Landbauschule"

01. 10.
00.00 – 01.33 Uhr Fliegeralarm

02. – 20. 10.
die Doppelschlacht von Wjasma und Brjanka in der Sowjetunion war die letzte für die deutschen Truppen erfolgreiche Umfassungsschlacht großer feindlicher Verbände

02. 10. 1941 – 15. 01. 1942
die Schlacht um Moskau ändert die Situation auf dem östlichen Kriegsschauplatz völlig; der Führer Adolf Hitler befiehlt den Rückzug auf die Winterstellung; die Deutschen verlieren 1.300 Panzer, 2.500 Geschütze und über 15.000 Kfz., dazu schätzungsweise 500.000 Mann an Toten oder Verwundeten sowie zusätzlich mindestens 100.000 Mann an Ausfällen durch Erfrierungen

03. 10.
Schlagzeile in der PT
Bomben auf Moskau und Charkow

03. 10.
der HJ-Bann Babelsberg veranstaltet in der Aula der Althoff-Schule ein „Konzert der Jugend"; der Frankfurter Pianist Heinz Schröter bringt Werke von Ludwig van Beethoven, Franz Schubert und Carl Maria v. Weber sowie eigene zu Gehör

10. 10.
in Potsdam sind noch sechs „konzessionierte" Fremdenführer tätig, zu denen weitere Hilfsfremdenführer kommen

13. – 19. 10.
Gauleistungsschau märkischer Lehrlinge im Potsdamer Konzerthaus; vorgestellt werden die besten Lehrlingsarbeiten; bis zum Ende der Ausstellung wird sie von 2.000 Interessierten besucht

15. 10.
die KK-Schießgruppe der Arado-Flugzeugwerke eröffnet das Kriegswinterhilfswerkschießen in einer eigens dafür errichteten Halle

15. 10.
das Potsdamer Amtsgericht verurteilt den Potsdamer Otto H. zu einer Strafe von 200,- RM, da er sich unrechtmäßig Lebensmittelkarten besorgt hatte

15. 10.
die PT teilt mit, dass für die deutsche Bevölkerung Bohnenkaffee kurz vor Weihnachten und dann wieder im Februar 1942 zur Verteilung kommen wird

16. 10.
Schlagzeile in der PT
Moskaus äußere Verteidigungslinie erreicht

16. 10.
150 Verwundete aus mehreren Potsdamer Lazaretten verleben auf Einladung des Amtes für Volkswohlfahrt einen Nachmittag in der Gaststätte „Königstadt"; die Potsdamer Opernsängerin Erika Zwanzig singt Heidelieder des Potsdamer Dichters Joseph Lang, der sie auch selbst komponierte und die Sängerin am Flügel begleitet

19. 10.
erste Mitgliederversammlung des Ortsverbandes Potsdam im Bayreuther Bund; der Ortsverband hat bereits 175 Mitglieder;

Ziel des Bundes ist die *"...Pflege des Bayreuther Kunstideals und seine Vermittlung an die deutsche Öffentlichkeit..."*

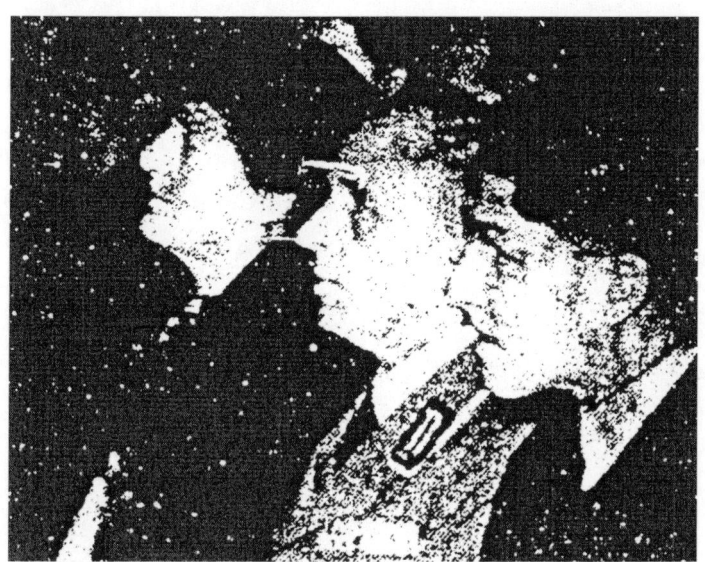

Winifred Wagner. Schwiegertochter Richard Wagners (links) neben OB Hans Friederichs (Mitte)

20. 10.
die Kreisleitung Potsdam der NSDAP zieht vom Stadtschloss um in die Albrechtstraße 23/24 (heute Filchnerstraße) in Potsdam-Babelsberg; die PT schreibt: *„Diese Maßnahme ist nur getroffen worden für die Dauer des Krieges. Nach Kriegsschluss wird unmittelbar die Rückverlegung der Kreisleitung Potsdam in die bisherigen Geschäftsräume wieder erfolgen."*

21. 10.
Schlagzeile in der PT
Der Kern der Sowjetarmee vernichtet

21. 10.
16.00 Uhr; über Potsdam wird eine Windhose beobachtet

22. 10.
Schlagzeile in der PT
Der baltische Raum völlig vom Feinde befreit

22. 10.
die PT veröffentlicht den „Ostfrontseufzer":
„Das Haar ward uns zur Mähne,
die Seife ward uns fremd;
wir putzen keine Zähne
und wechseln auch kein Hemd.
Es quatscht in Schuh'n und Socken,
der Dreck spritzt bis ins Ohr.
Das einz'ge, was noch trocken,
sind Kehle und Humor!
                    Uffz. Rincker"

23. 10.
Schlagzeile in der PT
60 Kilometer vor Moskau

24. 10.
ein Erlass des Reichssicherheitshauptamtes droht „...*deutsch-*
blütigen Bürgern..." Schutzhaft von drei Monaten an, „...*die*
in der Öffentlichkeit freundschaftliche Beziehungen zu Juden
erkennen lassen..."

27. 10.
die „Verordnung über den Schutz des Bußtages 1941" bestimmt:
„Der [...] vorgesehene Schutz beschränkt sich für den Bußtag
1941 auf die Zeit von 6.00 – 15.30 Uhr."

28. 10.
Eröffnung der Buch- und Dokumentenschau „Soldatisches
Volk" durch den Gauleiter Emil Stürtz; die PT schreibt: *„In*
interessanten, historisch fundierten Darlegungen stellte der
Chef der Heeresarchive die Tatsache in den Vordergrund seiner
Ausführungen, dass Soldat und Volk heute nach tausendjäh-
rigen inneren und äußeren Kämpfen im deutschen Volk zu einer
festgefügten Einheit geworden sind. Die Wiege der großdeut-
schen Wehrmacht aber hat in Potsdam gestanden."

28. 10.
22.30 – 23. 15 Uhr Fliegeralarm

30. 10.
nach der „Verordnung über den Kriegszuschlag zum Kleinhandelspreis von Bier, Tabakwaren und Schaumwein" beträgt der Kriegszuschlag bei Bier 20% der Besteuerungsgrundlage, bei Tabak sind es 50% und bei Schaumwein je nach Größe der Flasche zwischen -,34 RM (bei 1/8-Liter-Flasche) bis 4,- RM (bei 1-Liter-Flasche)

31. 10.
in der „Verordnung zur Durchführung der Verordnung über die Beschäftigung von Juden" wird bestimmt: „*...Der Jude kann als Artfremder nicht Mitglied einer deutschen Betriebsgemeinschaft sein, die sich auf die Grundsätze der gegenseitigen Treuepflicht aller im Betrieb Schaffenden aufbaut...*"; damit hat er u.a. „*...keinen Anspruch auf Zuschläge zu Lohn oder Gehalt für Arbeit, die an Sonn- und Feiertagen geleistet wird oder über die regelmäßige Arbeitszeit hinausgeht...*"; die Zahlung von „*...Familien- oder Kinderzulagen, Geburten- oder Heiratsbeihilfen, Sterbegeld oder ähnliche Zuwendungen anlässlich des Todes des Beschäftigten...*" ist untersagt; die Gewährung von „*...Weihnachtszuwendungen, Abschlussgratifikationen, Jubiläumsgaben, Treuegeld, eines 13. Monatsgehalts, Abfertigung sowie ähnliche einmalige Zuwendungen aus besonderen Anlässen...*" ist unzulässig; „*...Juden dürfen nicht als Lehrlinge oder Anlernlinge vermittelt oder beschäftigt werden...*"; „*...Juden haben die ihnen von den Arbeitsämtern zugewiesene Beschäftigung anzunehmen*".

31. 10.
Premiere des ersten Farbfilms der Ufa „Frauen sind doch bessere Diplomaten" mit Marika Rökk und Willy Fritsch in den Hauptrollen; Regie führt Georg Jacoby; das Drehbuch schrieb Karl Georg Külb

31. 10.
Schlagzeile in der PT
Feind auf der Krim in voller Flucht

31. 10.
Eröffnung des „Führerschulungswerks der Hitlerjugend", Bann

374, im Konzerthaus; Oberbannführer Lemmer führt aus, dass die Schulung „...*noch notwendiger als in den früheren Jahren (sei), da durch die Kriegsverhältnisse ein ununterbrochener Wechsel in der Führerschaft eintritt und auch altersmäßig die Führerschaft während des Krieges immer jünger geworden ist.*" Aufgabe der Schulung sei es, „...*einmal den Führern und Führerinnen den Blick zu weiten für die politischen und geistigen Probleme unserer Zeit und die Zukunftsaufgaben unseres Volkes.*"

Oktober
in Potsdam werden 2 Fliegeralarme gegeben

Oktober
die PT veröffentlicht 50 Todesanzeigen Gefallener

01. 11.
die PT teilt mit: „*Die Normaltemperatur für Wohn- und Aufenthaltsräume beträgt seit jeher 18 Grad C. Jeder sorge dafür, dass die Temperatur dieses Maß möglichst nicht überschreitet.*"
am 11. 11. wird diese Aufforderung in Gedichtform wiederholt:
„*Wir wollen mit den Kohlen geizen,*
denn dieser Geiz ist angebracht.
Man bleibt im warmen Bett bei Nacht
und kann dort ohne Kohlen heizen.

Und auch am Tage wird gespart.
Man muss sich nur auf flinken Sohlen
die achtzehn Grad von draußen holen,
was auch die Rüstigkeit bewahrt.

Verderblich ist das Ofenhocken.
Ein überheizter Raum verdrießt.
Man schwitzt und friert, man krächzt und niest
im Schlafrock und in warmen Socken.

O nein, für diesen Winter soll's
Mal anders sein im Heizbemühen.
Dann hast du, wenn die Veilchen blühen,
den Keller voll Briketts und Holz."

02. 11.
der ehemalige Intendant des Potsdamer Schauspielhauses (1919-1934), Kurt Pehlemann, verstirbt (geb. 14. 12. 1878); er wirkte auch als Ufa-Filmschauspieler („Das Flötenkonzert von Sanssouci", 1930)

04. 11.
die PT kündigt für die nächsten Tage eine Annahme-Untersuchung für die Waffen-SS der Jahrgänge 1896 – 1925 an; hervorgehoben wird: *„Diese Männer reihen sich ein in die Kolonnen derer, die nach den jüngsten Worten des Führers ‚...im Vorwärtsschreiten noch nie übertroffen...' worden sind."*

05. 11.
in einer Kantine der Krampnitzer Kaserne findet ein Gottesdienst für die katholischen Soldaten statt; das ist die Geburtsstunde der katholische Gemeinde St. Martin; Pfarrer wird Felix Czernecki

05. 11.
Schlagzeile in der PT
Im Oktober verloren die Briten 236 Flugzeuge

06. 11.
im Schauspielhaus findet die Erstaufführung des Lustspiels „Hofjagd in Steineich" von Leo Lenz und dem Potsdamer Dichter Rudolf Presber mit Hilde Hofer-Pittschau, Erna Koch, Ekkehard Röhrer, Helmut Rollek und Paul Lipinski in den Hauptrollen unter der Regie von Dr. Klaus Brock statt

07. 11.
der Schauspieler Joachim Gottschalk setzt seinem Leben ein Ende (geb. 10. 04. 1904); der hoffnungsvolle Schauspieler sollte sich von seiner jüdischen Frau und seinem Kind trennen, kam dem Ansinnen jedoch nicht nach; als einzigen Ausweg sah er den Freitod für sich und seine Familie

07. 11.
21.05 – 23.30 Uhr Fliegeralarm

08. 11.
02.30 – 04.30 Uhr Fliegeralarm

08. 11.
Wehrmachtsgroßkonzert mit dem Musikkorps des Standortes Potsdam im Saal des RAW; Obermusikmeister Kiesant dirigiert 250 Musiker und Sänger; es erklingen die Werke der Potsdamer Komponisten Adolf Haensgen („Festlicher Zug"), Karl Landgrebe („Festliche Musik zu einer ländlichen Feier"), Bruno Stein („Stählerne Adler", „Flammenruf") und Herms Niel („Mit England wird jetzt Schluss gemacht")

11. 11.
Schlagzeile in der PT
Kein Land will Juden haben

16. 11.
Vortrag des Deutschen Volksbildungswerkes im RAW zum Thema *„Der Rundfunk. Im Kriege die vierte Waffe"*

17. 11.
Schlagzeile in der PT
Kertsch genommen

18. 11. – 30. 12.
mit der Operation „Crusader" gelingt es den britischen und alliierten Truppen letztlich, die deutsche Belagerung von Tobruk zu brechen

20. 11.
Schlagzeile in der PT
Starke britische Kräfte in Afrika zurückgeworfen

23. 11.
anlässlich des 150. Todestages von Wolfgang Amadeus Mozart wird vom Städtischen Chor Potsdam in der Garnisonkirche Mozarts „Requiem" aufgeführt

23. – 29. 11.
angeordnete „Rattenvertilgungstage" in Potsdam; die PT

schreibt dazu: „*Es ist leider Tatsache, dass in diesem Jahr die Rattenplage auch in Potsdam wieder zugenommen hat. Schuld daran ist in erster Linie das Hochwasser. Leider sind sich aber auch manche Hausbesitzer ihrer Pflicht zur Bekämpfung der Rattenplage nicht recht bewusst. [...] jede Säumigkeit in der Bekämpfung bedeutet einen nicht zu ersetzenden Verlust an für die Kriegsführung so wichtigen Lebens- und Nahrungsmitteln.*"

25. 11.
die „Verordnung zur Ergänzung und Änderung von Vorschriften auf dem Gebiet der Verbrauchsregelung" legt u.a. fest: „*...Mit Gefängnis und Geldstrafe, letztere in unbeschränkter Höhe, oder mit einer dieser Strafen wird bestraft, wer in Ausübung eines Gewerbes oder Berufs in bezugsbeschränkte Erzeugnisse ohne Bezugsberechtigung bezugsbeschränkte Erzeugnisse ohne Bezugsbescheinigung insbesondere ohne gültige Bescheinigung über die Bezugsberechtigung bezieht oder abgibt...*"

25. 11.
Schlagzeilen in der PT
Sieben Länder dem Antikomminternpakt [36] *beigetreten*
Bulgarien, Dänemark,Finnland, Kroatien, Rumänien, Slowakei und China

28. 11.
die PT nutzt die Berichterstattung über den Prozess am Berliner Sondergericht gegen den Juden Herz-Aba Lipfzye zu antijüdischer Propaganda; Lipfzye wird folgendermaßen beurteilt: „*Betrug und Urkundenfälschung, Delikte also, die von Hebräern seit undenklichen Zeiten hauptsächlich verübt werden, kennzeichnen auch das bisherige Dasein dieses jüdischen Verbrechers. [...] Mit dem Strom unzähliger Rassegenossen, die wie beutegierige Ratten nach dem Jahre 1918 über die Reichsgrenze fluteten, war auch der Angeklagte von dem damaligen Polen nach Deutschland gekommen. [...] Das einzige Gesetz, dem er folgte, war der Talmud, nach dem Juden jeder Missbrauch an Nichtjuden erlaubt ist, um die Gastvölker wirt-*

---

36 Der 1936 zwischen dem Deutschen Reich und dem Japanischen Kaiserreich 1936 abgeschlossene Antikominternpakt war ein völkerrechtlicher Vertrag, der auf die Abwehr der Kommunistischen Internationale (Komintern) zielte.

schaftlich und vor allem rassisch und moralisch zu zersetzen.
[...] Als nach dem Jahre 1933 die Erkenntnis von dem verderb-
lichen Einfluss des jüdischen Elements im deutschen Volks-
körper immer stärker weite Kreise erfasste, begann der Jude L.
sich an Parteiorganisationen heranzudrängeln und den „guten
Deutschen" zu spielen, ein Verhalten, wie es der aufmerksame
und wache Volksgenosse ständig beobachten konnte, ehe es zu
den in jüngster Zeit erfolgten einschneidenden Maßnahmen
gegen die Juden kam. [...] Das Verhalten des Angeklagten vor
Gericht rundete das Bild dieses Juden, der gleichsam die nied-
rigen Eigenschaften seiner ganzen Rasse verkörperte, in deutli-
cher Weise ab: Kriecherisch und zitternd vor Angst, dass es ihm
an den Kragen gehen könnte, dabei feige und ebenso verlogen,
wenn er glaubte, einen Vorteil für sich erhaschen zu können."

30. 11.
Übergabe des Gästehauses der Provinzialverwaltung, An der
alten Zauche; es bietet 25 Gästen Raum und steht für Besucher
von Soldaten in den Potsdamer Lazaretten zur Verfügung; der
Aufenthalt ist kostenlos

November
in Potsdam werden 2 Fliegeralarme gegeben

November
die PT veröffentlicht 35 Todesanzeigen Gefallener

01. 12.
der Sicherheitsdienst der SS berichtet aus dem Deutschen Reich
über Unzufriedenheit in der Bevölkerung wegen der zu hohen
Eintrittspreise bei Kulturveranstaltungen der nationalsozialistischen Gemeinschaft „Kraft durch Freude"

03. 12.
der Reichsrundfunk macht Aufnahmen im Heim Hermannswerder, „*...um die Welt dieser Kleinen seinen Hörern nahezu-*
bringen..."

04. 12.
die NS-Ortsgruppe „Fridericus" führt eine Großveranstaltung

im Nikolaisaal durch; Oberleutnant Lücking spricht über den Einsatz der geschaffenen und in Potsdam stationierten Propaganda-Kompanie

06. 12.
die Potsdamer Bäcker- und Schlächter-Innungen veranstalten für die Verwundeten der Potsdamer Lazarette eine Feier im Konzerthaus; Höhepunkt des Abends ist der Auftritt der Sängerin und Kabarettistin Lotte Werkmeister

07. 12.
japanische Luftverbände greifen den amerikanischen Stützpunkt Pearl Habor (Hawai) an

07. 12.
Opfersonntag für das KWHW; in der PT wird im Vorfeld aufgefordert: *„Nur wenige unter uns sind sich der außenpolitischen Wirkung des Winterhilfswerks bewusst. Weit mehr noch als im Frieden sind die Opfersonntage und Reichsstraßensammlungen zu einem Gradmesser geworden, an dem das feindliche Ausland die deutsche Volksstimmung abzulesen sich bemüht. Mit ehrlicher Verzweiflung wird jede Steigerung – mit unverhohlener Freude wird jeder Stillstand des Sammelergebnisses verzeichnet – schon diese Tatsache allein sollte uns Ansporn zu immer noch steigender Spendenfreudigkeit werden, ganz abgesehen davon, dass die gewaltigen Leistungen der Front einen erhöhten Anspruch auf die Opferbereitschaft der Heimat haben."*
die Sammlung erbringt ein Ergebnis von 30.825,- RM

07. – 14. 12.
auf der Grundlage eines Aufrufs des Ministers für Volksaufklärung und Propaganda, Joseph Goebbels, vom 04. 12. 1941 findet auch in Potsdam eine Sammlung von Grammophonen und Schallplatten statt; sie sollen der Front zur Verfügung gestellt werden

08. 12.
die USA erklären Japan den Krieg; spätestens jetzt muss von einem Weltkrieg gesprochen werden

08. 12.
China erklärt Japan den Krieg

08. 12.
japanische Invasion in Thailand

09. 12.
Schlagzeile in der PT
Luftwaffe versenkte 14000 BRT britischen Schiffsraums

11. 12.
Kriegserklärung des Deutschen Reiches an die USA

12. 12.
den jüdischen Bürgern wird untersagt, öffentliche Telefonzellen
zu benutzen

12. 12.
Schlagzeile in der PT
Kriegszustand mit Amerika

12. 12.
auf dem Wilhelmplatz (heute Platz der Einheit) wird eine große
Tanne aufgestellt; die PT schreibt: sie „...*gibt dem Stadtzentrum
eine vornehme weihnachtliche Note. Ohne jeden Behang und
Ausputz erhebt sich der Baum in seinem prächtigen Wuchs und
wirkt allein durch seine natürliche Schönheit.*"

13. 12.
die Redaktion der PT teilt mit, dass es die „...*kriegswirtschaft-
lichen Belange...*" den Zeitungen verbieten, Wandkalender herzustellen und beizufügen

14. 12.
England, USA und Bulgarien erklären sich wechselseitig den
Krieg; Rumänien erklärt den USA den Krieg; Indien erklärt
Japan den Krieg

15. 12.
die NS-Frauenschaft Potsdam spendet 156 gestrickte Wollde-

cken für die Ostfront; am 31. 12. 1941 veröffentlicht die PT
ein Dankschreiben des Kommandanten von Potsdam, Oberst
Gustav Adolf v. Wulffen, an die Potsdamer NS-Frauenschaft,
in dem es u.a. heißt: *„Der Herr Oberbefehlshaber bittet, den
Potsdamer Frauen und Mädchen, die sich so verständnisvoll
der Sorgen der Feldtruppen angenommen und ihre beschränkte
Freizeit für die mühevolle Strickarbeit geopfert haben, seinen
allerherzlichsten Dank übermitteln und sie in Kenntnis setzen
zu wollen, dass die Decken sofort den bedürftigsten Soldaten
zugeführt worden sind."*

15. 12. 1941 – 11. 01. 1942
in der 31. Zuteilungsperiode für Lebensmittel erhalten die
Berechtigten zusätzlich 250 g Hülsenfrüchte; außerdem erhalten
an Stelle von 150 g Kaffeeersatz die über 18jährigen wahlweise
60 g Bohnenkaffee

16. 12.
der „Hof- und Schlosspolier" Wilhelm II. August Altendorf
verstirbt (geb. 04. 11. 1854); er ist auch Schöpfer der „Festung
Küstrin" im Park von Sanssouci

17. 12.
Schlagzeile in der PT
Übergang zum Stellungskrieg der Wintermonate

22. 12.
Schlagzeile in der PT
Der Führer übernimmt das Oberkommando des Heeres

23. 12.
die „Verordnung des Führers zum Schutz der Sammlung von
Wintersachen für die Front"; darin heißt es: *„Die Sammlung
von Wintersachen für die Front ist ein Opfer des deutschen
Volkes für seine Soldaten. Ich bestimme daher: Wer sich an
gesammelten oder vom Verfügungsberechtigten zur Sammlung
bestimmten Sachen bereichert oder solche Sachen sonst ihrer
Verwendung entzieht, wird mit dem Tode bestraft."*

25. 12.
die Eroberung der britischen Kronkolonie Honkong durch
japanische Truppen ist abgeschlossen

27. 12.
Beginn der Sammlung von Woll- und Pelzsachen für die Ostfront; gleich am ersten Tag spendet die Sportvereinigung 03 ihre
15 blau-weiß gestreiften Wolljacken; am 07. 01. 1942 übergibt
der ehemalige Kronprinz den Pelz, den Wilhelm II. während des
I. Weltkrieges trug; am 03. 01. 1942 wird mitgeteilt, dass bisher
aus Potsdam zwei Waggons mit Wintersachen an die Ostfront
geschickt wurden; die Potsdamer liefern pro Kopf 1,39 Stück
Woll- und Pelzsachen ab (der Durchschnitt im Gau Mark Brandenburg liegt bei 0,7 Stück)

28. 12.
Hinweise in der PT für das Herstellen von Bowle und Glühwein
zur Silvesterfeier: *„Wenn wir in diesen Tagen von einer Bowle
oder einen Punsch sprechen, den wir uns für die Silvesternacht zusammenbrauen wollen, so ergibt sich von selbst, dass
diese Getränke, was den Alkoholgehalt anbelangt, in Kriegs-
zeiten etwas weniger konzentriert ausfallen werden, wie wir
es vielleicht noch aus den vorigen Jahren gewöhnt sind. Das
soll unsere frohe Stimmung aber keineswegs beeinträchtigen,
gehen wir doch mit freudigen Hoffnungen und Erwartungen
in das neue Jahr, die durch die Erfolge unserer Wehrmacht nur
berechtigt sind. [...] In der heutigen ernsten Zeit wäre es wahr-
haftig unwürdig, wenn wir mit schweren Gliedern und wirrem
Kopf in das neue Jahr hineintorkeln würden."*

29. 12.
der Bildhauer, Maler und Graphiker Ernst Horst Geyger verstirbt (geb. 09. 11. 1861); von ihm stammt „Der Bogenschütze"
im Park von Sanssouci

31. 12.
Schlagzeile in der PT
Angriff auf Sewastopol

31. 12.
die PT schildert die Silvesternacht in Potsdam folgendermaßen:
„*Wurden früher diese Stunden vom persönlichsten Wollen
und von Wünschen beherrscht, ohne dass die Gedanken die
große Allgemeinheit umfassten, sondern ganz im Kreise der
eigenen Angelegenheiten ihre meist heiteren Sprünge machten,
so schienen sie in diesem Jahre nur ein Ziel zu haben: in ernster
Geschlossenheit dem neuen Jahre die besten Wünsche für
die Zukunft des Vaterlandes entgegen zu tragen. Wo kleine
Gruppen aus den verdunkelten Häusern zeitig den Verwandten-
oder Freundschaftskreis verließen und die fast unbelebte Straße
betraten, flog dem einsamen Wanderer nur selten ein Neujahrs-
wunsch zu. Es war, als weilte alles Denken und Sinnen noch
draußen bei den Lieben im Felde, zu denen im ruhigen Kranze
der Abendgespräche immer wieder die Gedanken geeilt waren.
„Siegheil 1942!" Das war ein passender Ruf aus der Tür einer
Gaststätte, aus der gedämpftes Stimmengewirr herausdrang.
Einige größere Lokale, in denen es vorjährig besonders gesellig-
laut hergegangen war, hatten bereits Tage vorher ihren Gästen
mitgeteilt, dass „Silvester geschlossen" sein wird. Und doch
fehlte hier und da nicht die heitere Note. Vati war auf Urlaub
zu Hause und musste den Verwandten zugeführt werden..."*

Dezember
die PT veröffentlicht 22 Todesanzeigen Gefallener

1942

05. 01.
Schlagzeilen in der PT
Überwältigendes Ergebnis in Wintersachen-Sammlung:
Über 32 Millionen Stück Wintersachen jeder Art gespendet

06. 01.
die berühmte Tänzerin und Tanzpädagogin Gret Palucca [37]
gestaltet einen Tanzabend im Potsdamer Schauspielhaus; *„Man
ist [...] fern vom „Bühnentanz" und erlebt eine Ausdruckskunst,
die aus ganz anderen Bezirken kommt [...] Die Palucca schöpft
mit stärkster Bewusstheit auch aus ihren körperlichen Bedingungen, mit unfehlbarer Sicherheit werden nicht zum wenigsten
schon von diesem Gesichtspunkt her die Fragen der Kostüme
(von Ida Packe) gelöst [...] Und diese Sicherheit verlässt die
Tänzerin auch nicht bei der Auswahl ihrer Schöpfungen, deren
beste einen leicht elegischen Charakter tragen, eine sanfte Freudigkeit und manchmal den Hauch eines köstlichen Scherzes..."*

08. 01.
vom Potsdamer Hauptbahnhof aus geht der im RAW gebaute
erste „PK-Frontdruckerei-Zug" auf Probefahrt; er besteht aus
sechs Eisenbahnwagen

08. 01. 1942 – 01. 03. 1943
Kesselschlacht bei Demjansk; den deutschen Truppen gelingt
es, aus dem Kessel herauszukommen

---

37 Nach den Nürnberger Rassegesetzen von 1935 als Halbjüdin eingestuft, erhielt sie
wegen ihres hohen internationalen Ansehens 1936 eine „Sondergenehmigung" für Auf-
tritte.

10. 01.
die sechs großen Film-Produktionsfirmen Ufa, Tobis, Terra, Bavaria, Wien-Film und Berlin-Film werden zur „Ufa-Film GmbH" zusammengefasst; damit ist die alte Ufa in Potsdam-Babelsberg nur noch eine unselbständige Produktionsfirma

11. 01.
der erste Judentransport verlässt Potsdam; zu den 40 Juden gehört Johanne Rosenthal, eine der zwei Überlebenden (die andere ist Betty Feist); Johanne Rosenthal zeichnet folgenden Bericht auf:
„Als wir zwei Tage vor unserer Evakuierung von der Gestapo Potsdam Listen bekamen, um jeglichen Besitz aufzuführen, wurde extra betont, es liegt kein Grund zur Beunruhigung vor. Im Laufe des Donnerstag bekamen wir [...] die Aufforderung, am Freitag früh 8 Uhr uns bei der Gestapo einzufinden. Dort wurden uns 2 Beamte angehängt, um mit denen in unsere Wohnungen zu gehen. Hier angelangt, offenbarte man uns, wir müssten sofort unsere Wohnung aufgeben, da wir einen neuen Wohnsitz im Osten bekämen. Das Notwendigste durften wir unter Aufsicht packen zum Mitnehmen. Aber niemals haben wir davon einen Gegenstand gesehen. Um 11 Uhr waren wir schon wieder auf der Gestapo, wo man uns sämtliches Geld und Papiere abnahm. Alsdann sperrte man uns ein auf 2 Tage. Sonntag, den 11. 1., ging es mit verdeckten Autos nach Berlin, um hier einem Transport angeschlossen zu werden...
Am Dienstag, den 13. 1., transportierte man uns dann 1200 Personen im ungeheizten überfüllten Zug nach Riga. Essen und Trinken war das erste, was man uns abgewöhnte, also gings 3 Tage und 3 Nächte ohne einen Schluck Wassers oder sonst etwas ab. Bei 40 Grad Kälte kamen wir am Freitag. den 16. 1. nachmittags, in Riga an. Mit Stockhieben und Geschrei wurden wir am Bahnhof von der deutschen und lettischen SS empfangen... Wir fanden das Ghetto in furchtbar verwüstetem Zustande vor. Anfang Dezember hatte man ca. 35.000 – 40.000 lettische Juden dort an Ort und Stelle erschossen. Gefüllte Teller und Töpfe standen noch auf den Tischen...
Man behielt immer ein paar kräftige Männer für Aufräumungsarbeiten an der Bahn. Bei unserem Transport blieb Feist junior und Gerd Wohl zurück. Vergeblich hat man sie im Ghetto

*erwartet. Feist sen., Gersmann, A., Meierstein/Fahrland, Selma
Mannheim, Rubertz Friedchen und ein Frl. Grossmann aus
Geltow blieben bei den Kranken zurück. Trotz aller Verzweif-
lung mussten wir uns ein Heim schaffen. In den ersten 4 ½
Monaten wohnte ich mit Spriaskis, Salomons, Frau Urbach
und Frau L. Gersmann zusammen. Schlafen auf dem Fuß-
boden, 2 Scheiben Brot am Tag, so vergingen Monate... Ende
März und Anfang April wieder etwas ähnliches im gesamten
Ghetto. Appell vorm Kommandanten. Wieder waren viele
Tausend weniger. Bei dieser Aktion waren Frau Urbach und
Fränze Grand dabei... 5 – 6 stündige Appelle ohne jeden Grund
bei 35 – 38 Grad Kälte waren des häufigeren. Ungefähr Mitte
März verstarb Herr Samter an Hungertod und Erfrierungen...
Ungefähr im August verstarb Herr Gormanns, im September
Rose Pohn, dass Dornbuschs sich schon 8 Tage nach unserer
Ankunft selbst das Leben nahmen, vergaß ich zu berichten.
Am 2. November (1943 – d.V.) war noch einmal eine Riesenak-
tion in unserem Ghetto. Es wurden 2260 Männer, Frauen und
Kinder in Viehwagen verladen, um ins Ungewisse befördert zu
werden. Man erzählte Auschwitz.
An diesem Tage wurden unzählige Kinder ihren Eltern ent-
rissen, ebenso umgekehrt... Am 2. Nov. waren Geschw. Rubert,
Frau Gormanns, Frau Fabian und Frau Meierstein dabei. Apri-
askis, Fr. Gersmann, Salomons, Lotte Henschel, Reg. Hirsch-
berg, Margot Brauer, Stella Löwenberg, Inge Mannheim waren
schon im Laufe der Zeit zum Kaiserwald (KZ – d.V.) kaserniert.
Mit mir bei der A.B.A. (Armeebekleidungsamt – d.V.) wurden
Frau Schötz, Kassmann und Feist kaserniert... Frau Feist war
bei dem vorletzten Stutthof Transport dabei. Also blieb ich als
einzige (Potsdamerin – d.V.) zurück..."*

11. 01.

zum „Tag der Briefmarke" gestalten die KdF-Sammlergruppen
des Kreises Potsdam gemeinsam mit dem Briefmarkensammler-
verein eine Ausstellung in der Gaststätte „Zum Markgrafen"
in der Luisenstraße (heute Zeppelinstraße); dort wird auch ein
Sonderpostamt eingerichtet, in dem Sonderstempel und eine
Sondermarke zu haben sind

12. 01.
James Gersmann verstirbt (geb. 09. 12. 1869); er ist der letzte
Vorsitzende der jüdischen Gemeinde Potsdams

13. 01.
Aufforderung in der PT

16. 01.
12.30 – 13.10 Uhr Fliegeralarm

16. 01.
der Potsdamer Sparkassenlehrling Bernhard Schaarmann, Zeppelinstraße 86, rettet den 12jährigen Schüler Peter Hohnfeld,
Im Bogen 21, vor dem Ertrinken aus der Havel

17. 01.
die „Polizeiverordnung über Tanzlustbarkeiten im Kriege"
bestimmt: „*Öffentliche Tanzlustbarkeiten sind bis auf weiteres
verboten. [...] Verboten sind fernerhin Tanzlustbarkeiten von
Tanzstundenzirkeln, Vereinen, vereinsähnlichen Zusammen-
schlüssen oder wenn sie nicht öffentlich sind. [...] Verboten
sind weiter sämtliche Tanzveranstaltungen von Tanzschulen mit
Ausnahme von reinem Tanzunterricht in Kursen für Personen
bis zu 18 Jahren oder in privaten Stunden. [...] Wer vorsätzlich
oder fahrlässig dieser Polizeiverordnung zuwiderhandelt, wird
mit Haft bis zu sechs Wochen oder mit Geldstrafe bis 150,- RM
bestraft. Ebenso wird bestraft, wer vorsätzlich oder fahrlässig
an einer verbotenen Tanzlustbarkeit teilnimmt.*"

17. 01.
das Dresdener Philharmonische Orchester unter Paul van
Kempen gibt im RAW das Klavierkonzert e-moll Nr. 3 op. 37
von Ludwig van Beethoven; als Solist tritt der Potsdamer Pianist Wilhelm Kempff auf

20. 01.
Schlagzeile in der PT
Sowjetkräfte auf der Krim zurückgeworfen

20. 01.
die Staatssekretäre der wichtigsten deutschen Ministerien beraten unter Vorsitz von Reinhard Heydrich, Chef des Reichssicherheitshauptamtes der SS und Stellvertretender Reichsprotektor von Böhmen und Mähren, die „Endlösung der Judenfrage"

21. 01.
Regierungspräsident Dr. Ewald Erbslöh verstirbt (geb. 30. 01. 1861); von 1920 – 1922 war er Vorsitzender des Kuratoriums der Hoffbauer-Stiftung

21. 01.
Schlagzeile in der PT
Japans Flotte beherrscht den Pazifik

22. 01.
für die Potsdamer treten „Verdunklungserleichterungen" ein: *„Es braucht erst eine Stunde nach Sonnenuntergang verdunkelt zu werden. Die Verdunkelung dauert bis ½ Stunde vor Sonnenaufgang."*

22. 01.
Schlagzeile in der PT
Deutsch-italienischer Vorstoß in Nordafrika

23. 01.
der Potsdamer Schüler Ritter Edler Horst von Dawans, Kurfürstenstraße 13, rettet an der Glienicker Brücke den Schüler Horst Buchholz, Neue Königstraße 105 (heute Berliner Straße), vor dem Ertrinken

25. 01.
Thailand erklärt den westlichen Alliierten den Krieg

25. 01.
die Kreisleitung Potsdam der NSDAP veranstaltet aus Anlass des 230. Geburtstages von Friedrich II. eine Morgenfeier in der Aula der Wilhelm-Frick-Schule, Kaiser-Wilhelm-Straße 30 (heute Hegelallee); während dieser „...*weltanschaulichen Feierstunde...*" erklingt Musik aus der Zeit Friedrich II., und es wird sein politisches Testament verlesen

26. 01.
21.35 – 22.45 Uhr Fliegeralarm

30. 01.
der Komponist Karl Eduard Goepfart verstirbt (geb. 08. 03. 1859); von 1909 bis 1927 lebte und wirkte er in Potsdam; von ihm stammen ca. 200 Tonwerke; auf dem Bornstedter Friedhof fand er seine letzte Ruhe

31. 01.
der Schauspieler Rolf Wenkhaus fällt als Soldat (geb. 09. 09. 1917); er hatte in dem Ufa-Film-Klassiker „Emil und die Detektive" (1931) die Hauptrolle verkörpert

31. 01. – 01.02.
die 5. Reichsstraßensammlung findet statt; sie bringt reichsweit 24.676.961,45 RM; das ist eine Steigerung gegenüber dem Vorjahr um 35,48 %; in Potsdam wird ein Ergebnis von 37.113,- RM erreicht, damit wird das Vorjahresergebnis um rund 10.000,- RM übertroffen

31. 01. – 01. 02.
Geflügelzüchterausstellung des Geflügelzüchtervereins Babelsberg 1888 im Saal des Eisenbahnhotels in Babelsberg; Plakate verkünden: „*Geflügelhalter, merzt die schlechten Hühner aus!*" „*Hühner, die älter als zwei Jahre sind, legen wenig Eier und gehören in den Kochtopf*", „*Für die Fütterung dürfen nur Kartoffelabfälle, aber keine Speisekartoffel verwendet werden*", „*Im Kriege dürfen wir nur mit allerbestem Tiermaterial arbeiten*"

Januar
in Potsdam werden 2 Fliegeralarme gegeben

Januar
die PT veröffentlicht 51 Todesanzeigen Gefallener

01. 02.
Turner des Bezirkes Havel im Reichsbund für Leibesübungen veranstalten im Konzerthaus eine Sportwerbeveranstaltung zugunsten des KWHW; Sportbezirksführer Thomsen hebt hervor: *„Wir treiben den Sport nicht um des Sportes willen, sondern folgen dem Rufe: „Facht die Flamme der Gemeinschaft an!" Heimat und Front in enger Verbindung!"*

Sportwerbeveranstaltung im Konzerthaus, 01. 02. 1942

06. 02.
Schlagzeile in der PT
Das Gros der niederländisch-indischen Flotte von den Japanern vernichtet

07. 02.
das Laienorchester der Arado-Flugzeugwerke gibt im Betrieb
ein Konzert; es erklingen Werke von Richard Wagner, Hermann
Kretschmar und Rudolf Hönow (Leiter des Orchesters), dessen
„Tarantella für Klavier und Orchester" uraufgeführt wird

08. 02.
Arbeitstagung aller Mitarbeiterinnen der NS-Frauenschaft und
des Deutschen Frauenwerks der westlichen Kreise des Gaus
Brandenburg im Potsdamer Konzerthaus; Gauleiter Emil Stürtz
hebt in seiner Ansprache hervor: *„Das deutsche Volk weiß,
dass im totalen Krieg auch der Einsatz der ganzen Nation notwendig ist, dass wir vor allem gute Nerven und eiskalte Ruhe
brauchen. Aus den Nöten, die wir haben, müssen wir darum
alle in gemeinsamer Arbeit das Beste herausholen, wobei der
deutschen Frau in der Erweckung des allgemeinen Verständ-
nisses für persönlich manchmal unangenehme Maßnahmen und
Einschränkungen eine besonders verantwortungsvolle Aufgabe
zugewiesen ist."*

11. 02.
Schüler höherer Schulen, die das 15. Lebensjahr vollendet
haben, werden zum Dienst als Luftwaffenhelfer einberufen

14. 02.
Jahreshauptversammlung der Chorgemeinschaft Babelsberg;
Chorführer Hermann Franke unterstreicht: *„Für Babelsberg
mit seiner einstigen politischen Zerrissenheit und den auch auf
gesanglichen Gebiete zutage getretenen Gegensätzlichkeiten
bedeutete die Zusammenkettung der Männergesangsvereine
ohne Zweifel ein Experiment, das weniger in musikalischer, als
vielmehr in gesinnungsmäßiger Ebene zu vollziehen war und
geschickte Hände erforderte. Heute kann gesagt werden, dass
dieses Unternehmen vollauf geglückt ist, gefördert und vielleicht
überhaupt erst möglich gemacht durch die nationalsozialistische
Ausgeglichenheit und die Tat gewordene Volksverbundenheit."*

14./15. 02.
am „Tag der Deutschen Polizei" finden in Potsdam zahlreiche
Polizeivorführungen und Ausstellungen zur Arbeit der Polizei

statt; durch Straßensammlungen und Sonderspenden werden 71.022,- RM dem KWHW zur Verfügung gestellt

14. – 22. 02.
die Schlacht am Kasserin-Pass ist die letzte Offensive der deutschen Wehrmacht in Nordafrika

15. 02.
den Juden im Deutschen Reich wird die Haltung von Haustieren untersagt

15. 02.
Singapur wird von japanischen Truppen besetzt

15. 02.
in Potsdam-Babelsberg sind 200 Sowjetbürger als freiwillige Fremdarbeiter in verschiedenen Betrieben eingesetzt [38]

15. 02.
sieben Mannschaften der HJ bzw. des Deutschen Jungvolks beteiligen sich am Kampf um den Titel „Bannmeister im Geräteturnen" in der Halle des Viktoria-Gymnasiums (heute Helmholtz-Gymnasium); Bannmeister wird die Mannschaft des Großen Militärwaisenhauses

17. 02.
Schlagzeile in der PT
Schwere Kämpfe im meterhohen Schnee

17. 02.
den Juden im Deutschen Reich werden Abonnements von Zeitungen und Zeitschriften untersagt

17. 02.
die Melodie des Liedes „Ich hab' mich ergeben" erklingt vom Glockenturm der Garnisonkirche zu jeder halben Stunde auf die Dauer von vier Wochen; in dem Lied heißt es:

---

38 Die Fremdarbeiter folgten freiwillig den Werbemaßnahmen deutscher Arbeitsämter, die darauf zielten, Arbeitskräfte für das Deutsche Reich zu gewinnen. Zwangsarbeiter hingegen wurden zur Arbeit im Deutschen Reich gewaltsam gezwungen.

„Lass Kraft mich erwerben
in Herz und in Hand,
zu leben und zu sterben
fürs heil'ge Vaterland!"

20. 02.
der bekannte Filmschauspieler Erich Ponto gibt einen Rezi-
tationsabend im Schauspielhaus, der dem deutschen Humor
gewidmet ist; Verse von Matthias Claudius bis Wilhelm Busch
sind zu hören

23. 02.
Tagesbefehl Nr. 55 des Oberkommandierenden der Roten
Armee, Josef W. Stalin, aus Anlass des 24. Jahrestages der Gründung der Roten Armee, in dem es heißt: *„Es wäre lächerlich,*
die Hitlerclique mit dem deutschen Volk, mit dem deutschen
Staate gleichzusetzen. Die Erfahrungen der Geschichte sagen,
dass die Hitler kommen und gehen, aber das deutsche Volk, der
deutsche Staat bleibt."

27. 02.
Schlagzeile in der PT
Zahlreiche Angriffe der Sowjets gescheitert

27. 02.
die PT schreibt unter der Überschrift „Mehr Kinder für starke
Zukunft": *„In den 6 Jahren von 1934 bis 1939 wurden im alten*
Reichsgebiet allein dank dem Wiedererwachen des Fortpflan-
zungswillens des deutschen Volkes insgesamt 1451300 eheliche
Kinder mehr geboren, als wenn die Fruchtbarkeit dauernd so
niedrig geblieben wäre wie 1933, und zwar 365500 erste Kinder,
512200 zweite, 314200 dritte, 156100 vierte und 106305 fünfte
und folgende Kinder. [...] Allerdings kann es angesichts der
großen Zukunftaufgaben des deutschen Volkes noch nicht als
ausreichend angesehen werden. Vielmehr ist eine noch beträcht-
lich stärkere Zunahme der dritten und folgenden Geburten und
damit eine weitere Steigerung der Fortpflanzungshäufigkeit
besonders in den späteren Ehejahren erforderlich."

27. 02.
Der Führer Adolf Hitler richtet an den Potsdamer Schriftsteller und Altveteranen Johannes Wilda ein Glückwunschschreiben zu dessen 90. Geburtstag, in dem es heißt: *„Zu der Vollendung Ihres 90. Lebensjahres spreche ich Ihnen meine herzlichsten Glückwünsche aus. Ich hoffe und wünsche, dass Ihnen auch weiterhin Gesundheit und Wohlergehen sowie ein gesegneter Lebensabend beschieden sein mögen. Mit deutschem Gruß Adolf Hitler"*
der Potsdamer OB Hans Friedrichs gratuliert dem Altveteranen Johannes Wilda mit folgenden Worten:
„Zu Ihrem 90. Geburtstag darf ich Ihnen zugleich namens der Stadt Potsdam meinen herzlichen Glückwunsch übermitteln. Sie haben in ungebrochener geistiger Frische ein Lebensalter erreicht, welches den wenigsten Sterblichen beschieden ist. Ihr Leben hat sie weit in der Welt herumgeführt. Sie haben die fernsten Länder und Meere gesehen, unter ihnen auch diejenigen, auf denen jetzt der Krieg tobt. So wünsche ich Ihnen denn von Herzen, dass Sie trotz Ihrer hohen Jahre noch das Ende dieses Krieges erleben und überblicken dürfen, was aus all den Ländern wird, die Sie bereist haben..."

28. 02.
an der Reichsführerschule der HJ in Potsdam beginnt ein mehrwöchiger Lehrgang für 40 rumänische Jugendführer

28. 02.
der Reichsmusikzug des RAD unter Leitung von Herms Niel gibt im großen Saal des RAW ein Konzert zugunsten des KWHW unter dem Motto
„Es wird ein frohes, heit'res Spiel!
Dafür sorgt euer Freund Herms Niel."
2.800 Zuschauer hören ausschließlich Werke von Herms Niel, darunter vier Ur- und drei Erstaufführungen

28. 02. – 01. 03.
6. Reichsstraßensammlung zugunsten des KWHW; die in Potsdam stationierte Propaganda-Ersatz-Kompanie sucht für Wunschsendungen des Großdeutschen Rundfunks die „Schönste Stimme Potsdams"; den Wettbewerb gewinnt die

18jährige Ursula Thurow, technische Angestellte in einem Potsdamer Rüstungsbetrieb; weitere Preisträgerinnen sind: Maria Borelli, Erika Zwanzig, Barbara Wendisch-Blume und Irmgard Junkert; eine Teilnehmerin trägt das Gedicht einer Mutter für ihren gefallenen Sohn vor:

> *„Über die Erde geht tiefes Leid.*
> *Das wandert bis zur Ewigkeit.*
> *Es wandert bis vor Gottes Thron*
> *für jeder Mutter gefallenen Sohn.*
> *Im Krieg im Schmerz geboren...*
> *und wieder im Krieg im Schmerz verloren!*
> *O deutsche Zukunft denke dran,*
> *was sie alle vollbrachten für einen Mann.*
> *Für Adolf Hitler!"*

28. 02. – 12. 04.
Schießwettbewerbe im Rahmen des KWHW in allen NSDAP-Ortsgruppen
die besten Männer
1. Werner Röske
2. Lehmann
3. Leye
die besten Frauen
1. Klara Urbanitz
2. Ingeborg Düsterhoff
3. Anneliese Buschberg
die besten Jugendlichen
1. Joachim Gerlach
2. Emil Schulze
3. Heinz Richter

Februar
die PT veröffentlicht 76 Todesanzeigen Gefallener

01. 03.
Befehl des Führers Adolf Hitler:
„Juden, Freimaurer und die mit ihnen verbündeten weltanschaulichen Gegner des Nationalsozialismus sind die Urheber des jetzigen gegen das Reich gerichteten Krieges. Die planmäs-

sige geistige Bekämpfung dieser Mächte ist eine kriegsnotwendige Aufgabe. Ich habe daher den Reichsleiter Alfred Rosenberg beauftragt, diese Aufgabe im Einvernehmen mit dem Chef des Oberkommandos der Wehrmacht durchzuführen. Sein Einsatzstab für die besetzten Gebiete hat das Recht, Bibliotheken, Archive, Logen und sonstige weltanschauliche und kulturelle Einrichtungen aller Art nach entsprechendem Material zu durchforschen und dieses für die weltanschaulichen Aufgaben der NSDAP und die späteren wissenschaftlichen Forschungsarbeiten der Hohen Schule beschlagnahmen zu lassen. Der gleichen Regelung unterliegen Kulturgüter, die im Besitz oder Eigentum von Juden, herrenlos oder nicht einwandfrei zu klärender Herkunft sind..."

01. 03.
Konzert des Potsdamer Männergesangsvereins im Nikolaisaal; zur Einstimmung spielt Prof. Karl Landgrebe auf der neu hergerichteten Schuke-Orgel das Orgelkonzert F-Dur op. 4 Nr. 4 von Georg Friedrich Händel; der Chor bringt Werke von Wolfgang Amadeus Mozart, Franz Schubert, Robert Schumann, Joseph Haydn, Friedrich Heger und Robert Carl; einen Höhepunkt bildet die Erstaufführung der „Heidefeier" von Max Bruch

03. 03.
Galapremiere des UFA-Films „Der große König" (Regie und Drehbuch: Veit Harlan, Darsteller u.a. Otto Gebühr, Kristina Söderbaum, Gustav Fröhlich, Elisabeth Flickenschildt) vor Kriegsversehrten, Rüstungsarbeitern und Ritterkreuzträgern im Berliner Ufa-Palast am Zoo; der Minister für Volksaufklärung und Propaganda, Joseph Goebbels, schreibt in sein Tagebuch: *„Er wirkt genau so, wie ich das vorausgesehen habe. Er wird zweifellos eine große Erziehungsarbeit am deutschen Volke ausüben, zumal in der gegenwärtigen Lage. [...] Der Film kommt gerade zurecht, um eine härtere Art der Kriegsführung auch auf diese Weise zu begründen."*

05. 03.
Schlagzeile in der PT
Immer wieder erfolglose Sowjetangriffe

06. 03.
Schlagzeile in der PT
Wieder 82 500 Bruttoregistertonnen an der USA-Küste versenkt

07. 03.
die „Verordnung über den Einsatz zusätzlicher Arbeitskräfte
für die Ernährungssicherung des deutschen Volkes" bestimmt:
*„Der Mangel an Arbeitskräften in der Landwirtschaft macht es
erforderlich, nicht oder nicht vollbeschäftigte landarbeitsfähige
Volksgenossen zur landwirtschaftlichen Arbeit heranzuziehen.
[...] Personen auf dem Land und in Landstädten, denen nach
Alter und Familienstand und Gesundheitszustand sowie an
ihrem Pflichtenkreis die Aufnahme landwirtschaftlicher Arbeit
zuzumuten ist, insbesondere Personen, die schon in der Landwirtschaft tätig gewesen sind, können von den Arbeitsämtern
[...] auf begrenzte Zeit verpflichtet werden [...] Sie stehen dem
für ihren Wohnsitz zuständigen Ortbauernführer zum Einsatz
in landwirtschaftlicher Arbeit gegen ortsüblichen Lohn zur Verfügung. Die Personen, die verpflichtet werden sollen, schlägt
der Ortsbauernführer im Einvernehmen mit dem Bürgermeister
und dem Ortsgruppenleiter der NSDAP vor..."*

07. 03.
die PT teilt mit, dass die Kompanie des an der Ostfront gefallenen Willi N. eine Sammlung für die beiden hinterbliebenen
Töchter (3 und 5 Jahre alt) veranstaltet hat; dabei kamen
2.000,- RM zusammen – für jedes Kind ein Sparbuch mit
1.000,- RM; *„Ein leuchtendes Beispiel nationalsozialistischer
Front-Kameradschaft, die nicht viel redet, sondern handelt!"*

09. 03.
Schlagzeile in der PT
Burmas Hauptstadt im Besitz der Japaner

11. – 15. 03.
der deutschen Wehrmacht gelingt es, Charkow zurück zu
erobern; damit wird eine Kesselschlacht, die in ihren Ausmaßen
die von Stalingrad übertroffen hätte, vermieden

13. 03.

die „Anordnung über die Beschäftigung von Zigeunern" bestimmt: „*Die für Juden erlassenen Sondervorschriften auf dem Gebiete des Sozialrechts finden in ihrer jeweiligen Fassung auf Zigeuner entsprechende Anwendung [...] Zigeuner im Sinne dieser Anordnung sind*
a) Vollzigeuner (stammechte Zigeuner)
b) Mischlinge mit vorwiegend oder gleichem zigeunerischen Blutanteil, wenn sie vom Reichskriminalpolizeiamt als solche festgestellt worden sind..."

16. 03.

der Ehrenobermeister der Kiezer Fischer, August Schüler, verstirbt (geb. 12. 05. 1869); im Nachruf heißt es: „*Er verkörperte die alte Fischertradition Potsdams als Fischermeister in langer Familienfolge, dazu in einem Stadtteil, der noch vor weniger als drei Jahrhunderten ein selbständiges Fischerdorf war.*"

17. 03.

Schlagzeile in der PT
Feindkräfte in Nordafrika zurückgeworfen

17. 03.

der General der Infanterie Friedrich Ferdinand Hans Erdmann v. Gontard verstirbt (geb. 05. 08. 1860); der Urenkel des Potsdamer Baumeisters Carl Philipp Christian v. Gontard ist auf dem Bornstedter Friedhof beigesetzt

20. 03.

Schlagzeile in der PT
Der Platz Ungarns neben Deutschland und Italien

22. 03.

reichsweit werden erstmalig die 14jährigen Jungen und Mädchen auf den Führer Adolf Hitler verpflichtet; im Konzerthaus, in der Althoff-Schule, der Garnisonkirche und weiteren Orten sprechen die 1.075 Potsdamer Jugendlichen folgenden Sätze:
„*Ich gelobe, dem Führer Adolf Hitler treu und selbstlos in der Hitlerjugend zu dienen. Ich gelobe, mich allezeit einzusetzen für die Einigkeit und Kameradschaft der deutschen Jugend. Ich*

*gelobe Gehorsam dem Reichsjugendführer und allen Führern
der HJ. Ich gelobe, bei unserer heiligen Fahne, dass ich immer
versuchen will, ihrer würdig zu sein, so wahr mir Gott helfe!"*

27. 03.
Frau Lucie P. aus der Schockstraße (heute Hermann-Elflein-
Straße) wird zu einer Geldstrafe von 75,- RM verurteilt, da sie
eine junge Katze, die sie für monatlich 5,- RM in Pflege hatte,
durch Hungern zum Mäusefangen erziehen wollte

28./29. 03.
Schlagzeile in der PT
*Missglückter britischer Landungsversuch an der französischen
Atlantikküste*

29. 03.
„Tag der Wehrmacht"; in den Potsdamer Kasernen finden
zahlreiche Veranstaltungen statt; die Presse schreibt: „*...dass
sie [gemeint sind die Gäste der Veranstaltungen] auch diesmal
wieder gut und preiswert mit markenfreiem Essen verpflegt
werden, konnten wir [...] bereits berichten.*"

31. 03.
die „Verordnung über die Erfassung außergewöhnlicher
Gewinnsteigerung während des Krieges (Gewinnabführungs-
verordnung)" erklärt: „*...Der Reichsminister der Finanzen* [39]
*kann von gewerblichen Unternehmern, die eine außergewöhn-
liche Steigerung ihrer gewerblichen Einkünfte erzielt haben,
verlangen, dass sie einen Betrag an das Finanzamt abführen
(Gewinnabführungsbetrag)...*"

31. 03.
die „1. Verordnung zur Durchführung der Gewinnabführungs-
verordnung" legt die außergewöhnliche Steigerung des gewerblichen Gewinns auf 30.000,- RM fest; „*...Natürliche Personen
und Personengesellschaften haben 25 von 100, Körperschaften
30 von 100 der außergewöhnlichen Gewinnsteigerung als
Gewinnabführungsbetrag zu entrichten...*"; am 15. 05. 1944

---

39 Johann Ludwig Graf Schwerin v. Krosigk

legt die „Verordnung über die Gewinnabführung für das Kalenderjahr 1943/44" die außergewöhnliche Steigerung des gewerblichen Gewinns auf 12.000,- RM fest

31. 03.
die PT stellt die größte Sammlung militärischer Orden Deutschlands vor; sie wurde von dem Potsdamer Dr. Waldemar Hesse Edler von Hessenthal angelegt und umfasst 3.000 Exponate

März
die PT veröffentlicht 71 Todesanzeigen Gefallener

01. 04.
die „Verordnung über die Ehemündigerklärung von Wehrmachtsangehörigen" gibt die Möglichkeit: *„Wird ein Wehrmachtsangehöriger zum Zwecke der Eheschließung für volljährig erklärt, so kann zugleich mit der Volljährigkeitserklärung die Befreiung von dem Erfordernis der Vollendung des 21. Lebensjahres bewilligt werden..."*

01. 04.
die Buch- und Papierhandlung Ziemeck und Wucherpfennig in der Brandenburger Straße feiert den 100. Jahrestag ihrer Gründung

04./05. 04.
Schlagzeile in der PT
Über 100 000 gefangene Sowjets im ersten Vierteljahr 1942

08. 04.
die Potsdamer Lehrerin und Schriftstellerin Adelheid Stier verstirbt (geb. 11. 12. 1852); sie machte sich als Lyrikerin einen Namen

08. 04.
Schlagzeile in der PT
16 feindliche Handelsschiffe mit 10 400 BRT versenkt

11. 04.
die „Anordnung über den Erholungsurlaub der Beamten und

Angestellten im öffentlichen Dienst für das Urlaubsjahr 1942"
bestimmt: „...*Erholungsurlaub wird nur gewährt, soweit die
Kriegsverhältnisse dies zulassen. Mehr als 21 Tage Erholungsurlaub werden für das Urlaubsjahr 1942 grundsätzlich nicht
gewährt...*"

11. 04.
amtliche Bekanntmachung in der PT: „*Kartoffelversorgung.
[...] In der Woche vom 13. bis 19. April 1942 werden an alle
bezugsberechtigten Verbraucher im Bereich des Ernährungs-
amtes Potsdam je Kopf fünf Pfund Kartoffeln durch die Einzel-
händler zur Verteilung gelangen. Bezugsberechtigt sind diejenigen Verbraucher, die einen Kartoffelvorrat nicht mehr haben
und im Besitz des Kartoffelbezugsausweises sind. Beim Einkauf
haben die Verbraucher ihrem Kleinverteiler den Abschnitt 2
des Kartoffelbezugsausweises abzugeben. [...] Unberechtigter
Bezug wird gemäß Verbrauchsregelungs-Strafverordnung vom
26. November 1941 streng geahndet.*"

11./12. 04.
7. Reichsstraßensammlung für das KWHW; für Spenden
werden kleine Abzeichen von Heilkräutern ausgegeben

16. 04.
Schlagzeile in der PT
Kräftegruppe der Sowjets im mittleren Abschnitt vernichtet

16. 04.
die „Verordnung über den Nationalen Feiertag des deutschen
Volkes 1942" legt fest: „*...Der Nationale Feiertag des deutschen Volkes 1. Mai wird in diesem Jahr auf den 2. Mai verlegt...*" [40]

16. 04.
der österreichische Fremdarbeiter Gerhard Sch. (geb. 26. 02.
1919), tätig bei Friesecke&Höpfer, wird vom Potsdamer Amtsgericht zu 4 ½ Monaten Gefängnis verurteilt; in der Begründung heißt es: „*Der Angeklagte hat sich als Arier bezeichnet*

---

40 Der 01. Mai 1942 fiel auf einen Freitag.

und daraufhin auch solche Lebensmittelkarten erhalten, wie sie Juden nicht zustehen. Den Judenstern hat er nicht getragen. Die Bezugsberechtigung hat der Angeklagte dadurch erschlichen, dass er sich als Arier ausgegeben hat…"; am 15. 06. wird Gerhard Sch. der Gestapo Potsdam überstellt und in ein Vernichtungslager deportiert

17. 04.
die japanische Armee erobert Zentral-Burma

17. 04.
Ernst Hesse aus Potsdam-Babelsberg, Waldstraße 5 (heute Karl-Gruhl-Straße), rettet ein vierjähriges Kind vor dem Ertrinken; er wird mit der Erinnerungsmedaille für Rettung aus Gefahr geehrt

17. 04.
02.00 – 02.40 Uhr Fliegeralarm

18. 04.
erster US-amerikanischer Luftangriff auf Tokio

22. 04.
Schlagzeile in der PT
Aufruf des Führers zum Dritten Kriegshilfswerk für das Deutsche Rote Kreuz

24. 04.
wirksam wird eine Verordnung, nach der Juden im Deutschen Reich die Benutzung öffentlicher Verkehrsmittel nicht mehr gestattet ist

25. 04.
die PT hebt den Babelsberger Betrieb Wollmershäußer & Gurth hervor, der ein Stück Brachland am Bahnhof Drewitz pachtete; die Belegschaft bereitet den Boden für die Aussaat von Kartoffeln vor „*…zum Wohle des Volksganzen…*"

26. 04.
der Deutsche Reichstag beschließt:

„Im Kampf des deutschen Volkes um Sein und Nichtsein [...]
muss der Führer [...] – ohne an bestehende Rechtsvorschriften
gebunden zu sein – in seiner Eigenschaft als Führer der Nation,
als oberster Befehlshaber der Wehrmacht, als Regierungschef und
oberster Inhaber der vollziehenden Gewalt, als oberster Gerichts-
herr und als Führer der Partei jederzeit in der Lage sein, nötigen-
falls jeden Deutschen [...] bei Pflichtverletzung nach gewissen-
hafter Prüfung ohne Rücksicht auf sogenannte wohlerworbene
Rechte mit der ihm gebührenden Sühne zu belegen und ihn im
besonderen ohne Einleitung vorgeschriebener Verfahren aus
seinem Amte, aus seinem Rang und seiner Stellung zu entfernen."

27. 04.
die Ortsgruppe Bergstücken der NS-Frauenschaft zeigt die Ausstellung „Nähe deine Schuhe selbst!"

28. 04.
der Fachmann für Filizineen (Farne), Otto Bernstiel, verstirbt
(geb. 14. 05. 1863); den Anbau der Farne betrieb er in einer
Spezialgartenbauanlage in Bornstedt

28. 04.
Schlagzeile in der PT
Es gibt nur eine Parole: Sieg!

April
in Potsdam wird 1 Fliegeralarm gegeben

April
die PT veröffentlicht 54 Todesanzeigen Gefallener

01. 05.
Schlagzeile in der PT
Über 44 Millionen RM bei der letzten Reichsstraßensammlung

02. 05.
die Vereinigten Männerchöre Potsdams geben im RAW ein
Konzert; Werke von Franz Schubert, Richard Wagner, Max
Bruch und Albert Lortzing stehen auf dem Programm; uraufgeführt wird der „Schwertspruch" von Hermann Grabner

04. 05.
Beginn der Pflichtimpfungen gegen Diphtherie in Potsdam für Vorschulkinder ab dem zweiten Lebensjahr; „...*die in der Elternschaft volles Verständnis und praktische Zustimmung...*" findet; sie ziehen sich über drei Monate hin

04. – 09. 05.
„Woche der Jungmädel und Pimpfe" in Potsdam; zahlreiche sportliche und kulturelle Veranstaltungen geben Einblicke in die organisierte Freizeitarbeit der 10-14jährigen Jungen und Mädchen; Höhepunkt ist am 09. 05. ein Appell im Lustgarten sowie ein Marsch durch Potsdam

05. 05.
Abschluss der Schulung der Potsdamer HJ für das Winterhalbjahr 1941/42; 5.306 Theaterbesuche, 2.000 Konzertbesuche und eine Dichterlesung, an der mehrere hundert Jugendliche teilnahmen, werden abgerechnet; der Abend steht unter der Losung „Nationalsozialismus und Weltanschauung"; Hauptbannführer Ernst unterstreicht: „*Weltanschauung darf nichts Einseitiges, sondern muss etwas Totales sein, ähnlich etwa dem mittelalterlichen Christentum, das dann in Luthers deutschem Pflichtbewusstsein gipfelte. [...] Unsere Weltanschauung ist nun eine europäische Aufgabe geworden, deren Sieg es heute gilt, nicht als parteipolitische Angelegenheit, sondern als Idee mit der Zusammenfassung aller Kräfte unter dem Führer.*"

06. 05.
die japanische Armee schließt die Eroberung der Philippinen ab

06. 05.
in der Beratungsstelle Volkswirtschaft-Hauswirtschaft der NS-Frauenschaft werden Kostproben von Wildgemüsegerichten verteilt; Sauerampfersuppe, Kartoffelsuppe mit Brennnessel gewürzt, Meldegemüse und Brennnesselpudding sind die Renner

07. 05.
im Rahmen des Kriegseinsatzes des BDM-Werkes „Glaube und Schönheit" beginnt in der Werkstatt des NS-Fliegerkorps in der

Luisenstraße (heute Zeppelinstraße) eine Arbeitsgemeinschaft, in der die Mädchen die Kunst des Segelflugzeugbaus erlernen

10. 05.
Morgenfeier im Potsdamer Schauspielhaus unter dem Thema „Neue Liebe – neues Leben"; im Mittelpunkt stehen Gedichte von Johann Wolfgang v. Goethe, vorgetragen von Ekkehard Röhrer und Fritz Schröder-Jahn; Irma Beilke singt Lieder mit Goethetexten von Franz Schubert, begleitet von Albert Busch

13. 05.
die polnische Fremdarbeiterin Bonislawa Czubakowska (26) wird vom Potsdamer Landgericht wegen einer angeblichen Brandstiftung in der Feinjute-Spinnstoff-Fabrik Brandenburg zum Tode verurteilt und am 15. 08. 1942 in Berlin-Plötzensee hingerichtet; der Reichsminister für Justiz, Franz Schlegelberger, schreibt am 31. 07. 1942: *„In der Strafsache gegen die wegen Brandstiftung zum Tode Verurteilte Bronislawa Czubakowska habe ich mit Ermächtigung des Führers beschlossen, von dem Begnadigungsrecht keinen Gebrauch zu machen..."*

14. 05.
Schlagzeilen in der PT
Rastlose Verfolgung des geschlagenen Feindes
In zweieinhalb Wochen verloren die Sowjets 748 Flugzeuge bei nur 82 eigenen Verlusten

17. 05.
Opfersonntag für das DRK unter der Losung „Seid würdig des Opfers der Front"

18. 05.
deutsche und rumänische Einheiten beenden die Einnahme der
Halbinsel Kertsch

18. 05.
eine Verordnung des Reichsarbeitsführers regelt die Dienstzeit
der weiblichen Jugend im RAD neu; es heißt darin: *„Um die
Einbringung der Hackfruchternte zu fördern, wird für die im
Frühjahr eingestellten Arbeitsmaiden die Dienstzeit im aktiven
Reichsarbeitsdienst auf sieben Monate [...] festgesetzt."*

24. 05.
zum 1. Pfingstfeiertag klingen vom Turm der Heiligengeistkirche deutsche Choräle zur Feier des Tages

26. 05. – 11. 06.
deutsche Truppen erobern in Nordafrika die Festung Tobruk;
die gesamten britischen Versorgungslager fallen in die Hände
der deutschen Truppen, darunter ungefähr 10.000 Tonnen
Treibstoff; ca. 32.200 Commonwealth-Soldaten geraten in
Gefangenschaft

28. 05.
Schlagzeile in der PT
Deutsch-finnischer Sieg bei Louhi

28. 05.
die NS-Gemeinschaft KdF gestaltet im Babelsberger *„Lindenpark"* einen heiteren Abend für ausländische Arbeitskräfte.
*„Die Veranstaltung kann wohl zu den besten gelten, die in ähn-
lichen Fällen bisher gezeigt wurden."*

28. 05.
die NSDAP-Ortsgruppe Charlottenhof feiert in Anwesenheit
des NSDAP-Kreisleiters Erich Ponath ihr zehnjähriges Bestehen;
der Stellv. NSDAP-Ortsgruppenleiter Lüdeke unterstreicht in
seiner Rede: *„Damals, genau so wie heute, führten wir einen
Kampf gegen das Judentum und seine Anhänger. Der Glaube
an den Führer verlieh den nationalsozialistischen Kämpfern
jener Zeit ungeahnte Kräfte und ließ sie den Kampf bestehen.*

*Dass auch in dem heutigen großen Völkerringen der deutsche
Sieg erstritten wird, dafür werden wiederum die Kräfte sorgen,
die der Glaube an Adolf Hitler zu verleihen vermag."*

30. 05.
die „Bekanntmachung zur Verordnung über den Nachrichtenverkehr" bestimmt, welche Länder als „feindliches Ausland"
anzusehen sind; dazu gehören:
*Vereinigtes Königreich von Großbritannien und Nordirland
in seinen überseeischen Besitzungen, Kanada, Australischer
Bund, Neuseeland, Südafrikanische Union mit ihren Mandats-
gebieten, französische Besitzungen - ausgenommen Marokko,
Tunesien und Indochina, Sudan, italienisch Ostafrika (soweit
von den Briten besetzt), Irak, Iran, Union der sozialistischen
Sowjetrepubliken, belgische und niederländische Kolonien,
Vereinigte Staaten von Amerika und ihre Besitzungen, Costa
Rica, Kuba, Dominikanische Republik, Guatemala, Haiti,
Honduoras, Nikaragua, Panama und El Salvador, Bolivien,
Brasilien, Columbien, Ecuador, Mexiko, Paraguay, Peru, Uru-
guay, Venezuela*

30./31. 05.
reichsweit findet der Sportwettkampf der HJ und des BDM
statt; das Stadion Luftschiffhafen ist Schauplatz zahlreicher
Wettkämpfe der HJ und des BDM
aus den Erinnerungen von Dr. Manon Andreas-Grisebach [41]:
*„Großes Sportfest aller Potsdamer Schulen auf den Sport-
plätzen am Luftschiffhafen. Auch meine Schule, das Kaiserin-
Augusta-Stift, war dabei. Ich in der Untertertia. In Leichtathletik war ich hervorragend: Schnell wie die Windhunde (Hitlers
Wunsch), zackig im Weitsprung und weit im Schlagballwerfen.
Meine Punktezahl lag über der der anderen, und bei der Sie-
gerehrung – mit Antreten, Fahne aufziehen, Lieder singen
– stand ich aufgeregt in der ersten Reihe. Aber, warum denn,*

---

41 Diese Erinnerungen werden erst dann voll verständlich, wenn man weiß, das Dr.
Manon Andreas-Grisebach die Tochter des Kunsthistorikers Prof. Dr. August Grisebach
und dessen Gattin Hanna Grisebach ist. Nach den Nürnberger Rassegesetzen galt Hanna
Grisebach als Jüdin. Ihr Gatte hatte sich dennoch nicht von ihr scheiden lassen, was ihn
seinen Lehrauftrag an der Universität Heidelberg kostete. Manon Grisebach hatte das
Glück, am privat geführten Augusta-Viktoria-Stift zur Schule gehen zu können.

wieso nicht ich? Mir wurde ganz schlecht. Den Preis bekam
Mechthild Kempff aus unserer Klasse, von meinem Namen
keine Spur. Mechthild – schon der germanische Vorname war
natürlich besser als mein französischer – war die Tochter des
berühmten Pianisten Wilhelm Kempff. Ich hörte ihn ab und
zu, wenn wir im Neuen Garten an der Villa beim Heiligen See
vorbeigingen, dort übte er. Jedenfalls fragte ich am nächsten
Tag unsere Turnlehrerin, Fräulein Langensiepen, warum denn
nicht ich den Preis bekommen hätte? Sie: „Ach ja? Die Punkte,
da müssen wir uns wohl verrechnet haben. Du hättest es früher
sagen sollen. Jetzt ist es zu spät." (Viele Jahre später, lange nach
dem Krieg traf ich Mechthild und sie gestand, dass ihr diese
Erinnerung immer noch unangenehm sei. Nitschewo – und wir
lachten.)"

30./31. 05.
Schlagzeilen in der PT
Drei Sowjetarmeen vernichtet
Riesige Mengen an Kriegsmaterial erbeutet
Andauern der Schlacht in Nordafrika

31. 05.
anlässlich des 20. Todestages des Potsdamer Polizisten und
Komponisten Carl Teike (28. 05.) findet ein Konzert am Brandenburger Tor statt; Höhepunkt ist der Marsch Teikes „Alte
Kameraden"

Mai
die Ortsgruppe des Potsdamer Ortsteils Bergholz-Rehbrücke
der NS-Frauenschaft begeht den 10. Jahrestag ihrer Gründung;
ihr gehören 200 Frauen an; und doch fragt die PT: *„Nähstube*
und Kriegswerkstätte sind Wege, die jede noch nicht voll ein-
gesetzte Frau ausnutzen sollte, damit sie dermaleinst mit gutem
Gewissen antworten kann, wenn Kinder und Enkel sie fragen
werden: „Und was tatest du im großen Kriege für den Führer
und unser Volk?"

Mai
die PT veröffentlicht 30 Todesanzeigen Gefallener

01. 06.
Schlagzeile in der PT
924.400 BRT im Mai versenkt

03. 06.
Schlagzeile in der PT
Systematische Säuberungsaktion hinter der deutschen Front [42]

04. 06.
die PT schreibt, dass kein Grund vorliege, *„...in der heute übersehbaren Zeit eine weitere Senkung der Fleischrationen vorzunehmen"*

05. 06.
Schlagzeile in der PT
26 Britenflugzeuge in Nordafrika abgeschossen

05. 06.
Frühlingsfest der Kindergruppe der NS-Frauenschaft, Ortsgruppe Jägertor; die Presse schreibt: *„Mit gemeinsamen Liedern, Gedichten, Finger- und Kreisspielen bereiteten sie allen Anwesenden eine frohe Stunde."*

06. 06.
Vortrag im Ortsverein Potsdam des Bayreuther Bundes von Prof. Franz Straaßen zum Thema „Heldensagen der Edda als Grundlage zur Dichtung des „Ringes der Nibelungen" von Richard Wagner"; Presseurteil: *„Der Nachmittag war allen ein in bester Weise absonderlicher Kunstgenuss urdeutschester Prägung, auf den der Ortsverband des Bundes stolz sein kann."*

07. 06.
zur 22. Potsdamer Ruderregatta am Luftschiffhafen haben

---

42 In dem Artikel heißt es u.a.: „...die deutschen Sicherungseinheiten und Polizeiverbände haben in den letzten Wochen bei der Vernichtung bolschewistischer Banden beträchtliche Erfolge aufzuweisen. Diese feindlichen Banden, die im rückwärtigen Gebiet der deutschen Ostfront operieren und sich aus politischen Kommissaren, radikalen Elementen der Zivilbevölkerung, versprengten Rotarmisten in Zivil und jüdischem Gesindel zusammensetzen, versuchen nicht nur militärische Maßnahmen des deutschen Heeres zu stören oder auszuspionieren, sondern terrorisieren auch die friedliche Bevölkerung durch Raub und Mord."

32 Vereine mit 85 Booten und 360 Ruderern u.a. aus Berlin, Schwerin, Stettin, Hannover, Brandenburg/H. und Roßlau gemeldet; die Potsdamer sind mit dem HJ-Gig-Vierer erfolgreich

07. – 14. 06.
Woche des BDM-Werkes „Glaube und Schönheit"; der Potsdamer Öffentlichkeit werden die Arbeitsgemeinschaften des BDM-Werkes vorgestellt

07. 06. – 04. 07.
Kampf um die Festung Sewastopol; unter schwersten Verlusten nehmen deutsche und rumänische Truppen die Festung ein

09. 06.
die PT veröffentlicht folgende Anordnung der Arbeitsgemeinschaft im deutschen Damenhutgewerbe: „*Es ist verboten, die neuerdings immer stärker auftretenden stoffvergeudenden seitlichen und rückwärtigen Drapierungen an Hüten, Turbanen und sonstigen Kopfbedeckungen zu verwenden und auszustellen. Die schon fertig gestellten derartigen Kopfbekleidungen dürfen noch verkauft werden. Das Verbot betrifft nicht die sogen. Kapuzen, soweit sie zum Schutz gegen Regen oder Kälte dienen.*"
direkt darunter veröffentlicht die Zeitung folgendes Gedicht:

„Ach ja, es sind Gestaltungssorgen
um Damenhüte, die von morgen!
Denn jetzt ertönt der Warnungsgong
um den modernen Stoffbalkon
auf schön gewellten Haarfrisuren,
der seit- und rückwärts seine Touren
aus Seide, Schleiern, Band und Taft
teils baumeln lässt, teils neckisch rafft.
Der Fachmann spricht von Formdrapierung,
die Gattin von Profilverzierung,
der Ehemann kurz von Schimpfierung.
Na, jeder so auf seine Art.
Uns dünkt dabei: Wird hier gespart?
Wir gönnen Damen ihre Freuden,

ist das jedoch nicht Stoffvergeuden?
Warum an Glocken und Turbanen
noch Puffs und ellenlange Fahnen?
Und darum steckt auch im Verbot,
was manche zu vergessen droht,
dass nämlich Männer bei den Frauen
meist nur auf die Gebiete schauen,
die sie – hutabwärts so erbauen."

09. 06.
in einem Interview für die PT erklärt der Kommandant der
Schulungsburg Hohenlychen, Westphal, u.a.: *„Vor allem halte*
ich es für überaus wichtig, dass gerade während des Krieges
nicht aufgehört wird, an den bevölkerungspolitischen Pro-
blemen zu arbeiten, denn sonst wird es dem deutschen Volk
unmöglich sein, den Sieg voll auszunutzen. Unser Land und
vor allem die weiten Gebiete des Ostens brauchen Menschen,
wertvolle, gesunde Menschen, die jederzeit dem Lebenskampf
gewachsen sein werden."

12. 06.
Anordnung des Reichswirtschaftsministeriums zur Regelung
bei der Vergabe von Raucherkontrollkarten; darin wird festgelegt, dass Frauen über 55 Jahre keine Karte mehr erhalten,
sofern sich nicht der Ehemann oder mindestens ein unverheira-
teter Sohn bei der Wehrmacht befindet

12. 06.
ein Erlass verfügt, dass die Juden im Deutschen Reich alle elek-
trischen und optischen Geräte, Fahrräder und Schreibmaschinen
abzuliefern haben

12. 06.
Premiere des Ufa-Films „Die große Liebe" unter der Regie von
Rolf Hansen, Drehbuch Peter Groll und Rolf Hansen; mit u.a.
Zarah Leander, Viktor Staal, Paul Hörbiger und Grethe Weiser;
Zarah Leander singt die Kompositionen von Michael Jary *„Ich*
weiß, es wird einmal ein Wunder gescheh'n" und *„Davon geht*
die Welt nicht unter"; beide Titel entwickeln sich zu den meist-
gespielten deutschen Kriegsschlagern schlechthin

im Refrain des Liedes „Davon geht die Welt nicht unter" heißt es:

„Davon geht die Welt nicht unter,
sieht man sie manchmal auch grau.
Einmal wird sie wieder bunter,
einmal wird sie wieder himmelblau.
Geht`s mal drüber und mal drunter,
wenn uns der Schädel auch raucht,
davon geht die Welt nicht unter,
die wird ja noch gebraucht. "

im Refrain des Liedes „Ich weiß, es wird einmal ein Wunder gescheh'n" heißt es:

„Ich weiß, es wird einmal ein Wunder geschehn
und dann werden tausend Märchen wahr.
Ich weiß, so schnell kann keine Liebe vergeh'n,
die so groß ist und so wunderbar. "

14. 06.
mit 31:9 Punkten gelingt dem Luftwaffensportverein Potsdam der Aufstieg in die 1. Fußballklasse des Sportbereichs III; damit sind drei Potsdamer Mannschaften in dieser Spielklasse vertreten

15. 06.
Wehrmachtsangehörige retten an der Glienicker Brücke ein junges Mädchen vor dem Tod des Ertrinkens

18. – 30. 06.
„Festliche Musiktage"; bekannte Musiker und Ensembles wie Edwin Fischer, das Schneiderhan-Quartett, Georg Kulenkampff, Hans Chemin-Petit, Wilhelm Kempff, der Städtische Chor Potsdam treten auf; abschließender Höhepunkt ist das Konzert des Berliner Philharmonischen Orchesters unter Leitung von Wilhelm Furtwängler mit Werken von Johannes Brahms
die PT bemerkt: *„Wie in den Vorjahren, sind wieder eine große Anzahl von Frontsoldaten, insbesondere Ritterkreuzträger, Verwundete und Rüstungsarbeiter, bei den „Festlichen Musiktagen" Gäste der Stadt Potsdam, die damit das musische*

Erleben dieser Tage bewusst in das große Geschehen der Zeit einordnet."

Serenadenkonzert im Hof des Potsdamer Stadtschlosses unter Leitung von Hans Chemin-Petit, 24. 06. 1942

19. 06.
die PT veröffentlicht anlässlich der Verlängerung der Altkleidersammlung um acht Tage folgendes Gedicht:

„Was? – Du hast noch nichts gegeben?
An dem Anzug hängt dein Leben,
der nur für die Mottenbrut
dort im Kleiderschranke ruht?

Und die Hosen, die seit Jahren
nicht mehr in Benutzung waren,
soll'n noch warten Jahr und Tag,
bis man sie mal anzieh'n mag?

Und die Joppe – kaum kann nennen
man sie so – ist zum Zertrennen?
Du kommst doch auch ohne aus,
wo noch bess're sind im Haus.

Sonst pflegst du doch meist zu sagen,
dass du allen Lebenslagen
als ein Mann gewachsen bist –
zeig nun, dass an dem was ist:

Hin zur nächsten Sammelstelle,
die noch für die nächste Welle
der Altkleider offen steht,
hin, denn bald ist es zu spät!"

20. 06.
Oberst Max Krause verstirbt in Potsdam (geb. 19. 01. 1865);
auf dem Bornstedter Friedhof ist er beigesetzt

20./21. 06.
Schlagzeile in der PT
Nördlicher Verbindungsweg zur Sowjetunion durchschnitten

20./21. 06.
„Lebensfroh und kampfbereit" ist das Motto der Großveranstaltung der Betriebssportgemeinschaften anlässlich des Sport-
gruppenwettbewerbes 1942 der Kreise Potsdam und Teltow;
es finden Staffeln, Spiele, Tänze, Massensportübungen der
Frauen- und Männergruppen statt

23. 06.
Schlagzeile in der PT
Japanisches U-Boot beschießt USA-Westküste

23. 06.
im Deutschen Reich beginnt eine Propagandaaktion zur Ein-
sparung von Strom und Gas unter dem Slogan „Kampf dem
Kohlenklau"

25. 06.
„Modewink" der PT

27./28. 06.
1. Straßensammlung für das KWHW des DRK im Jahr 1942;
im Durchschnitt „spendet" jeder Potsdamer 0,30 RM

28. 06. 1942 – 02. 02. 1943
Schlacht um Stalingrad; sie ist der psychologische Wendepunkt des
Krieges; die deutsche 6. Armee wird eingekesselt und kapituliert;
700.000 Menschen, Soldaten und Zivilisten, verlieren ihr Leben

Juni
die PT veröffentlicht 36 Todesanzeigen Gefallener

01. – 31. 07.
erste Schlacht um El Alamein (Nordafrika); der deutsch-
italienische Angriff kommt zum Stocken

02. 07.
Schlagzeilen in der PT
So wurde Sewastopol genommen
Erbitterte Einzelkämpfe

05. – 13. 07.
die Panzerschlacht bei Kursk gilt als die letzte große Offensive
der deutschen Wehrmacht gegen die Rote Armee; die deutschen Kräfte unterliegen; von den 2.374 eingesetzten deutschen
Panzern werden mindestens 500 vernichtet; 60.000 Soldaten
werden getötet bzw. kommen in Gefangenschaft

07. 07.
die über Jahre in Potsdam beheimatete Schriftstellerin Charlotte Francke-Roesing verstirbt (geb. 19. 05. 1863); sie verfasste vor allem Gedichte und Novellen

08. 07.
Schlagzeile in der PT
Luftwaffe zerschlägt Eisenbahnziele bei Moskau

09. 07.
die PT berichtet über den Inhalt der Arbeit an der NAPOLA in Potsdam: *„In Potsdam, Köslin und Rottweil werden die Jungen, die Fliegeroffiziere werden wollen, zu eigenen Hundertschaften mit fliegerischer Vorausbildung zusammengefasst."*

10. 07.
Betriebsappell in der Maschinenbau- und Bahnbedarf AG in Potsdam-Babelsberg mit Gauleiter Emil Stürtz; es ist der erste Betriebsappell in Brandenburger Betrieben, die mit dem Bau und der Reparatur von Lokomotiven und Wagen der Deutschen Reichsbahn befasst sind; Emil Stürtz unterstreicht, dass die Aufgaben für diese Betriebe gewaltiger geworden sind, da die *„...Entfernungen zwischen Front und Heimat [...] mit den Siegen der deutschen Wehrmacht immer größer geworden..."* sind

11. 07.
34 Potsdamer Hitler-Jungen erhalten den Kriegs-Sanitätsschein, nachdem sie eine mehrmonatige Ausbildung bei der SA-Standarte 235 absolviert hatten; der Arzt Sturmführer Schulze weist darauf hin, *„...wie wichtig es für sie, die später einmal im Osten eingesetzt werden, sei, dann in diesen weiträumigen Gebieten, wo nicht so schnell ein Arzt besorgt werden könne, Erste Hilfe leisten zu können".*

11. 07.

der „Beauftragte des Kartoffelkäfer-Abwehrdienstes" spricht in Bornim und macht darauf aufmerksam, dass das Auftreten des Kartoffelkäfers der Ortspolizei oder dem Ortsbürgermeister sofort zu melden ist; *„Die Bekämpfung des Kartoffelkäfers ist Sache des ganzen Volkes und muss mit aller Umsicht und Energie durchgeführt werden..."*

12. 07.

zur 245. Orgelstunde in der Friedenskirche spielt der Organist der Kaiser-Wilhelm-Gedächtnis-Kirche Berlin, Walter Drwenski

19. 07.

22.50 Uhr; über Potsdam wird ein Meteor von Venusgröße beobachtet; drei Sekunden ist er sichtbar

20. – 26. 07.

in der „Leistungswoche der Hitlerjugend" werden verstärkt Mädchen des BDM für die Betreuung in den Potsdamer Lazaretten eingesetzt

21. 07.

deutsche Truppen überschreiten den Don

22. 07.

Schlagzeile in der PT
Feindwiderstand im Raum von Rostow gebrochen

23. 07.

in der Schuhtauschstelle der NS-Frauenschaft Brandenburger Straße/Lindenstraße wird das 10.000 Paar Schuhe seit Kriegsbeginn getauscht; die Tauschstellen waren kurz nach Kriegsbeginn unter dem Motto eingerichtet worden
„Ist der Schuh zu eng, zu weit,
der Tausch ist eine Kleinigkeit!"

23. 07.

Beginn der „Operation Braunschweig"; sie ist Teil der deutschen Sommeroffensive

24. 07.
das Reichserziehungsministerium ordnet die Entfernung aller
„...*jüdischen Mischlinge ersten Grades...*" von den staatlichen
Schulen des Deutschen Reiches an

25. 07.
der vom Minister für Volksaufklärung und Propaganda, Joseph
Goebbels, als unerwünscht eingestufte Schriftsteller Erich
Kästner erhält die Erlaubnis, Drehbucharbeiten an den beiden
Ufa-Filmprojekten „Münchhausen" und „Der kleine Grenzver-
kehr" zu übernehmen [43]

25. 07.
auf dem durch die Arado-Flugzeugwerke angelegten Gemü-
sefeld werden Felddiebe auf frischer Tat ertappt; in den vergangenen 14 Tagen waren allein vier Zentner Kohl gestohlen
worden; die Diebe werden der Polizei übergeben

26. 07.
„Wassersport-Volkstag"; Ruderer, Segler und Paddler tummeln
sich in verschiedenen Wettbewerben auf den Potsdamer Gewässern

28. 07.
Schlagzeile in der PT
Deutsche Jäger schossen 112 Sowjetflugzeuge ab

31. 07.
Schlagzeile in der PT
Waffen-SS marschiert durch Paris

31. 07.
der Reichsführer SS, Heinrich Himmler, verfügt in der Presse
des Deutschen Reiches, dass das Wort „Partisanen" im offiziellen Sprachgebrauch nicht mehr zu verwenden ist; an die Stelle
tritt „Banden"

---

43 Vergleiche 05. 03. 1943, 22. 04. 1943.

Juli
die PT veröffentlicht 43 Todesanzeigen Gefallener

01. 08.
der Filmregisseur und Drehbuchautor Herbert Selpin wird von der Gestapo in den Tod getrieben (geb. 20. 05. 1902); er hatte in der Öffentlichkeit den Ausdruck „Scheißwehrmacht" gebraucht und war – selbst vor dem Minister für Volksaufklärung und Propaganda Joseph Goebbels – nicht bereit, diese Äußerung zurückzunehmen; u.a. drehte er den Ufa-Film „Sergeant Berry" mit Hans Albers in der Hauptrolle; seine Arbeit an dem Film „Titanic" wird von Werner Klingler vollendet

01. 08.
im Amtsblatt der Regierung Potsdam wird der Besitz des jüdischen Regisseurs, Schauspielers und Intendanten Erich Karl Löwenberg – bekannt unter seinem Pseudonym Erik Charell – in Sacrow zur Versteigerung freigegeben; am 22. 08. 1941 war der Preis auf 136.800,- RM festgesetzt worden; Charell emigrierte bereits 1936 in die USA

02. 08.
bei der 5. Haussammlung für das Kriegshilfswerk des Deutschen Roten Kreuzes werden im Kreis Potsdam 87.416,23 RM gesammelt, damit wird das Ergebnis von 1941 um rund 10.000,- RM übertroffen

08. 08.
Oberstleutnant Claus v. Borcke verstirbt in Potsdam (geb. 23. 07. 1894); mehrere Jahre diente er im Potsdamer Infanterieregiment 09

12. 08.
Schlagzeile in der PT
Vernichtungsschlacht im großen Donbogen beendet

13. 08.
nach Mitteilung der PT sind folgende Lebensmittel rationiert: Brot, Mehl, Fleisch, Schweineschlachtfette, Käse, Quark, Butter,

Margarine, Speiseöl, Getreidenährmittel, Teigwaren, Kartoffel-stärkeerzeugnisse, Kaffeeersatz und –zusatzmittel, Vollmilch, Zucker, Marmelade, Kunsthonig und Kakaopulver

13. 08.
Leistungsschau der hauswirtschaftlichen Lehrlinge der Potsdamer Kreisstelle des Frauenwerks unter der Losung „Die Hausarbeit – wer hätt's gedacht – wird bei uns schön und leicht gemacht!"; *„Die künftigen Hausfrauen ließen sich ihren selbst gekochten Eintopf gut schmecken. Einen frohen Abschluss bildete für Prüflinge und Lehrfrauen der gemeinsame Kaffee mit den wohl gelungenen Torten."*

13. 08.
zu Ehren des 80. Geburtstages des Komponisten und Stabstrompeters Leopold Löser (geb. 13. 08. 1862) findet vor seinem Wohnhaus in der Sophienstraße 12 (heute Meistersingerstraße) ein Morgenkonzert statt; es erklingen Werke von Ludwig van Beethoven, Richard Wagner und des Jubilars

16. 08.
14.00 – 15.15 Uhr Fliegeralarm

19. 08.
Dr. Wolfgang Roller, Chefarzt und Chirurg am St. Josef Krankenhaus, verstirbt (geb. 24. 07. 1895); seit 1935 war er dort tätig

20. 08.
Schlagzeile in der PT
Feindlicher Handstreich an der ägyptischen Front vereitelt

21. 08.
deutsche Truppen besetzen das Elbrus-Massiv im Kaukasus

22./23. 08.
2. Straßensammlung 1942 für das Kriegshilfswerk des Deutschen Roten Kreuzes unter der Losung „Für jeden Soldaten eine Blume"

26. 08.
Schlagzeile in der PT
Stalin an die Sowjetarmisten: „Haltet euch um jeden Preis!"

27. 08.
00.50 – 01.40 Uhr Fliegeralarm

29./30. 08.
23.25 – 01.24 Uhr Fliegeralarm

31. 08.
Schlagzeilen in der PT
25 Kilometer vor Stalingrad
Reichskriegsflagge auf dem Elbrus

August
in Potsdam werden 3 Fliegeralarme gegeben

August
die PT veröffentlicht 42 Todesanzeigen Gefallener

01. 09.
die „9. Verordnung zur Durchführung des Lichtspielgesetzes"
legt fest: *„...Die Filmprüfstelle hat zugleich mit der Zulassung
des Films die Entscheidung darüber auszusprechen, ob der
Film staatspolitisch besonders wertvoll, künstlerisch besonders
wertvoll, staatspolitisch wertvoll, künstlerisch wertvoll, kulturell wertvoll, volkstümlich wertvoll, anerkennenswert oder
volksbildend ist."*

01. 09.
nach Kauf der Wasserversorgungsanlagen der Wasserwerke
Osthavelland erfolgt die gesamte Wasserversorgung Potsdams
– abgesehen von Neufahrland und Krampnitz – durch stadtei-
gene Versorgungsanlagen

02. 09.
Schlagzeilen in der PT
Die Wolga erreicht
Vorstoß schneller Truppen in Ägypten

03. 09.
Ernst Hugo Correll verstirbt (geb. 09. 06. 1882); als Produktionsdirektor der Ufa hatte er wesentlichen Einfluss auf das Gesicht der Babelsberger Filmfabrik

09./10. 09.
22.50 – 00.52 Uhr Fliegeralarm

17. 09.
Schlagzeile in der PT
Kampf um Stalingrad schreitet unaufhörlich vorwärts

19. 09.
Selma Neumann, Potsdamer Jüdin, wird in das Konzentrationslager Theresienstadt verschleppt; sie kommt am 27. 09. ums Leben (geb. 01. 02. 1862)

19./20. 09.
Schlagzeilen in der PT
Bolschewistischer Entlastungsangriff nördlich Stalingrad zusammengebrochen
Neuer Erfolg unserer U-Boote – 19 Schiffe mit 100 000 BRT versenkt

24. 09.
die Wohnungseinrichtung der Jüdin Selma Neumann, Nauener Straße 41 (heute Friedrich-Ebert-Straße 13), wird von interessierten Nachbarn ersteigert

27. 09.
Unterzeichnung des Dreimächtepakts zwischen dem Deutschen Reich, Italien und Japan in Berlin

September
in Potsdam wird ein Fliegeralarm gegeben

September
da für den Monat September 1942 nur fünf (unvollständige) Ausgaben der PT vorliegen, ist keine endgültige Aussage über die veröffentlichten Todesanzeigen Gefallener möglich

02. 10.
Reichsjugendtag der NSDAP in Potsdam in Erinnerung an den
1. Reichsjugendtag der NSDAP (01./02. 10. 1932); den ver-
sammelten Jugendlichen des Standortes Potsdam ruft im Hof
des Stadtschlosses der Reichsjugendführer Arthur Axmann zu
*„Die Jugend der Kampfzeit glaubte an den Sieg der NSDAP, die
Jugend von heute aber glaubt unerschütterlich an den Sieg der
deutschen Waffen..."*

04. 10.
in allen ländlichen Ortsteilen Potsdams finden Erntedankfeste
der NSDAP-Ortsgruppen statt; daran nehmen Verwundete und
Rüstungsarbeiter als Ehrengäste teil; beim Erntedankfest in
Bornim erklärt der Bezirksbauernführer Bölcke u.a.: *„Die Sorge
um die Felder war nicht klein. Aber wir haben die Zähne zusam-
mengebissen, als es galt, durch neue Saat Verluste auszuglei-
chen. Es war oft ein fast übermenschliches Beginnen, geschuftet
wurde bis an die Grenze der Energie. Und nun sind wir froh!
Wir haben eine Rekordernte, brauchen nicht zu hungern, und
kein Jude kann uns den Brotkorb höher hängen. Der größte
Dank gebührt dem Führer, dem ersten Bauern Deutschlands,
der den Samen einer neuen Weltanschauung säte. Auch für diese
Ernte werden wir sorgen, erneuert aus Blut und Boden!"*

06. 10.
Schlagzeile in der PT
*Deutsche Tüchtigkeit und Disziplin größtes Hindernis für Eng-
lands Sieg*

08. 10.
auf dem Gelände der Maschinenbau und Bahnbedarfs AG in
Potsdam-Babelsberg wird eine wehrwirtschaftliche Ausstellung
eröffnet; im Mittelpunkt steht die erste Kriegslokomotive der
Baureihe 52; *„Dieses neue Modell wird in besonderer Vereinfachung den im Osten gegebenen klimatischen und betriebstech-
nischen Voraussetzungen gerecht..."*

09. 10.
das Potsdamer Landgericht verurteilt Otto M. (71) wegen Wild-
dieberei in den Jahren 1939 – 1941 zum Tode und dauernden
Ehrverlust

09. 10.
22.25 – 23.03 Uhr Fliegeralarm

10. 10.
der deutsche Box-Schwergewichtsmeister (1929) und Boxprofi
Walter Neusel, Angehöriger der Panzerjägerersatz-Abteilung
3, boxt im RAW; Neusel besiegt die Schwergewichtler Seidler,
Peiler und Schönrath; *„Die zweite Hälfte der Kämpfe wurde
durch den Versuch einer ganz neuen Art des Boxens, der wahrscheinlich nach seiner Probe Epoche machen wird, begonnen.
Zwei Angehörige der Panzerjäger-Ersatzabteilung standen mit
verbundenen Augen einander gegenüber. Der Kampf gegen den
„unsichtbaren Gegner" erzielte dann auch eine ungewöhnliche
Heiterkeit."*

12. 10.
Generalleutnant Ewald v. Massow verstirbt (geb. 17. 04. 1869);
er war u.a. Flügeladjutant Wilhelm II.

15. 10.
der Gauleiter der Mark Brandenburg, Emil Stürtz, und weitere Persönlichkeiten der Partei, der Wehrmacht und der Stadt
Potsdam begrüßen an der Stadtgrenze zu Berlin (Glienicker
Brücke) die 35 Hitlerjungen, die durch den Führer Adolf Hitler
mit Kriegsauszeichnungen für ihren Einsatz in *„...den luftgefährdeten Gebieten..."* sich besonders hervorgetan haben

17./18. 10.
die NSDAP-Ortsgruppen sammeln Bücher für die Soldaten
an der Front; allein in der Gruppe von Bergholz-Rehbrücke
werden 1.061 Bücher zur Verfügung gestellt

18. 10.
der Astronom Ernst Kohlschütter verstirbt (geb. 11. 07. 1870);
von 1922 bis 1935 stand er dem Geodätischen Institut auf dem
Telegraphenberg vor

18. 10.
Eröffnung der ersten „Potsdamer Kulturtage der brandenburgischen Hitler-Jugend" in der Garnisonkirche; Fritz Knoop,

Gebietsführer der Hitlerjugend, unterstreicht im Nachhinein: *„Mit den Kulturtagen hat die Hitler-Jugend ihr Bekenntnis zu den großen Geistern und zum ewigen deutschen Soldatentum erneuert. Im Nacheifern großer Vorbilder wurde in diesen Tagen auch ein Wettstreit der besten jungen Solisten, der besten Chöre, Orchester, Musik-, Fanfaren- und Spielmannszüge durchgeführt."*

18. 10.

ein Rennbootzweier und ein Einer werden beim Potsdamer Ruder-Club feierlich getauft; Vereinsführer Lüdtke erklärt, dass 150 Mitglieder des Vereins im Kriege unter Waffen stehen

20. 10.

der Historiker Dr. Karl-Heinrich Schäfer schreibt im Gestapo-Gefängnis Potsdam, Lindenstraße, folgendes Gedicht:

Durch des Lebens düstre Tage leuchtet Gottes Liebe nieder,
er hört gnädig unsre Klage, macht erträglich jede Qual.
Er verscheucht die dunkle Nacht von Verzweiflung in der Not
und geschützt durch Gottes Macht fürcht' ich Unheil nicht noch Tod.

Leihe weiterhin Dein Licht in des Daseins trüben Stunden,
dass ich bei der Prüfung nicht vom Bösen überwunden.
Stärk' uns durch des Glaubens Kraft, leit' uns durch der Hoffnung Stern,
lass uns durch der Liebe Macht opfern alles für den Herrn.

Höre gnädig auf mein Flehen für mein liebes Tochterherz. [44]
Lass sie Deine Güte sehen, halte fern ihr bittren Schmerz,
dass ich endlich wieder find' selig bei Dir dies mein Kind.

Segne auch die Leidenszeit meiner angetrauten Frau,
dass sie zur Vollkommenheit in Dir fester sich erbau';
lass am Abend unsres Lebens Deine Gnadensonne scheinen,
Deine Lieb' in aller Not und im Tode uns vereinen.

---

44 Gemeint ist die einzige Tochter Renate Schäfer.

23. 10.
Schlagzeile in der PT
Entlastungsangriffe zwischen Wolga und Don abgewiesen

23. 10. – 03. 11.
zweite Schlacht um El Alamein; damit wendet sich das Kriegsgeschehen in Nordafrika; 30.000 deutsche Soldaten ergeben
sich und gehen in Gefangenschaft

26. 10.
Schlagzeile in der PT
Verlustreicher Grossangriff der Briten in Ägypten

30. 10.
die Potsdamer Strafkammer verurteilt die Potsdamer Hugo B.
und Hans V. zu je acht Monaten Gefängnis wegen „...*entwürdi-
gender und übler Nachrede...*" gegenüber dem OB Hans Friedrichs und dem Obermagistratsrat Dr. Friedrich Bestehorn; es
war u.a. behauptet worden, dass beim OB ein illegal besorgtes
Fass Butter gefunden worden sei und dass Friedrichs und Bestehorn sich Schweine von den Abfällen der Potsdamer Haushalte
gemästet hätten

30. 10.
Schlagzeile in der PT
Japanische Schlachtschiffe griffen erstmalig in den Kampf ein

31. 10.
auf dem Tornow wird ein 30 m hoher Fabrikschornstein
gesprengt

Oktober
der jüdische Anwalt und Arbeitsrichter Fritz Hirschfeld (von
1927 bis 1933 Vorsitzender des Potsdamer Arbeitsgerichts)
wird in das Konzentrationslager Westerbrok verschleppt; von
dort aus führt ihn sein Weg in die Konzentrationslager Theresienstadt und Auschwitz; dort verliert sich seine Spur (geb. 22.
10. 1886)

Oktober
in Potsdam wird 1 Fliegeralarm gegeben

Oktober
die PT veröffentlicht 70 Todesanzeigen Gefallener

03. 11.
der Dramatiker Carl Sternheim verstirbt (geb. 01. 04. 1878); er
war Autor beim Potsdamer Kiepenheuer-Verlag

04. 11.
Schlagzeile in der PT
Feindliche Widerstandsgruppe in Stalingrad eingeschlossen

08. 11.
in Potsdam – wie reichsweit – finden die Veranstaltungen zur
„Feier des 9. November" [45] statt; im RAW wird die stadtzent-
rale Feier durchgeführt, „...*in der nicht nur die Toten der Bewegung geehrt werden, sondern auch die Gefallenen des ersten
Weltkrieges und des jetzigen Freiheitskampfes des deutschen
Volkes sowie insbesondere auch der Opfer des Bombenkrieges
unter der Zivilbevölkerung ehrend gedacht werden soll".*

08. – 11. 11.
anglo-amerikanische Landung in Nordafrika; damit beginnt
der Zweifrontenkrieg gegen die deutschen Truppen

09. 11.
Schlagzeile in der PT
Gradlinig vorwärts bis zum Endsieg

09. 11.
20.40 – 21.35 Uhr Fliegeralarm

10. 11.
22.05 – 22.30 Uhr

---

45 Am 09. 11. 1923 versuchten Adolf Hitler und der General Erich Ludendorff mit einem
Putsch in München, die Macht an sich zu reißen. Das Vorhaben scheiterte.

10. 11.

in der „Verordnung über den Schutz des Bußtages" heißt es:
„*...der Schutz des Bußtages beschränkt sich für die Dauer des Krieges auf die Zeit von 6.00 – 14.00 Uhr...*"

10. 11.

Schlagzeile in der PT
In Nordägypten anhaltender britischer Druck

11. 11.

deutsche Truppen haben die Südgrenze Frankreichs erreicht; damit ist ganz Frankreich besetzt [46]

13. 11.

die PT veröffentlicht folgende Aufforderung:
„*Knochen, Tuben, Lumpen, Flaschenkapseln, Stoffreste, Altpapier, Altmetalle, Metallfolien gib dem nächstwohnenden Schulkind mit. So hilft jede Hausfrau mit zur Rohstoffsicherung der Kriegswirtschaft in der Schulaltstoffsammlung!*"

14. 11.

der Königlich-Griechische Generalarzt a. D. Dr. med. Georges Sfinis verstirbt (geb. 21. 11. 1870); er hatte sich Verdienste um die Behandlung der „Taucherkrankheit" erworben und sich 1925 in Bergholz-Rehbrücke zur Ruhe gesetzt

16. 11.

der Kommunist Heinrich Luther wird im Konzentrationslager Sachsenhausen ermordet (geb. 27. 02. 1898); 1934 zu einer mehrjährigen Gefängnisstrafe verurteilt, wurde er nach Verbüßung ins Konzentrationslager überstellt

16. 11.

das persönliche Eigentum sowie die Wohnungseinrichtung der

---

46 Am 22. Juni 1940 hatte Frankreich die militärische Niederlage gegenüber dem Deutschen Reich anerkannt und die Dritte Republik aufgelöst. Der Süden Frankreichs blieb von deutschen Truppen unbesetzt. Die Regierung für dieses Territorium, die eng mit den deutschen Verwaltungsstellen zusammenarbeitete, trug nach ihrem Sitz den Namen „Vichy-Regierung" (Vichy ist ein Kurort in der Auvergne). Die militärische Lage zwang die Wehrmacht dazu, Südfrankreich zu besetzen, um bessere Möglichkeiten im Kampf gegen die Westalliierten zu haben.

jüdischen Familie Paul und Elisabeth Salinger werden nach deren Abtransport an „interessierte" Nachbarn (Jägerallee 25) versteigert; Paul Salinger war als Architekt weit über die Grenzen Potsdams hinaus bekannt; das Ehepaar kommt im Konzentrationslager Theresienstadt zu Tode

19. 11.
Schlagzeile in der PT
Japan hat die Seeherrschaft auf dem Pazifik errungen

21. 11.
im Schauspielhaus erlebt das Lustspiel Lessings „Minna von Barnhelm" seine 25. Aufführung in der Saison 1942/43

22. – 29. 11.
in Potsdam finden polizeilich angeordnete Rattenvertilgungen statt; zur Begründung heißt es: *„Da es gerade in der heutigen Zeit eine unbedingte Notwendigkeit ist, die Rattenplage energisch zu bekämpfen, wird von jedem der zur Vertilgung Verpflichteten wie überhaupt von der Gesamtheit der Bevölkerung sorgfältigste Ausführung der Bekämpfungsmaßnahmen erwartet. [...] Die Rattenbekämpfung muss gerade im Kriege gewissenhaft durchgeführt werden. Auch die Ratte ist ein Feind, dessen wir uns erwehren müssen. Jedermann, der in dieser Hinsicht seine Pflichten verabsäumt, handelt nicht nur fahrlässig, sondern direkt verbrecherisch, denn durch seine Schuld können Nahrungs- und Genussmittel vernichtet werden, die sonst der Volksernährung zugute gekommen wären. Deshalb beschaffe man sich rechtzeitig die polizeilichen Merkblätter, und befolge die darin aufgeführten Vorschriften buchstabengetreu!"*

26. 11.
Schlagzeile in der PT
Bolschewisten greifen südlich Kaliningrad auf breiter Front an

November
in Potsdam werden 2 Fliegeralarme gegeben

November
die PT veröffentlicht 36 Todesanzeigen Gefallener

01. 12.
Schlagzeile in der PT
Erste Gefechtsberührung mit Amerikanern [47]

01. 12.
Generalmajor Felix v. Kunowski verstirbt (geb. 10. 04. 1868);
der Erfinder einer Nationalstenographie ist auf dem Alten
Friedhof beigesetzt

02. 12.
Schlagzeile in der PT
*Rekordmonat der Blockadeschlacht. 166 Schiffe mit 1 035 200
BRT im November versenkt*

03. 12.
die Firma Frieseke & Höpfner wird mit dem Leistungsab-zei-
chen der NS-Gemeinschaft KdF in Bronze ausgezeichnet

03. 12.
die PT berichtet von der Idee eines Potsdamer Damenfriseurs,
der in seinem Salon ein Schild mit folgendem Spruch aufstellte:

*„Das Warten und die Trockenheit
mag niemand gerne leiden
und der Soldat mit schlechtem Strumpf
ist auch nicht zu beneiden.
Doch stopft ein Löchlein jeder zu
in herzlichem Gedenken,
dann ist die Zeit dahin im Nu,
wir konnten Freude schenken..."*

die Zeitung berichtet, dass dadurch pro Woche bis zu 50 Paar
Soldatenstrümpfe gestopft worden seien

03. 12.
Schlagzeile in der PT
*Landung der englischen und amerikanischen Truppen in Nord-
afrika*

---

47 Am 08. 11. 1942 waren britische und amerikanische Streitkräfte im Rahmen der militärischen Aktionen gegen die deutsche Wehrmacht in Französisch-Nordafrika gelandet.

06. 12.
der „Opfersonntag" erbringt in Potsdam ein Sammel- und Spend-
energebnis über 103.000,- RM; 1941 waren es 69.000,- RM

08. 12.
Prinz Eitel Friedrich v. Preußen, zweiter Sohn Wilhelm II., verstirbt in Potsdam an Herzversagen (geb. 07. 07. 1883); sein
Leichnam wird im Antikentempel im Park von Sanssouci beigesetzt

09. 12.
Weihnachtsfeier für alle Pflichtjahrmädchen [48] im Konzerthaus;
die Mädelhauptgruppenführerin Uschi Brutke unterstreicht:
*„Wohl werden wir auch in diesem Jahre das Fest nicht mit der
in Friedenszeiten üblichen lauten und jubelnden Fröhlichkeit
begehen, wir werden aber [...] wieder eine große innerliche
Freudigkeit in uns haben."*

11. 12.
der Potsdamer Schriftsteller Jochen Klepper setzt seinem Leben
ein Ende (geb. 22. 03. 1903); seiner Stieftochter war die Aus-
reise aus dem Deutschen Reich verweigert worden, es drohte
die Zwangsscheidung von seiner jüdischen Frau

16. 12.
für die Dauer von drei Wochen erklingt vom Glockenspiel der
Garnisonkirche das Lied „Vom Himmel hoch, da komm' ich
her"

18. 12.
angesichts der Verschlechterung der Stimmungslage in der
Bevölkerung fordert Martin Bormann, Leiter der Parteikanzlei,
in einem Rundschreiben an die Dienststellen der NSDAP,
jeden Zweifel am Sieg mit massiven Mitteln zum Schweigen zu
bringen

---

48 Mit der „Anordnung zur Durchführung des Vierjahresplans über den verstärkten Einsatz weiblicher Arbeitskräfte in der Land- und Hauswirtschaft" vom 15. 02. 1938 wurde
das „Pflichtjahr" eingeführt. Zwischen dem Ende der Schulzeit und dem Eintritt in die
Lehre oder in das Berufsleben galt es für alle Frauen unter 25 Jahren.

18. 12.
vorweihnachtliche Feierstunde der sechs Potsdamer Ortsgruppen der NS-Frauenschaft im Nikolaisaal. *„Festlich ist der
Raum geschmückt. Die Symbole der germanischen Sonnen-
wende sind zum äußeren Zeichen jener Gesinnung auserwählt
worden, die bei den Frauen unseres deutschen Volkes zu Hause
ist. [...] Gemeinsam gesungen erklingt das volkstümliche Son-
nenwendlied „Hohe Nacht der klaren Sterne" und weist den
Frauen den Weg in ein neues Jahr, gelebt für das deutsche Volk
und seinen Führer."*

22. 12.
in Paingnton (England) verstirbt der ehemalige Bankier und
Kunstsammler Herbert Max Magnus Gutmann [49] (geb. 17. 10.
1879); besondere Berühmtheit erlangt das Arabicum in seiner
Potsdamer Villa in der Bertinistraße

24. 12.
Brief des Postboten Willi Lindemann von der Stalingrader
Front:
„4. Kriegsweihnacht 1942
Ihr Lieben alle!
*Ich will heute versuchen Euch einen Brief am Weihnachtstag zu
schreiben. Zuerst nehme ich an, und ich wünsche es Euch alle
von ganzem Herzen das ihr dieses schöne, alte, deutsche Weihnachtsfest, der Kriegszeit entsprechend, in Gesundheit verleben
könnt. Bis jetzt kann ich von mir noch dasselbe sagen. Anscheinend hat der Russe nicht mehr die Kraft oder er versucht es an
einem anderen Abschnitt. Hier ist es ziemlich ruhig. Ich möchte
mir gern wünschen, dass es auch so bleiben möge. Leider ist
unser Wunsch noch nicht in Erfüllung gegangen. Unsere Hilfe
ist noch nicht zu sehen. Ich glaube auch nicht mehr, dass wir
noch im alten Jahr aus dem Schlamassel heraus kommen.*
*Liebe Eltern das wir schon vieles gewöhnt sind, könnt ihr Euch
denken. Wir regen uns deswegen nicht mehr auf. Für was wir
da sind, das wissen wir zur Genüge. Entweder den Sieg endlich
zu erringen oder in sogenannten Ehren hier in dieser Steppe
einzugehen. Ritterkreuzträger werden bei uns immer mehr aber*

---

49 Er war 1936 emigriert.

uns abzulösen, daran denkt niemand.
Liebe Eltern seit gestern nimmt bei uns die Kälte wieder zu. Der
Wind pfeift, dass man es keine halbe Stunde draußen aushalten
kann. In unserm Bunker frieren wir nicht. Es ist nur dunkel und
recht eng. Unsere Kerzen gehen zur Neige und was dann wird,
muss man erst abwarten. Mit Brennholz ist es fast das Gleiche.
Es muss von Stalingrad geholt werden aber den Sprit zum Fahren
gibt es selten. Es hieß in der Heimat, dass es im kommenden
Winter keine Schwierigkeiten mehr geben soll. Na wir wissen
es besser wie es ist. Wintersachen gibts genug aber Brennmate-
rial und Wasser sind seltene Artikel. Aus gelbem Lehmwasser
kochen wir unser Essen und Kaffee. In Deutschland würde so
was bestraft werden. Aber der Mensch ist ein Gewohnheitstier.
Morgen habe ich die Ehre, zum Flugplatz zu fahren um Post zu
holen. Bis jetzt habe ich einen Weihnachtsgruß von Lieselotte
und einen Brief von Frau Heinz bekommen. Sonst nichts. Es ist
ein toller Zustand aber leider nicht zu ändern. Ich bin gespannt
was alles von den vielen Päckchen übrig bleibt und wann wir
sie überhaupt bekommen.
Wie ist bei Euch das Wetter? Und was gibt es sonst noch in
der Heimat? Frau Heinz schrieb mir, dass Ernst Ysaul in Paris
gestorben ist. Fährt Vater noch Motorrad? Ich freue mich so
auf Euren nächsten Brief. Für heute will ich schließen in der
Hoffnung, dass Euch diese Zeilen bei bester Gesundheit errei-
chen.
Grüße ich Euch immer Euer dankbarer Willi
Auf Wiedersehen!
Viele herzliche Weihnachtsgrüße an alle Verwandte und
Bekannte in der Heimat.
Anbei eine Luftpostmarke"

24. 12.

„Normalverbraucher und nichtlandwirtschaftliche Selbstversorger" erhalten zu Weihnachten zusätzlich zur Lebensmittel-
versorgung
500 g Weizenmehl, 200 g Fleisch, 125 g Butter, 62,5 g Käse,
250 g Zucker, 125 g Hülsenfrüchte, 125 g Zuckerwaren, 50 g
Bohnenkaffee und 0,35 l Trinkbranntwein

25. 12.
in einer Rundfunkansprache zur vierten Kriegsweihnacht appelliert der Minister für Volksaufklärung und Propaganda, Joseph
Goebbels, an den Durchhaltewillen des deutschen Volkes und
beschwört den Glauben an den Endsieg

25. 12.
Anna Friedrichs, Gattin des Potsdamer OB, – so berichtet
die PT – *„...starb nach Weihnachtsfreuden einen plötzlichen
schönen Tod als Opfer des Verkehrs in verdunkelter Stadt..."*
(geb. 11. 10. 1879)

28. 12.
Schlagzeile in der PT
Auch Weihnachten schwere Kämpfe an der Ostfront

30. 12.
Schlagzeile in der PT
4. Opfersonntag brachte 44,5 Millionen RM

Dezember
die PT veröffentlicht 22 Todesanzeigen Gefallener

1942
die Hühnerpest vernichtet in Potsdam 80 % des Hühnerbe-
standes; das hat erhebliche Auswirkungen auf die Versorgung
der Bevölkerung besonders in den ländlichen Gebieten der Stadt

1943

01. 01.

ein Fanfarenzug des Jungvolks der HJ begrüßt vom Turm der Nikolaikirche das neue Jahr

04. 01.

das Potsdamer Standesamt wird vom Palast Barberini in das Kulturhaus in der Kurfürstenstraße (ehemaliges Logenhaus) verlegt

05. 01.

Brief des Postboten Willi Lindemann aus dem Potsdamer Ortsteil Bergholz-Rehbrücke von der Stalingrader Front

„Liebe Eltern!
Ich habe an Hedel einen Brief beendet und will nun Euch zu Hause noch ein Lebenszeichen senden. Viel weiß ich nicht zu schreiben, da ich selbst keine Post bekomme. Uns ist allen unklar, wo die Post bleibt. Es kommt so selten Post hier an. Wir sind jetzt wieder umgezogen. Liegen unmittelbar an unserm Versorgungsflugplatz. Hier ist Tag und Nacht ein großer Betrieb. Trotzdem reicht die Versorgung für die vielen Soldaten nicht aus. Wir merken es an der Verpflegung. In den ersten Tagen gab es noch vierhundert Gramm Brot. Jetzt nur noch die Hälfte und das ist nicht viel. Wie lange das noch so weitergehen soll, ist mir unklar, denn die Lage ist weiterhin ernst. Ich glaube, wir müssen uns doch noch eines Tages einen Weg nach außen durchschlagen. Unsere Helfer von außen kommen nur langsam vorwärts, da sie mit den Russen viel Arbeit haben. Aber wir wollen weiterhin hoffen, denn es bleibt uns doch weiter nichts übrig. Sonst bin ich aber immer noch gesund und ich hoffe es auch von Euch allen daheim. Habt ihr schon meinen Brief mit den drei Marken erhalten? Ich lege heute wieder zwei Stück mit bei. Es ist eine tolle Schweinerei, dass wir nicht mal Luftpost bekommen, geschweige noch die gewöhnliche Post. Das sind alles Dinge, die wir so still hinnehmen müssen, von denen ein Außenstehender wenig ahnt. Es ist ja auch gleich, denn nach uns fragt ja doch niemand außer die Angehörigen.
Nun ihr Lieben daheim, ich hoffe, dass Euch diese Zeilen bei bester Gesundheit erreichen und Euch allen wieder eine Beruhigung ist. Lebt wohl und bleibt gesund.

*Die herzl. Grüße sendet Euch immer Euer in der Ferne wei-
lender*
Willi
Gute Nacht!
An alle Verwandten in der Heimat die besten Grüße. "

Willi Lindemann
(geb. 14. 01. 1913, seit Stalingrad vermisst)

06. 01.
Entdeckung eines bis dato unbekannten Potsdamer Stadtplans
aus dem Jahre 1769; er hatte sich in Privathand befunden

10. 01.
zum „Tag der Briefmarke" findet in Potsdam eine Großveranstaltung der Philatelisten zum Tausch und Kauf von Briefmarken statt

14. 01.
Schlagzeile in der PT
Siegen werden die stärkeren Herzen und der härtere Wille

16. 01.
in der „Verordnung über die Verbrauchsregelung für Schuhe
und Sohlenmaterial" heißt es: „...*Schuhwerk eines Verbrau-
chers darf nur dann zur Ausbesserung an eine Schuhausbesserungswerkstätte gegeben und von dieser zur Ausbesserung
angenommen werden, wenn der Verbraucher ordnungsmäßig
in die Kundenliste dieser Schuhausbesserungswerkstätte eingetragen ist...*"

16. 01.
aus dem jüdischen Siechen- und Altenheim in der Bergstraße
1 werden die letzten etwa 40 dort lebenden Potsdamer Juden
durch die „...*Geheime Staatspolizei exmittiert...*"; unter ihnen
befinden sich der letzte Kantor Samuel Guttmann sowie die
Gemeindemitglieder Leopold Ehrlich und Max Hirschbruch

*das jüdische Siechen- und Altenheim in der Neubabelsberger
Bergstraße 1 (Aufnahme um 1915); zu DDR-Zeiten wurde das
baufällige Gebäude abgerissen*

16. 01.
19.30 – 21.55 Uhr Fliegeralarm

17. 01.
19.30 – 22.25 Uhr Fliegeralarm

17. 01.
die Chorgemeinschaft Babelsberg gibt an der Hochschule für
Musik zu Berlin ein Konzert; Anlass ist der 70. Geburtstag des
Chormeisters Konrad Korth (19. 01.)

18. 01.
der OB Hans Friedrichs ordnet an, dass die Veranstaltungen
im Schauspielhaus so zu legen sind, dass sie bereits 19.00 Uhr
beendet sind

19. 01.
Schlagzeile in der PT
Abwehrkämpfe bei bitterer Kälte und heftigen Schneestürmen

21. 01.
Schlagzeile in der PT
Großwirtschaftsräume Europas und Ostasiens für den totalen Krieg zum vollen Einsatz gebracht

24. 01.
Feier zum „Friedrichstag" [50] im Schauspielhaus Potsdam; zu diesem „Friedrichstag" hatte der OB Hans Friedrichs geschrieben: „*Mitten im Kriege habe ich mich entschlossen, den Ablauf des Potsdamer Kulturjahres noch zielstrebiger als bisher an die rhythmische Wiederkehr sich an besonderen Festtagen wiederholender Kulturveranstaltungen zu binden. Der Friedrichstag ist der erste dieser Tage. [...] Über die Berechtigung und Verpflichtung dieser Feier in unserer Stadt, der Stadt Friedrich des Großen, erübrigt sich jedes weitere Wort.*"
Hans Chemin-Petit und das Edwin-Fischer-Kammerorchester spielen Werke von Johann Sebastian Bach; der Schauspieler Friedrich Kayssler liest aus dem politischen Testament Friedrich II.

26. 01.
Schlagzeile in der PT
Eine Handvoll Grenadiere. Die Einzelkämpfer in der Schlacht von Stalingrad

27. 01.
die „Verordnung über die Meldung von Männern und Frauen für Aufgaben der Reichsverteidigung" legt fest: „*...Alle Männer vom vollendeten 16. bis zum vollendeten 65. Lebensjahr und alle Frauen vom vollendeten 17. bis zum vollendeten 45. Lebensjahr, die im Reichsgebiet wohnen und die nicht zu*

---

50 24. 01. 1712 – Geburtstag Friedrich II.

dem § 2 genannten Personenkreis [51] gehören, haben sich bei dem für ihren Wohnort zuständigen Arbeitsamt nach Maßgabe eines besonderen Aufrufs des Arbeitsamtes zu melden..."

27. 01.
der Historiker Dr. Karl-Heinrich Schäfer wird wegen „... Hörens von Feindsendern..." zu zwei Jahren Zuchthaus verurteilt; er war von der Haushälterin bei der Gestapo denunziert worden

27. 01.
der Pharmaziefabrikant Dr. Maximilian Negwer verstirbt (geb. 04. 02. 1872); weltweit bekannt wurde er durch die Erfindung des OHROPAX; auf dem Bornstedter Friedhof fand er seine letzte Ruhe

28. 01.
Schlagzeile in der PT
Verkrallt in die Trümmer von Stalingrad leistet die 6. Armee pausenlosen Sowjetangriffen Widerstand

29. 01.
die Potsdamer Strafkammer verurteilt Willi W. aus Fichtenwalde „...wegen verbotenen Umgangs mit einem Kriegsgefangenen..." zu einem Monat Gefängnis; W. hatte private Gespräche mit einem Franzosen geführt

30. 01.
10.55 – 11.45 Uhr und
15.45 – 16.30 Uhr Fliegeralarm

---

51 Von der Meldung sind befreit: Ausländer, Männer und Frauen, die im öffentlich-rechtlichen Dienstverhältnis stehen, Personen, die mindestens ein Jahr im Beschäftigungsverhältnis stehen und eine Arbeitszeit von 48 Stunden oder mehr in der Woche haben, Einberufene, selbständige Berufstätige, die ab 11. Januar 1943 mehr als 5 Personen beschäftigt haben, Männer und Frauen, die in der Landwirtschaft voll tätig sind, Männer und Frauen, die hauptberuflich selbständig im Gesundheitswesen tätig sind, Geistliche, Schüler und Schülerinnen einer öffentlichen oder anerkannten private allgemeinbildende Schule, Mittel- oder Höhere Schule besuchen sowie Anstaltspfleglinge, die erwerbsunfähig sind

30./31. 01.
Jubiläumsschau des Geflügelzüchtervereins Babelsberg 1888 im
Keglerheim Waldschlösschen

31. 01.
03.10 – 04.45 Uhr Fliegeralarm

Januar
in Potsdam werden 5 Fliegeralarme gegeben

Januar
die PT veröffentlicht 43 Todesanzeigen Gefallener

04. 02.
der Schauspieler und Dramatiker Rudolf Rittner verstirbt (geb.
13. 06. 1869); sein Spiel trug wesentlich dazu bei, dass die dra-
matischen Werke Hauptmanns Erfolge wurden; Rittner machte
sich auch als Filmschauspieler – so in der Babelsberger Ufa-Verfil-
mung „Die Nibelungen" (1924; Regie Fritz Lang) – einen Namen

04. 02.
das Berliner Philharmonische Orchester unter Leitung von Hans
Chemin-Petit gibt im RAW ein Konzert; es erklingen Werke von
Anton Bruckner, Richard Strauß und Franz Schubert

05. 02.
alle Frauen der Kreisnähstube Potsdam erklären sich bereit,
neben ihrem Nähstubendienst noch Aufgaben in der Nachbar-
schaftshilfe und im Bahnhofsdienst zu übernehmen

06. 02.
die PT veröffentlicht nach der Schlacht von Stalingrad folgendes
Gedicht von Karl August Walther:

„Stalingrad

Was vermögen Wort und Klang,
eure Taten groß zu nennen!
Still nur können wir bekennen:
Heilig ist der Opfergang.

Euer Tod ist uns Gebot,
stählern alle Kraft zu finden,
fester noch den Helm zu binden,
stolz verachtend jede Not.

Dieses Sterben ist Gebet,
dass sich ganz das Volk erhebe
auf zum Kampf, damit es lebe
und Jahrtausende besteht.

Es wird dann ein Heldenlied
deinen Kindeskindern singen
von der Kämpfer letztem Ringen,
das die Zukunft einst entschied."

07. 02.
der Regimentswaffenmeister des Regiments Garde du Corps, Ferdinand Weiß, verstirbt (geb. 02. 12. 1847); er machte den Krieg 1870/71 und den Ersten Weltkrieg mit; Weiß ist einer der letzten Potsdamer „Altveteranen"

08. 02.
Schlagzeile in der PT
Die letzte Flugzeuglandung in Stalingrad

10. 02.
Schlagzeile in der PT
Verstärkte sowjetische Angriffe an der Ostfront

14. 02.
für den Rückzug der deutschen Truppen befiehlt der Führer Adolf Hitler die Zerstörung sämtlicher Anlagen und Einrichtungen und ähnliches, die dem sowjetischen Gegner nutzen können [52]

14. 02.
Versammlung der HJ im Konzerthaus, „...*um der Jugend die Wirksamkeit und Bedeutung einer Waffenart des großdeut-*

---

[52] In die Geschichte geht dies als „Taktik der verbrannten Erde" ein.

schen Heeres darzulegen und sie damit kenntnismäßig und see-
lisch weiter vorzubereiten auf den Dienst mit der Waffe, den
jeder deutsche Junge als hehre Verpflichtung empfindet."

15. 02.
die Jungen der 6. und 7. Klassen (zwischen 12 und 13 Jahre alt)
sämtlicher Oberschulen werden erstmals als Luftwaffenhelfer
in den Flakstellungen um Potsdam eingesetzt

16. 02.
die in den USA geborene Mildred Harnack-Fish wird hingerichtet (geb. 18. 09. 1902); ab 1938 arbeitete sie als Lektorin
beim Verlag Rütten & Loening in Potsdam; sie gehörte der
Widerstandsgruppe „Rote Kapelle" an

18. 02.
der Minister für Volksaufklärung und Propaganda, Joseph
Goebbels, fordert während seiner aufputschenden Rede im Berliner Sportpalast den „totalen Krieg"; rhetorisch fragt er: „...
Die Engländer behaupten, das deutsche Volk wehrt sich gegen
die totalen Kriegsmaßnahmen der Regierung. Es will nicht
den totalen Krieg, sondern die Kapitulation. Ich frage Euch:
Wollt Ihr den totalen Krieg? Wollt Ihr ihn, wenn nötig, totaler
und radikaler, als wir ihn uns heute überhaupt erst vorstellen
können? [...] Die Engländer behaupten, das deutsche Volk hat
sein Vertrauen zum Führer verloren. Ich frage Euch: Ist Euer
Vertrauen zum Führer heute größer, gläubiger und unerschüt-
terlicher denn je? Ist Eure Bereitschaft, ihm auf allen seinen
Wegen zu folgen und alles zu tun, um den Krieg zum siegrei-
chen Ende zu führen, eine absolute und uneingeschränkte?..."
Joseph Goebbels notiert dazu später in sein Tagebuch: „Ich bin,
glaube ich, rednerisch sehr gut in Form und bringe die Versamm-
lung in einen Zustand, der einer totalen geistigen Mobilisierung
gleicht. Der Schluss der Versammlung geht in einem Tohuwa-
bohu von rasender Stimmung unter. Ich glaube, der Sportpalast
hat noch niemals, auch nicht in der Kampfzeit[53]*, solche Szenen*
erlebt. Das Volk ist, wie diese Kundgebung bezeugt, bereit, alles
für den Krieg und für den Sieg hinzugeben. [...] Diese Stunde

---

53 Gemeint ist die Zeit vor 1933, vor der Übernahme der Macht am 31. 01. 1933.

der Idiotie. Hätte ich gesagt, sie sollen aus dem dritten Stock des Columbus-Hauses springen, sie hätten es auch getan."

19. 02.
Schlagzeilen in der PT
Das deutsche Volk zum totalen Kriegseinsatz entschlossen
Weitere feindliche Stellungen in Tunesien besetzt

24. 02.
in seinem Befehl zur Disziplinargewalt in der deutschen Wehrmacht ordnet der Führer Hitler an, dass ein Vorgesetzter die Durchführung seiner Befehle und die Aufrechterhaltung von Disziplin und Ordnung nötigenfalls mit Waffengewalt erzwingen und Ungehorsame auf der Stelle zu erschießen hat

24. 02.
Dr. Wolfgang Herrmann, Direktor der 1. Städtischen Oberschule für Jungen (heute Humboldt-Gymnasium), fällt an der Front (geb. 04. 10. 1907)

27. 02.
die „Verordnung zur Wohnraumlenkung" bestimmt: „...*Um eine angemessene Wohnraumverteilung herbeizuführen und insbesondere den Kriegserfordernissen zu entsprechen, kann die Vermietung [...] gelenkt werden. Dabei darf jedoch in keinem Falle in eine selbständige Wohnung mehr als eine Familie eingewiesen werden...*"; bevorzugte „*Volkskreise*" sind: *Kriegsversehrte der Stufe IV, Träger des Eichenlaub zum Ritterkreuz des Eisernen Kreuzes, Hinterbliebene von Kriegsteilnehmern des gegenwärtigen Weltkrieges wenn mehr als zwei Familienangehörige (Ehegatte und Kinder) infolge einer Kriegseinwirkung ihr Leben verloren haben, förderungswürdige Familien, in deren häuslicher Gemeinschaft sich dauernd mindestens fünf minderjährige Kinder befinden...*"

Februar
die PT veröffentlicht 59 Todesanzeigen Gefallener

01. 03.
21.30 – 00.00 Uhr Fliegeralarm

02. 03.
die „Anordnung über die weitere Kürzung des Erholungsur-
laubs für Beamte und Angestellte im öffentlichen Dienst für das
Urlaubsjahr 1943" legt fest: „...*Der Erholungsurlaub beträgt
grundsätzlich höchstens 14 Werktage...*"

02. 03.
Verwundete und Genesende aus allen Potsdamer Lazaretten
kommen im Konzerthaus zu einer musikalischen Veranstaltung zusammen; Ortsgruppenleiter Ruthenberg betonte „...
*bis zum Letzten bemüht zu sein, den in Potsdam Heilung und
Gesundung suchenden Kameraden zu geben, was nur gegeben
werden kann. Die alte Soldatenstadt hat ein warmes Herz für
die Feldgrauen, und jeder, ob junges Mädchen oder alter Herr,
der seinen Groschen in die Sammelbüchse steckt, bringt seinen
Anteil für die Ausgestaltung dieser frohen Stunden, die dann
im treuem Einsatz der Parteigliederungen, der Frauen- und
Schwesternschaft, zu einer dauernden Erinnerung an die Gene-
sungszeit im schönen Potsdam werden soll.*"

02. 03.
Schlagzeilen in der PT
Kampf bis zum siegreichen Ende
Über 43 Millionen Reichsmark beim 6. Opfersonntag

03. 03.
Tagung der BDM-Werkführerinnen im Ratsherrensitzungs-
saal des Stadtschlosses; die Hauptgruppenführerin Karla Rietz
fordert: „...*neben der reinen, natürlichen, äußeren Schönheit,
bejahen wir das gesunde, lebenstüchtige Mädel, das lebensnah,
frisch und lebendig im Volke steht, dass neben seiner Gesunder-
haltung ein Rassebewusstsein in sich trägt...*"

03. 03.
der langjährige Direktor des Städtischen Krankenhauses 1,
Prof. Dr. Fritz Rosenbach, verstirbt (geb. 01. 04. 1878); am 08.
03. gibt es in der Heiligengeistkirche eine städtische Trauerfeier

03. 03.
17.15 – 17.45 Uhr Fliegeralarm

04. 03.

Feier zum 25. Jahrestag der Ufa-Gründung mit dem Minister für Volksaufklärung und Propaganda, Joseph Goebbels; Alfred Hugenberg, der 1927 die Ufa erwarb und reorganisierte, wird mit dem „Adlerschild des Deutschen Reiches" [54] ausgezeichnet

05. 03.

aus Anlass des 25jährigen Bestehens der Ufa wird der Film „Münchhausen" mit Hans Albers, Brigitte Horney, Käthe Haack, Leo Slezak, Ilse Werner, Eduard v. Winterstein in Berlin uraufgeführt (Regie Josef v. Baky); das Drehbuch – geschrieben von Erich Kästner – war in Potsdam entstanden [55]

09. 03.

11.45 – 12.40 Uhr Fliegeralarm

09. 03.

Oberst Bernhard v. Schlebrügge verstirbt (geb. 14. 04. 1871); nach seiner Verabschiedung aus dem Heer 1919 wurde er Präsident des Potsdamer Reiter-Vereins

10. 03.

die Arbeitszeit für Beamte im Deutschen Reich wird von 53 auf 56 Stunden pro Woche heraufgesetzt

12. 03.

der „Erlass des Führers über den Heldengedenktag 1943" bestimmt: *„In diesem Jahre ist der 21. März Heldengedenktag..."*; damit wird auf den 10. Jahrestag des „Tages von Potsdam" hingewiesen, an dem in der Potsdamer Garnisonkirche die erste Sitzung des Deutschen Reichstags nach den Wahlen am 05. 03. 1933 stattfand

13. 03.

der Potsdamer Generalmajor Henning v. Tresckow entwickelt einen Plan, den Führer Adolf Hitler bei seinem Besuch im Hauptquartier der Heeresgruppe Mitte (Smolensk) zu

---

54 Diese Auszeichnung wird während der Zeit des Nationalsozialismus an 50 Persönlichkeiten vergeben.
55 Vergleiche 25. 07. 1942.

erschießen; als das misslingt, gelingt es, eine Bombe in Hitlers Flugzeug zu schmuggeln, die jedoch nicht explodiert

15. 03.
Schlagzeile in der PT
SS-Panzergrenadiere dringen in Charkow ein

15. 03. – 15. 08.
auf Anordnung der Reichsstelle für Kleidung und verwandte Gebiete dürfen keine Filzhüte verkauft werden; Ausnahmen sind nur bei Trachtenkleidung an die einheimische Bevölkerung gestattet

16. 03.
das Berliner Sondergericht verurteilt den Potsdamer Willi S. zum Tode; er wurde für schuldig befunden, *„...zentnerweise Kohlen..."* gestohlen zu haben; die Mitangeklagten Alfred K. und Willi J. werden zu hohen Gefängnisstrafen verurteilt

18. 03.
der NSDAP-Kreisleiter Martin Koch spricht vor der NSDAP-Ortsgruppe „Fridericus" im Nikolaisaal: *„Im einzelnen führt der Redner die Mutter des gefallenen Sohnes an, die im sieg-reich gebliebenen Glauben an den Führer unbeirrt an die Arbeit geht für den Endsieg..."*

20. 03.
der Reichsführer SS und Chef der Deutschen Polizei, Heinrich Himmler, ordnet an, dass die Polizeistunde allgemein nicht später als 23.00 Uhr festgesetzt werden darf

21. 03.
der „Tag der Wehrmacht" und der „Heldengedenktag" werden am 10. Jahrestag des „Tages von Potsdam" gemeinsam begangen; an Kriegerdenkmalen und Gräbern werden Kränze und Blumen niedergelegt

23. 03.
die Postfacharbeiterin Helene H. und der Potsdamer Postfach-arbeiter Willi O. werden hingerichtet; sie hatten *„...als Post-facharbeiter in großem Umfange Feldpostsendungen beraubt."*

24. 03.
der Generalmajor Johannes Stockmann setzt seinem Leben ein
Ende (geb. 06. 07. 1859); auf dem Bornstedter Friedhof ist er
beigesetzt

25. 03.
Schlagzeile in der PT
*Im tunesischen Kampfraum Angriffe überlegener feindlicher
Kräfte abgewiesen*

26. 03.
Besprechung beim Rüstungskommando Groß-Potsdam zwischen den Sonderausschussleitern, Vertretern des Landes-
arbeitsamtes, der Industrie- und Handelskammer und dem
Landeswirtschaftsamt; im Protokoll heißt es u.a.: *„Bei der Ver-
engung des Arbeitsmarktes an deutschen und ausländischen
Arbeitskräften wird auf die bisher völlig ungenügende Ausschöpfung der Arbeitskraft von vielen Tausend Kz.-Häftlingen
hingewiesen [...] Das Rüstungskommando wird gebeten, sich
nachdrücklich bei der Inspektion [56] für den Einsatz der männlichen und weiblichen Kz.-Häftlinge zu verwenden [...] Der Einsatz lohnt sich nur bei größeren Anforderungen, doch sind in
diesem Falle vom Anlernling bis zum Wissenschaftler durchaus
brauchbare Kräfte und natürlich eine Vielzahl von Hilfsarbei-
tern greifbar...“*

27./28. 03.
Straßensammlung für das KWHW 1942/43; es werden ca.
150.000 Abzeichen verkauft; das entspricht 69.065,- RM;
damit werden rund 33.000,- RM mehr erreicht als 1942

27./28. 03.
22.10 – 00.27 Uhr Fliegeralarm

28. 03.
Verpflichtungsfeiern für 1.127 Jungen und Mädel des Banns
Potsdam der HJ und des BDM; im RAW sprechen Kreisor-
ganisationsleiter Wezel und Bannführer Hohenhausen; Wezel

---

56 Inspektion des Konzentrationslagers Sachsenhausen

hebt hervor: „*Die deutsche Jugend dieser harten, schweren Zeit besitzt den kämpferischen Geist, dem das gewaltigste aller Völker Ringen vom sieghaften deutschen Volk erwartet und erfordert: Sie kennt aber darüber hinaus auch die Pflicht, die ihr durch den Tod der tapfersten Söhne Großdeutschlands Männern, die zum großen Teil durch die Hitlerjugend gingen, auferlegt wurde.*"

28. 03.
im Lindenpark Babelsberg spricht Pg. Wezel zu den Mitgliedern der NSDAP-Ortsgruppen Nord und Bergstücken. „*Er sprach von Haltung, Einsatz und Verpflichtung, von Glauben an die Zukunft, vom beispielhaften Vorbild des Führers, von Treue und Dank. Das Parteibuch, so führte der Redner aus, dokumentiert wohl die Mitgliedschaft der Partei, aber damit darf es ein Parteigenosse nicht bewenden lassen. Es geht vielmehr darum, sich mit Stolz in die Parteiarbeit hineinzustellen mit dem Blick auf den Führer.*"

29. 03.
13.55 – 14.25 Uhr Fliegeralarm

30. 03.
die Anwendung von Dauerwellen im Deutschen Reich wird wieder einheitlich gestattet; ihr Verbot hatte unter den Frauen „*...mürrische Unzufriedenheit...*" ausgelöst

30. 03.
00.30 – 02.50 Uhr Fliegeralarm

31. 03.
die Meldefrist bei den Arbeitsämtern der Mark Brandenburg für Frauen bis zu 45 Jahren, die mit nur einem Kind über 14 Jahre in einem gemeinsamen Haushalt leben, läuft ab; sie sollen „*...für Aufgaben der Reichsverteidigung...*" eingesetzt werden

März
in Potsdam werden 6 Fliegeralarme gegeben

März
die PT veröffentlicht 75 Todesanzeigen Gefallener

01. – 30. 04.
in der Altstoffsammlung belegt die 1. Städtische Oberschule für Jungen den 1. Platz; auch die drei besten Sammler Potsdams kommen aus dieser Schule

02. 04.
der „Totale Krieg" kommt in Potsdam an

03. 04.
der international bekannte Theater- und Filmschauspieler Conrad Veidt verstirbt (geb. 22. 01. 1893); in zahlreichen Ufa-Filmen stand er vor der Kamera

05. 04.
die „Verordnung zur Durchführung und Änderung der Verordnung über die Einsatzbedingungen der Ostarbeiter" legt u.a. den Verdienst für diese Arbeitskräfte fest:

Minimalbeispiel pro Tag:
Bruttolohn	*2,10 – 2,20 RM*
Entgelt	*2,05 RM*
Abzug für Unterkunft/Verpflegung	*1,50 RM*
Auszuzahlender Betrag	*0,55 RM*

Maximalbeispiel pro Tag:
Bruttolohn	*12,75 – 13,00 RM*

Entgelt   *5,50 RM*
Abzug für Unterkunft/Verpflegung 1,50 RM
Auszuzahlender Betrag   *3,65 RM*

05. 04.
01.10 – 03.25 Uhr Fliegeralarm

08. 04.
Schlagzeile in der PT
Kriegsmarine und Luftwaffe versenkten bisher 25 843 000 BRT

12. 04.
die vom evangelischen Bruderrat berufene Kommission, deren
Aufgabe darin besteht, Gedanken über die innere Ordnung der
evangelischen Kirche nach der Naziherrschaft zu entwickeln,
tagt zum ersten Mal; die Beratung findet im evangelischen
Gemeindehaus Babelsberg statt

13. 04.
Schlagzeile in der PT
Der Atlantikwall steht [57]

18. 04.
Aufnahme von 58 Mitgliedern der HJ bzw. des BDM in die
NSDAP; NSDAP-Kreisleiter Martin Koch appelliert in seiner
Ansprache „...*an die einmalige Kameradschaft, die draußen
an den Fronten heranwachse, und fordert, dass mehr denn je
auch die Heimat sich zu einer solch unvergleichlichen Gemeinschaft zusammenschließe; denn die deutsche Heimat weiß, dass
dieser totale Krieg zu einem totalen Sieg führen muss. Vor allem
sollen sich die jungen Potsdamer, die nun zur Bewegung des
Führers gehören, stets und in allen Lagen bewusst sein, dass
das Hakenkreuz seinen Trägern nur Pflichten und keine Rechte
zugesteht.*"

---

57 Der Atlantikwall war eine 2.685 Kilometer lange Linie von befestigten Stellungen entlang der Küsten des Atlantiks, Ärmelkanals und der Nordsee. Sie wurden im Zweiten
Weltkrieg von den deutschen Besatzern in den Ländern Frankreich, Belgien, Niederlande, Dänemark, Norwegen den britischen Kanalinseln sowie dem Deutschen Reich im
Zeitraum 1942 bis 1944 geplant und teilweise erbaut. Der Atlantikwall sollte diese Gebiete vor einer britischen Invasion schützen.

19. 04. – 16. 05.

Aufstand im Warschauer Ghetto; Warschau war damit der Ort des größten jüdischen Widerstands gegen den nationalsozialistischen Völkermord; er wurde blutig niedergeschlagen

21. 04.

00.20 – 02.00 Uhr Fliegeralarm

22. 04.

die Lageberichte des Sicherheitsdienstes der SS melden einen verstärkten Besuch der deutschen Bevölkerung in den christlichen Kirchen; den Berichten zufolge wird in dieser Entwicklung von den Kirchen eine Bestätigung dafür gesehen, dass eine große Zahl der Kirchenaustritte, die vor Kriegsbeginn erfolgten, auf politischen Druck hin und wegen des beruflichen Vorwärtskommens erfolgt seien; es zeige sich jetzt, dass unter der Wucht des Kriegsgeschehens und des Todes, der plötzlich an viele Familien herantritt, alles zerbröckle, was nur Ideologie war

22. 04.

Premiere des Ufa-Spielfilms „Der kleine Grenzverkehr" in der Regie von Hans Deppe und Drehbuch von Erich Kästner [58]; als Darsteller wirken u.a. Willy Fritsch, Hertha Feiler, Heinz Salfner, Louis Soldan und Hilde Sessak

24. 04.

der 21jährigr *Ezra Feinberg* [59] kann seine illegale Unterkunft bei dem Kleinunternehmer Dr. Helmuth Sell in der Straße der SA 11 (heute Karl-Marx-Straße) verlassen; als Jude hatte er in Berlin – getarnt als HJ-Junge – im Untergrund gelebt; ihm gelingt mit Dr. Sells Hilfe die Flucht nach Wien und später nach Palästina

Potsdamer, die während der Zeit des Nationalsozialismus Juden Hilfe zum Überleben gaben und durch die Holocaust-Gedenkstätte Yad Vashem des Staates Israel als „Gerechte unter den Völkern" geehrt wurden [60]:

---

58 Vergleiche 25. 07. 1942.

59 In Israel nannte er sich Ezra BenGershom und machte sich einen Namen als Biochemiker und Schriftsteller. Am 16. 09. 2006 verstarb er in Jerusalem.

60 Bis zum 31. 12. 2008 wurden 460 Deutsche mit dieser Auszeichnung geehrt.

Carola Hammer; geehrt am 29. 09. 1979
Günter Brandt; geehrt am 26. 06. 1980
Miami v. Mirbach; geehrt am 02. 04. 1981
Erna Sell; geehrt am 28. 05. 1981
Dr. Helmuth Sell; geehrt am 28. 05. 1981
Christa-Maria Lyckhage; geehrt am 18. 03. 2002
Dorothea Schneider; geehrt am 18. 03. 2002

26. 04.
Aufforderung in der PT
*„Der Luftschutz braucht dringend den Fernsprecher nach Luft-
angriffen. Darum führe Du dann keine Privatgespräche!"*

27. 04.
die Autorin Charlotte Brunner wird im Vernichtungslager
Sobidor ermordet (geb. 01. 05. 1883); sie hatte ihre jüdische
Mutter freiwillig ins Konzentrationslager begleitet; von 1913 –
1930 lebte die Autorin in Potsdam

29. 04.
das Ministerium für Volksaufklärung und Propaganda weist die
Presse im Deutschen Reich an, in Zukunft verstärkt antisemiti-
sche Hetze zu betreiben; es müsse laufend der *„…Todfeind der
Welt…"* angeprangert werden, der *„…an allem Schuld…"* sei

29. 04.
die Ortsgruppe Potsdam des Reichsluftschutzbunds eröffnet im
Kaufhaus Karstadt eine Sonderschau unter dem Thema „Deutsche Frauen wissen sich zu helfen"; die Presse schreibt dazu: *„…
gezeigt werden Muster für Luftschutz-Ausrüstungsstücke aller
Art, die sich unsere Frauen aus Vorhandenem selbst herstellen
können, wie z.B. Rotverbände, Kleidung für die Selbstschutzkräfte, Säuglingstragen und anderer Luftschutzraumbedarf."*

30. 04.
Hermann Amelungsen verstirbt (geb. 09. 08. 1866); von 1890
bis zu seinem Tod war er als „Droschkenfuhrherr" in Potsdam
tätig und „verbrauchte" in dieser Zeit sieben Droschken

April
in Potsdam werden 2 Fliegeralarme gegeben

April
die PT veröffentlicht 58 Todesanzeigen Gefallener

02. 05.
der Stabschef der SA, Viktor Lutze, verstirbt nach einem Auto-unfall in der Nähe Potsdams im Städtischen Krankenhaus (geb. 28. 12. 1890)

06. 05.
die PT empfiehlt den Hausfrauen:
„Noch wenig bekannt ist, dass Haferflocken ein gutes Stre-ckungsmittel für alle möglichen Speisen sind. Ist z. B. das Hack-fleisch zu Frikadellen ein bisschen knapp, so nimmt man zu 200 Gramm Fleisch 4 Esslöffel Haferflocken zum Strecken. Die Haferflocken werden in ¼ Glas Wasser geschüttet und unter den übrigen Fleischteig gemengt. Die Masse muss vor dem Formen der Frikadellen ½ Stunde zum Quellen gestellt werden. Darauf kommt es an! Derart zubereitete Frikadellen schmecken besser als mit Semmel gestreckte, da die Haferflocken gar nicht zu merken sind.“

09. 05.
Prof. Dr. Andreas Galle verstirbt (geb. 22. 06. 1858); 1884 begann er seine Tätigkeit am Geodätischen Institut Potsdam, dem er fast vierzig Jahre angehörte; seine wissenschaftlichen Veröffentlichungen sind zahlreich – u.a. „Die Polhöhe von Potsdam“ (1898)

10. 05.
der jüdische Lebensmittelgroßhändler aus Potsdam, Moritz Max Hirschbruch, kommt im Konzentrationslager ums Leben (geb. 20. 03. 1876)

10. 05.
in der PT erscheint abgebildete Todesanzeige; sie ist eine von
724 im Jahre 1943

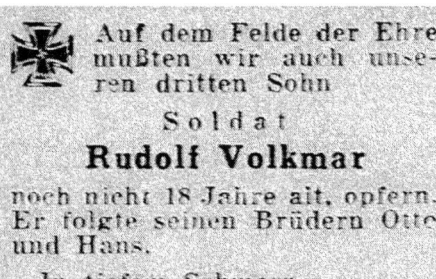

Auf dem Felde der Ehre mußten wir auch unseren dritten Sohn
Soldat
Rudolf Volkmar
noch nicht 18 Jahre alt, opfern. Er folgte seinen Brüdern Otto und Hans.
In tiefem Schmerz
Otto Volkmar und **Frau**
Potsdam, Ingenheimstr. 7.

neuer Ton in den Todesanzeigen

11. 05. – 20. 06.
nach sechs Spieltagen geht die erste Schachmeisterschaft Potsdams zu Ende; der Potsdamer Schachklub, die Babelsberger
Schachvereinigung, die Kreisschachgruppe und drei Betriebs-
schachgruppen beteiligten sich daran; als Sieger geht Dr. Ernst
Ludwig hervor

13. 05.
Kapitulation der deutschen Truppen in Tunesien

14. 05.
00.20 – 01.35 Uhr Fliegeralarm

14. 05.
Schlagzeile in der PT
*Ehrenvolles Ende des Heldenkampfes der deutsch-italienischen
Afrika-Verbände*

14. 05.
Abschluss der durch den NSDAP-Kreisleiter Martin Koch angeordneten Werbekampagne für die NSV; durch die Kampagne
werden 7.698 neue Mitglieder eingeschrieben; damit sind
45.074 Potsdamer – 1/3 der Bevölkerung – Mitglied der NSV

16. 05.
01.50 – 02.30 Uhr Fliegeralarm

16. 05.
NSDAP-Großkundgebung im Konzerthaus mit 22 Angehörigen einer brandenburgischen Division von der Ostfront; die PT schreibt: *„Erst in letzter Stunde aufgerufen, hatte es sich die Bevölkerung der Soldatenstadt nicht nehmen lassen, in Massen zu dieser Kundgebung zu erscheinen und damit den Frontsoldaten des Ostheeres das brennende Interesse zu beweisen, mit dem die Heimat ihrem Heldenkampf folgt."* Gauleiter Emil Stürtz weist in seiner Rede darauf hin, *„...dass heute alles, was für die Kriegsführung nicht unbedingt nötig ist, verschwinden muss. [...] Wie die Ostsoldaten durch zwei barbarische Winter nicht schwächer, sondern nur stärker und härter geworden sind, so ist auch das deutsche Volk in seiner Gesamtheit mit den wachsenden Anforderungen dieses Krieges über sich selbst hinausgewachsen."*

17. 05.
Schlagzeile in der PT
Der japanische Vormarsch nicht aufzuhalten

17. 05.
01.15 – 02.00 Uhr Fliegeralarm

17. 05.
der Oberkantor der jüdischen Gemeinde zu Potsdam, Samuel Guttmann, kommt im Konzentrationslager Theresienstadt ums Leben (geb. 26. 06. 1879)

19. 05.
wegen fehlender Briefumschläge dürfen Briefbogen und Drucksachen im Deutschen Reich künftig nur zusammengefaltet verschickt werden

19. 05.
in Potsdam findet eine angeordnete Altpapiersammlung statt; *„Um [...] den hohen Anforderungen der Kriegsindustrie an Altpapier gerecht zu werden, muss das letzte verfügbare Alt-*

*papiermaterial, alte Bücher, Zeitungen, Zeitschriften und Ver-
packungsmaterial erfasst werden."* Die Sammlung wird am 21.
05. 1943 wiederholt

20. 05.
00.15 – 01.00 Uhr,
12.20 – 13.00 Uhr und
13.55 – 14.30 Uhr Fliegeralarm

20. 05.
Gauleiter Emil Stürtz gründet die „Gauarbeitsgemeinschaft für
Jugendbetreuung", die die Aufgabe hat, „...*alle mit Jugend-
fragen in Berührung kommenden Persönlichkeiten und Dienststellen zusammenzuführen...*"; er erklärt, „...*dass eine Zusammenführung aller Kräfte auf dem Gebiete der Jugenderziehung
zum Wohle der Jugend geboten sei, da die Väter und Lehrer
unserer Jungen und Mädel Soldaten sind, ein Teil der Mütter
im totalen Kriegseinsatz tätig ist und nahezu sämtliche Führer
der HJ an der Front bzw. BDM-Führerinnen im Sondereinsatz
stehen...*"

20. 05.
Schlagzeile in der PT
Flak-Artillerie meldet den 10 000. Abschuss seit Kriegsbeginn

21. 05.
00.15 – 01.45 Uhr Fliegeralarm

22. 05.
00.05 – 01.15 Uhr Fliegeralarm

22. 05.
Aufforderung in der PT

R. Büchner

Nur die Erzeugniſſe, die auf dem vorge=
ſchriebenen Weg abgeliefert werden, kommen
allen Volksgenoſſen gleichmäßig zugute. Je=
der unmittelbare Verkauf vom Erzeuger an
Verbraucher ſabotiert die Marktregelung

22./23. 05.
Schlagzeilen in der PT
*15 Bandenlager im rückwärtigen Gebiet der mittleren Ostfront
zerstört*
Der erste USA-Flugplatz in England

23. 05.
Sanitätsrat Dr. Hermann Krumbholz verstirbt (geb. 10. 04.
1864); er war der älteste praktizierende Arzt in Potsdam

24. 05.
der jüdische Bankkaufmann aus Potsdam, Franz Bernhard,
kommt im Konzentrationslager ums Leben (geb. 24. 03. 1862)

26. 05.
Festakt zum zehnjährigen Bestehen der NAPOLA im Festsaal
der Potsdamer NAPOLA; Bernhard Rust, Reichsleiter für Wissenschaft, Erziehung und Volksbildung, erklärt: *„Der Schick-
salskampf unserer Tage, der das ganze Volk gewogen und
vollwertig befunden hat, fordert auch von der Jugend vollen
Einsatz und rastlose Hingabe. Zahlreiche Erzieher und Jung-
mannen haben ihr dem Führer gegebenes Gelöbnis bereits mit
ihrem Blut besiegelt.“*

30. 05.
in der Nacht vom 30. zum 31. 05. werden auf dem Feuer-
wehrturm des Kleinen Ravensberges „...*ein Fernrohr aus Messing, eine elektrische Taschenlampe und ein Kontrollbuch...*"
gestohlen

31. 05.
die Fleischrationen im Deutschen Reich werden auf 250 g pro
Kopf und Woche gesenkt

31. 05.
der aus Potsdam stammende Kapitänleutnant Robert Gysae
wird als 250. Soldat mit dem Eichenlaub zum Ritterkreuz des
Eisernen Kreuzes ausgezeichnet [61]; er „...*hat mit seinem Unter-
seeboot 23 feindliche Handelsschiffe mit zusammen 165 000
BRT...*" versenkt

Mai
in Potsdam werden 8 Fliegeralarme gegeben

Mai
die PT veröffentlicht 25 Todesanzeigen Gefallener

01. 06.
der Minister Volksaufklärung und Propaganda, Joseph Goebbels, beauftragt den Filmregisseur Veit Harlan mit der Produktion des Durchhaltefilms „Kolberg" [62]

03. 06.
Friedrich Kaul, erster Siedler der Kolonie Bergstücken, begeht
seinen 88. Geburtstag und zugleich sein 80jähriges Arbeitsjubiläum (mit acht Jahren verdingte er sich als Hütejunge); sein
Wahlspruch: „Nur wer lange arbeitet, lebt lange!"

03. 06.
der NSDAP-Kreisleiter Martin Koch besucht die Potsdamer
Sammelstellen für die laufende Schuh- und Spinnstoffsamm-
lung; in der Berichterstattung darüber heißt es: „*Der Kreis-*

---

61 Robert Gysae ging 1970 als Flottenadmiral der Bundesmarine in den Ruhestand.
62 Vergleiche 30. 01. 1945.

leiter zeigte sich erfreut über den in allen Sammelstellen zutage tretenden freudigen Einsatzwillen der Potsdamer, die die hohe Bedeutung dieser Sammlung erfasst haben und alle nur irgend entbehrlichen Spinnstoffe und Schuhe der deutschen Kriegswirtschaft zur Verfügung stellten."

04. 06.
im Schaufenster der „Württembergischen Metallwarenfabrik", Brandenburger Straße 47a, wird die Ausstellung „Panzerpioniere einer Vorausabteilung am Don" aufgebaut; die Ausstellung wird von der Pionierschule Dessau-Roßlau gestaltet

04. 06.
die PT teilt mit: *„Die Eröffnung zahlreicher weiterer Kindertagesstätten, u.a. von Kinderhorten für schulpflichtige Kinder, steht noch im laufenden Monat bevor, so dass es künftig schaffenden Müttern in Potsdam möglich sein wird, ohne Sorge um ihre Kinder ihrem Kriegseinsatz nachzukommen."*

05. 06.
ein Erlass des Reichswohnungskommissars fordert *„… schwerste Rationalisierung…"* des Wohnungsbaus; es soll nur noch ein einziger Typ von „Kriegswohnungen" gebaut werden, wobei mehr und mehr die Plattenbauweise zur Anwendung kommen soll

05. 06.
die PT weist darauf hin, dass *„…im Hinblick auf verschiedene Unklarheiten über die Nachforschungen nach vermissten Stalingradkämpfern […] zuverlässige Nachrichten, soweit solche möglich sind, nur über die bei den Wehrkreisen bestehenden „Arbeitsstäbe Stalingrad" zu erhalten sind".*

10. 06.
die „Polizeiverordnung zum Schutze der Jugend" bestimmt: *„…Minderjährige unter 18 Jahren dürfen sich auf öffentlichen Straßen und Plätzen oder an sonstigen öffentlichen Orten in der Dunkelheit nicht herumtreiben […] Minderjährige im Alter von*

16 bis 18 Jahren dürfen sich ohne eine solche Begleitung [63] *nur bis 21 Uhr in Gaststätten aufhalten [...] Der Besuch von öffentlichen Lichtspielvorführungen, die nach 21 Uhr beendet sind, ist Minderjährigen unter 18 Jahren, die sich nicht in Begleitung des Erziehungsberechtigten oder seines Beauftragten befinden, verboten [...] Minderjährigen unter 18 Jahren ist in Gaststätten der Genuss von Branntwein oder überwiegend branntweinhaltigen Genussmitteln, Minderjährigen unter 16 Jahren in Abwesenheit des Erziehungsberechtigten oder seines Beauftragten auch der Genuss von anderen alkoholhaltigen Getränken verboten [...] Minderjährigen unter 18 Jahren ist der Genuss von Tabakwaren in der Öffentlichkeit verboten..."*

10. 06.
dem Fahndungsnachweis der Kriminalpolizei-Leitstelle Berlin nach werden 72 geflüchtete ausländische Arbeiterinnen und Arbeiter durch die Gestapo in Potsdam gesucht

10. 06.
Schlagzeilen in der PT
Alle Anstrengungen zur Niederwerfung der USA und Englands
Am Dienstag 141 Sowjetflugzeuge vernichtet

14. 06.
00.10 – 01.10 Uhr Fliegeralarm

15. 06.
Schlagzeilen in der PT
Italien kämpft mit allen Mitteln bis zum Siege
54 Feindbomber bei Terrorangriff abgeschossen

16. 06.
01.05 – 01.35 Uhr Fliegeralarm

17. 06.
02.10 – 02.40 Uhr Fliegeralarm

---

63 Gemeint ist die Begleitung durch einen Erziehungsberechtigten.

17. 06.
die Potsdamer Strafkammer verurteilt die ausländischen Staats-
angehörigen Ferdinand van de D. und Marie Luise S. „…
wegen gemeinschaftlicher Befreiung eines Kriegsgefangenen,
verbotenen Umgang mit dem gleichen Kriegsgefangenen und
Vergehen gegen die Haftstrafverordnung…" zu drei Jahren
Gefängnis

17. 06.
die Potsdamer Jüdin Bertha Simonsohn kommt im Konzentrationslager Theresienstadt ums Leben (geb. 01. 07. 1876)

17. 06. – 04. 07.
„Potsdamer Musiktage"; namhafte Künstler und Ensembles
wie der Dirigent Wilhelm Furtwängler, der Orchesterleiter und
Pianist Edwin Fischer, Max Strub mit seinem Quartett, die Sän-
gerin Emmi Leisner, das Berliner Philharmonische Orchester
sowie der Städtische Chor Potsdam unter Leitung von Prof.
Karl Landgrebe prägen die Musiktage; ein Höhepunkt ist die
Uraufführung des „Klavierkonzerts in Es-Dur" des 14jährigen
Ludwig van Beethoven, das Edwin Fischer spielt und zugleich
dirigiert

18. 06.
02.00 – 02.55 Uhr Fliegeralarm

18. 06.
„polizeiliche Abmeldung" des 62jährigen Wilhelm Kann,
letztes noch in Potsdam lebendes Vorstandsmitglied der „Synagogengemeinde zu Potsdam e.V."; damit gilt Potsdam offiziell
als „judenfrei"

aus den Erinnerungen von Dr. Manon Andreas-Grisebach:
„Ein kleiner Nadelstich gegen meinen Stolz kam zum andern,
mein Ehrgeiz, mein Wertgefühl waren verletzt. Und unbewusst
erst, dann immer klarer wuchs ein Hass in mir auf dieses NS-
Regime, auf die braunen Uniformen. Statt Zeit zum Spielen zu
haben, musste ich oft nachmittags für den Haushalt sorgen,

weil die Mutter [64] „verreist" war. „Ihr dürft nichts sagen, wenn vielleicht nachts die Polizei kommt und nach der Mutter fragt. Sie ist weggefahren." So der Vater, der den immer wieder drohenden Abtransport durch seinen Apotheker gesteckt bekam und dann auch wieder die Entwarnung. Im „Landesherrlichen Fräuleinstift Kloster Lindow" fand meine Mutter bei Clara Zschock eine gesicherte Bleibe.

Der Apotheker wiederum wusste die Gefahr von einem NS-Kunden. War die Mutter „verreist", übernahm ich ihre Aufgaben im Haus. Eines Tages verprügelte ich, sozusagen stellvertretend, auf dem Schulweg einen kleinen Hitlerjungen, es war in der Seestraße, ich weiß noch genau den Platz, dort, wo die Seestraße eine Ausbuchtung zum Seeufer hin macht, da gegenüber auf dem Sandstreifen zwischen gepflastertem Fußweg und Straße, dicht bei einem Chaussee-Baum. Als ich den armen Kleinen – er war sicher zwei Jahre jünger als ich – mit dem Kopf nach unten in die Höhe hielt, während er bitterlich weinte, kam von der anderen Straßenseite ein Bierkutscher herüber – zwei dicke Pferde zogen den Wagen mit den Fässern der BERLINER KINDL-Brauerei – befreite den Jungen und schimpfte heftig mit mir. Wir nahmen wieder unsere Schultaschen, und jeder ging seiner Wege. Ich war stolz und erleichtert, weil ich etwas von meiner Rache losgeworden war."

21. 06.
01.55 – 02.50 Uhr Fliegeralarm

22. 06.
Generalleutnant Emil Hermann Karl Alexander von der Decken verstirbt (geb. 31. 12. 1856); auf dem Neuen Friedhof ist er beigesetzt

23. 06.
erstmals findet im Bereich der Sanitätsabteilung Potsdam die Abnahme des Versehrtensportabzeichens statt; Disziplinen: 50-m-Hüpfen, Hochsprung, Weitsprung, Kugelstoßen, Schwimmen (300m, 500m und 1.000m)

---

64 Hanna Grisebach (25. 05. 1899 – 13. 10. 1988)

aus den Erinnerungen der Krankenschwester Hanna [65]:
„Ich war lange Jahre im Krieg Schwester im Reservelazarett 101
in Potsdam und arbeitete viel mit Herrn Dr. Große-Wischede
zusammen. Mit Entsetzen werde ich immer zurückdenken an
die furchtbaren Verwundungen, mit denen Menschen eingelie-
fert wurden. Wie viele habe ich unter meinen Händen sterben
sehen. Wie viele haben unser Lazarett nur als Krüppel verlassen
können. Es war eine Zeit [...] voller Tränen, Blut und Grauen..."

23. 06.
02.00 – 02.45 Uhr Fliegeralarm

24. 06.
die Kreisverwaltung Potsdam der NSV vergibt 50 „Hitler-Freiplätze" an verwundete Soldaten der Potsdamer Lazarette; die
Presse erklärt: „*...In alle Gegenden Deutschlands, ja sogar bis*
in die Niederlande, führen die Hitler-Freiplätze unsere Soldaten,
die in schöner Natur und bei guter Kost ihre volle Gesundheit
wiederfinden sollen."

26. 06.
der Fußballnationalspieler Carl Hartmann verstirbt (geb. 08.
07. 1894); er ist der erste Potsdamer, der als Spieler in der deutschen Nationalmannschaft eingesetzt wurde

28. 06.
Schlagzeile in der PT
56 feindliche Bomber bei nur acht eigenen Verlusten vernichtet

Juni
in Potsdam werden 6 Fliegeralarme gegeben

Juni
die PT veröffentlicht 21 Todesanzeigen Gefallener

01. 07.
die „13. Verordnung zum Reichsbürgergesetz" legt fest: „*...*
Nach dem Tode eines Juden verfällt sein Vermögen dem Reich."

---

65 Schwester Hanna war noch 1950 für die gesundheitliche Betreuung der 200 Angestellten der Potsdamer Stadtverwaltung tätig.

01. 07.
Eröffnung einer Ausstellung mit Werken des Malers Karl Hagemeister in der Kunsthandlung E. Heidkamp, Schwertfegerstraße

03./04. 07.
HJ- und BDM-Gebietsmeisterschaften Leichtathletik des Gaus Mark Brandenburg im Potsdamer Luftschiffhafen; 300 Jungen und Mädchen nehmen daran teil; zwei Wochen später findet an gleicher Stelle der Vergleich der Gebiete Berlin, Brandenburg, Pommern und Mecklenburg statt

05. 07.
die PT informiert darüber, dass der Reichswohnungskommissar Potsdam und vier weitere Städte zum „Brennpunkt des Wohnungsbedarfs" erklärt hat; damit darf „...*der Zuzug auswärtiger Familien [...] nur mit vorheriger Zustimmung der betreffenden Gemeinden erfolgen [...], soweit er nicht auf Veranlassung oder Zustimmung einer Behörde erfolgt*".

08. 07.
die PT informiert darüber, dass „...*das Präsidium des Deutschen Roten Kreuzes in Babelsberg, das Gebot der Zeit erkennend, seine weiten Schmuckflächen mit Kartoffeln bestellt...*" hat

Präsidium des DRK in Babelsberg

10. 07.
Landung der Alliierten auf Sizilien

12. 07.
die Reichsführerschule der Hitlerjugend besteht zehn Jahre; dafür war das Gebäude des jüdischen Mädchenheims in der

Neuen Königsstraße 66 (heute Berliner Straße) enteignet worden

12. 07.
Schlagzeile in der PT
Anglo-amerikanischer Angriff auf Sizilien hat begonnen

14. 07.
Karte des Schriftstellers Karl Helle aus dem Zuchthaus Branden-
burg-Görden an seine Ehefrau Waltraut in Potsdam, Spandauer
Straße 2a (heute Friedrich-Ebert-Straße); Karl Helle, geb. am 29.
01. 1897, war am 19. 12. 1940 vom 2. Senat des Volksgerichts-
hofes [66] wegen „*...landesverräterischer Fälschung und Volks-
verrat...*" zu 15 Jahren Zuchthaus verurteilt worden; mit hoher
Wahrscheinlichkeit kam er im KZ Mauthausen ums Leben.
„Liebe Mutti, liebe Kinder!
Danke herzlich für Brief vom 11. 6. mit Zahnpasta. Erhielt
beides mit ungewöhnlicher Verspätung und war darum bereits
wieder in großer Sorge. Mutti darf nicht krank sein. Stark
bleiben! Es ist unfolgerichtig, nach fast 7 Jahren Leidringen
einen Sprung vor dem guten Ziel zusammenzuklappen. Es ist
nicht unsere Schuld, wenn unsere neue Zukunft so tragisch
mit dem harten Schicksal unseres schwer geprüften Volkes ver-
knüpft ist. Wir haben an unsere Kinder zu denken und wei-
terhin und nun erst recht die Ohren steif halten.
Wir haben unsere Gedanken vernünftig und mit folgerich-
tiger Konsequenz zu Ende zu denken (was ja angesichts des
klaren geschichtlichen Gegenwartsgeschehens nicht schwer ist)
und demzufolge uns verstandesgemäß ohne Sentimentalität
auf das nahende neue Leben vorzubereiten und einzurichten.
Auch alles Leid in dieser so sachlich begründeten Zuversicht
selbstbeherrscht und tunlichst schweigend zu ertragen...alles in
allem unserer Stunde entgegenzuharren. Das ungeschriebene
Gesetz von der Harmonie im Weltgeschehen und von der aus-
gleichenden Gerechtigkeit verliert niemals seine Gültigkeit. Es
gibt keine Menschengewalt, die es unterzuzwingen vermöchte.

---

66 Bereits 1934 als Sondergericht zur Aburteilung von Hoch- und Landesverrätern gegen
den nationalsozialistischen Staat gebildet, wurde er 1936 ein ordentliches Gericht. Unter
dem Vorsitz von Roland Freissler wurden zahlreiche Gegner des nationalsozialistischen
Regimes abgeurteilt – besonders aktiv wurde der Volksgerichtshof nach dem Attentat auf
den Führer Adolf Hitler am 20. 07. 1944.

Glaubt mir, dass mir alles viel schwerer gemacht wird. Da heißt es das Herz unbarmherzig fest zwischen den Fäusten halten... und „niemals davon reden, aber immer daran denken". Bald ist's soweit! Ich erbitte häufige Nachricht, zumal nach Feindeinflügen. Wie steht es um Solveigs Befinden? Ich freue mich auf Muttis Besuch um so mehr, als nach meinem guten Februarbericht ein empfindlicher Rückschlag eingetreten ist. In Treue unverbrüchlich wie immer der Alte
Euer Vati."

15. 07.
01.05 – 02.10 Uhr Fliegeralarm

16. 07.
das Potsdamer Amtsgericht verurteilt den Bauerngutsbesitzer S. zu drei Monaten Gefängnis; ihm war vorgeworfen worden, über einem Gefallenen eine „...*abfällige Bemerkung...*" gemacht zu haben

16. 07.
01.37 – 02.30 Uhr Fliegeralarm

19. 07.
der Wehrmachtsangestellte Werner Päzold und Lena Taubert sind das grüne Luisenpaar, das in der Garnisonkirche getraut wird; weitere drei Silber- und zwei Goldpaare erleben die Trauung [67]

19. 07.
die PT teilt mit: „*Die Familienangehörigen von Afrikakämp-*

---

67 Auf Wunsch der Königin Luise (1776 – 1810) hatte Bischof Rulemann Friedrich Eylert, von 1806 bis 1852 wortgewaltiger Prediger an der Hof- und Garnisonkirche, einige seiner besten Predigten drucken und verkaufen lassen. 8.148 Taler und 20 Groschen betrug der Erlös. Als Königin Luise am 19. Juli 1810 verstarb, legte Eylert diesen Gewinn als Grundstock für „Luisens Denkmal" an. Diese Stiftung sah vor, bedürftigen Brautpaaren, die im Ruf der keuschen Gottesfurcht standen, eine Beihilfe zukommen zu lassen. Am ersten Todestag der „Königin der Herzen" wurde der Stiftungsfonds erstmalig in Anspruch genommen. Weit über hundert Jahre begleitete das Glockenspiel der Garnisonkirche die Trauungen der „Luisenpaare". Für die Zeit des Zweiten Weltkrieges ließen sich keine weiteren Belege für Trauungen von Luisenpaaren finden. Mit hoher Wahrscheinlichkeit verhinderten Kriegsumstände weitere Trauungen. Nach Ende des Zweiten Weltkrieges verlosch diese Tradition völlig.

fern, die von diesen fast seit Mai oder länger keine Nachricht erhalten haben, werden im eigensten Interesse gebeten, sich baldigst – soweit noch nicht geschehen – mit den bereits bekannt gegebenen Dienststellen der Wehrmacht oder den Kreisstellen des Deutschen Roten Kreuzes in Verbindung zu setzen. Auch diejenigen Angehörigen sollen sich melden, die schon von irgendeiner dritten Seite Nachricht über den Verbleib ihres Afrikakämpfers erhalten haben."

22. 07.
der ehemalige KPD-Abgeordnete im Potsdamer Stadtparlament, Hermann Elflein, kommt im Konzentrationslager Sachsenhausen ums Leben (geb. 08. 02. 1892); er hatte sich aktiv am Kampf gegen den Nationalsozialismus beteiligt

22. 07.
Generalmajor Erich Kahsnitz erliegt seinen Verwundungen (geb. 17. 02. 1898); 1935 war er als Hauptmann Lehroffizier an der Kriegsschule Potsdam

26. 07.
12.35 – 13.05 Uhr Fliegeralarm

26. 07.
Schlagzeile in der PT
Mussolini als Regierungschef und Ministerpräsident zurückgetreten

27. 07.
die Reichsschule des RAD begeht ihr zehnjähriges Gründungsjubiläum; in diesen Jahren wurden 32 Lehrgänge mit ca. 1.400 Arbeitsdienstführern durchgeführt (hinzu kommen ca. 60 Sonderlehrgänge)

28. 07.
11.08 – 11.45 Uhr Fliegeralarm

28. 07.
der 52jährige Heiratsschwindler Walter L. aus Babelsberg wird vom Sondergericht Berlin *„...als besonders gefährlicher*

Gewohnheitsverbrecher wegen Rückfallbetruges in mehreren Fällen..." zum Tode und dauernden Ehrverlust verurteilt; beginnend mit 1929 betrieb er Heiratsschwindel im großen Stil; 1932 wurde er bereits zu sechs Jahren Gefängnis verurteilt

30. 07.
das weltweit erste strahlturbinengetriebene Bombenflugzeug „Arado Ar 234", für das in den Potsdamer Arado-Flugzeug-werken wichtige Teile hergestellt worden waren, wird militä-risch eingesetzt; es erreicht 780 km/h in einer Operationshöhe von etwa 11.000 Metern bei einer Reichweite von knapp 2.000 Kilometern; wachsende Treibstoff- und Materialprob-leme verhindern eine große militärische Wirkung

30. 07.
gegen 22.15 Uhr bricht in der Potsdam-Babelsberger Gar-tenstraße 19 ein Feuer aus; ein Ehepaar und alle vier Kinder erliegen den schweren Brandverletzungen

30. 07.
01.03 – 01.40 Uhr Fliegeralarm

31. 07.
im Arbeitsamtbezirk Potsdam sind 17.145 Ausländer (Fremd- und Zwangsarbeiter), davon mehr als 1/3 Ostarbeiter, in etwa 60 Lagern untergebracht, beschäftigt; den Charakter eines Großlagers hat in Potsdam lediglich das Arbeiterdurchgangs-lager Rehbrücke; für 1.200 Menschen geplant, war es im Herbst 1942 in Betrieb genommen worden

Juli
in Potsdam werden 5 Fliegeralarme gegeben

Juli
die PT veröffentlicht 38 Todesanzeigen Gefallener

01. 08.
der Gauleiter von Berlin, Joseph Goebbels, fordert die Bevölke-rung Berlins – vor allem Frauen und Kinder, die „abkömmlich" sind – auf, die Stadt so weit als möglich zu verlassen; 700.000

folgen dieser Aufforderung bis Ende des Jahres; eine große Zahl von ihnen kommt in Potsdam bzw. dem nahen Umland unter

02. 08.
beim Anlegen von Splittergräben in der Kaiser-Wilhelm-Straße (heute Hegelallee) zwischen Jäger- und Nauener Tor kommen die Knochenteile von zehn Skeletten zutage; sie stammen aus dem Mittelalter; mit hoher Wahrscheinlichkeit handelt es sich um die Überreste von Hingerichteten

03. 08.
Eröffnung von drei Kriegshilfskindertagesstätten für Klein- und Hortkinder in drei leerstehenden Gaststätten (Gaststätte Kuka, Zimmerstraße 2, Gaststätte Cecilienhöhe, Leipziger Straße 28, Gaststätte Saage, Neue Königstraße 101 [heute Berliner Straße]); angeboten wird eine ganztätige Betreuung; mit dieser Maßnahme wird dazu beigetragen, *„...dass den im Kriegseinsatz stehenden Frauen die Sorge um ihre Kinder weitgehend abgenommen wird"*.

04. 08.
Großkundgebung der Potsdamer NSDAP im Hof des Stadtschlosses; NSDAP-Kreisleiter Martin Koch hebt hervor: *„Diese Kundgebung führen wir durch in schwerster, aber auch größter Zeit, die in die deutsche Geschichte eingehen wird als eine der gewaltigsten. [...] Noch niemals konnte ein Volk so den Kampf in der Heimat mitführen, und wie die Front ihre harte Pflicht in allen ihren Formationen tut, so muß auch nun die Heimat, müssen wir alle, die wir das Sonnenzeichen des neuen Deutschlands tragen, in vorderster Linie stehen. [...] Und die Lehre für Potsdam? Ob und wann der Angriff kommt, weiß keiner, hüben und drüben. Aber die Vorbereitungen werden getroffen, dass wir gerüstet sind. Er soll zerschellen am Abwehrblock der gesamten Bevölkerung. Niemand darf ausbrechen aus ihm."*

07. 08.
Fertigstellung des farbigen, 13-minütigen Kulturfilms der Ufa „Ein vorbildlicher Vater. Der Roman eines Stichlings"; verwendet werden farbige Mikroaufnahmen von Herta Jülich, der einzigen Frau, die am ersten farbigen Mikrofilm mitarbeitet

08. 08.

in der Friedenskirche wird die 275. Orgelmusik veranstaltet; der Organist Ludwig Stegtmeyer und die Sängerin Margarethe Roll (Alt) bringen Werke von Dietrich Buxdehude, Johann Sebastian Bach, Johann Abraham Peter Schulz und Joseph Ahrens zur Aufführung

08. 08.

erste Haussammlung des Kriegshilfswerks des DRK 1943/44 unter der Losung „Immer und überall diene dem Sieg!"; die Sammlung wird mehrfach wiederholt

10. 08.
Schlagzeile in der PT
USA-Invasion in Australien und Neuseeland

11./12.
23.45 – 00.35 Uhr Fliegeralarm

15. 08.
02.00 – 02.45 Uhr Fliegeralarm

15. und 22. 08.

im Lustgarten und auf dem Sportplatz Babelsberg finden öffentliche Bekämpfungen von Phosphor- und Stabbrandbomben als Demonstration statt

Bekämpfung von Brandbomben

15. 08.

in Potsdam ist eine Mondfinsternis von 20.23 – 22.58 Uhr zu beobachten; es werden 0,876 Zehntel des Monddurchmessers verdunkelt

16. 08.

00.00 – 01.10 Uhr und
09.15 – 09.40 Uhr Fliegeralarm

17. 08.

anlässlich des 157. Todestages Friedrich II. führt die NSDAP-Kreisleitung Potsdam eine Feierstunde in der Garnisonkirche durch; namhafte Berliner und Potsdamer Künstler wirken mit

17./18. 08.

23.45 – 02.25 Uhr Fliegeralarm

18. 08.
Schlagzeile in der PT
Räumung Siziliens planmäßig durchgeführt

19./20. 08.
23.45 – 01.00 Uhr Fliegeralarm

23./24. 08.
23.40 – 02.40 Uhr Fliegeralarm

24./25. 08.
23.25 – 00.25 Uhr Fliegeralarm

25. 08.
Schlagzeilen in der PT
Fortdauer der großen Abwehrschlacht im Osten
Entwicklung zugunsten der deutschen Verteidigung

25./26. 08.
23.25 – 00.25 Uhr Fliegeralarm

27. 08.
im Potsdamer Ortsteil Bergholz-Rehbrücke wird ein junger polnischer Zwangsarbeiter vor zusammengeholten Zwangsarbeitern des Ortes ohne Gerichtsurteil erhängt; 1975 sagt Josef Stanislaw Owczarek, 1943 selbst Zwangsarbeiter in Bergholz-Rehbrücke, vor polnischen Behörden aus: *„Über diesen Polen sowie über die Tochter der Eigentümerin der Landwirtschaft wurde erzählt, dass sie miteinander lebten. Im Zusammenhang damit informierte der Ortspolizist davon die Behörden in Potsdam und kurze Zeit danach wurde dieser Pole nach Potsdam abgeholt."*

31. 08.
das „Luftschutzgesetz" bestimmt: *„...Alle Deutschen sind zu Dienst- und Sachleistungen sowie zu sonstigen Handlungen, Duldung und Unterlassung verpflichtet, die zur Durchführung des Luftschutzes erforderlich sind [...] Die Heranziehung zur Luftschutzpflicht erfolgt, soweit die Durchführungsbestimmung nichts anderes vorschreibt, durch polizeiliche Verfügung..."*

31. 08./01. 09.
23.30 – 03.00 Uhr Fliegeralarm

August
in Potsdam werden 10 Fliegeralarme gegeben

August
die PT veröffentlicht 101 Todesanzeigen Gefallener

01. 09.
die Geheime Staatspolizei, Staatspolizeileitstelle Berlin, verfügt:
„...*das gesamte Vermögen der Gertrud Sara Breysig
geborene Friedberg geboren am 12. 9. 83 in Hamburg
zuletzt wohnhaft in Potsdam-Rehbrücke
Eichenallee 4* [68]
(wird) zugunsten des Deutschen Reiches eingezogen..."
am 13. 04. 1944 erklärt der Amtsgerichtsrat Holberg:
*„Die Jüdin Witwe Sara Gertrud Breysig ist am 21. Januar
1944 ins Ausland abgeschoben worden.* [69] *Damit würde ihr
Vermögen dem Reich verfallen [...] Zu dem Vermögen gehört
insbesondere der gesamte Nachlass ihres am 16. Juni 1940 verstorbenen Ehemannes Universitätsprofessor Kurt Breysig.*"
am 07.08. 1944 ersucht das Finanzamt Potsdam, Voll-
streckungsstelle, die PT und den „Völkischen Beobachter", eine
Annonce zur Versteigerung beweglicher Teile des Vermögens
der Gertrud Breysig zu veröffentlichen

Versteigerung. Freitag, 11. August
1944, vormittags 9 Uhr, werden
auf dem Grundstück in Potsdam-
Babelsberg, Wilhelmstr. 83, folgende Gegenstände gegen Bar-
zahlung versteigert: 1 Schlaf-
zimmer, verschiedene Möbel, Ge-
schirr, Gläser, Haus- u. Küchen-
gerät usw. Besichtigung ab 8.30
Uhr. Finanzamt Potsdam. In Ver-
tretung: Breest.

PT, 09. 08. 1944

---

68 heute Mörickestraße
69 Gertrud Breysig wurde in das Konzentrationslager Theresienstadt verschleppt.

am 06. 09. 1944 teilt der Reichsbeirat für Bibliotheksangele-
genheiten, Reichstauschstelle, Abt. III: Wiederaufbau von Bibliotheken, an das Finanzamt Potsdam mit:
*„Auf Grund anliegender Schätzung unseres Sachverständigen
Herrn Max Niederlechner erklärt sich die Reichstauschstelle
bereit, die Sammlung des Professor Kurt Breysig zum Preise
von RM 50.000,- zu übernehmen..."*

01. 09.
die Absicht des Erfinders des Wasserwanderskis, Fritz Ernst
Neumann, die Havel am Potsdamer Regattahaus zu über-
queren, scheitert an der gerissenen Bindung des Skis; das Sport-
gerät wiegt 6 kg und kann in einem Köfferchen transportiert
werden

02. 09.
die PT ruft dazu auf, *„...nicht benötigte Musikinstrumente im
brauchbarem Zustand [...] käuflich oder leihweise zu handels-
üblichen Sätzen bombengeschädigten Berufsmusikern zu überlassen".*

03. 09.
zwei englische Divisionen landen auf dem italienischen Festland

03. 09.
Schlagzeile in der PT
*An der Schwelle des fünften Kriegsjahres: Unerschüttert und
siegesgewiss!*

03./04. 09.
23.55 – 03.08 Uhr Fliegeralarm; das Haus Lennéstraße 44 wird
getroffen; 2 Menschen kommen ums Leben

Durch Terrorangriff wurde uns unsere liebe Tochter, Schwester, Schwägerin und Tante
Frl. Hertha Holz
im Alter von 27 Jahren durch einen ganz unerwarteten Tod entrissen.
Die trauernden Hinterbliebenen
Potsdam, den 4. Sept. 1943, Lennéstraße 44.
Die Beerdigung findet am Mittwoch, d. 8. Sept., mittags 1 Uhr, von der Kapelle des Neuen Friedhofes aus statt.

eines der wenigen Beispiele dafür,
dass durch die PT über Bombenopfer
informiert wird

05. 09.

reichsweit wird der „Tag der Wehrertüchtigung" durchgeführt; im Potsdamer Lustgarten finden Wettbewerbe der HJ auf den Gebieten Karten- und Flugkunde, maritime Grundkenntnisse, Fahrkenntnisse und Reitkunst statt

06. 09.

Verabschiedung von Potsdamer Kindern im Rahmen der Kinderlandverschickung nach Ungarn und in die Hohe Tatra; die Ansprache hält der NSDAP-Kreisleiter Martin Koch; er weist darauf hin, dass „...*die Eltern in heutiger Zeit mehr denn je auf das Wohl ihrer Kinder bedacht sein und ihrer Sicherheit so wenig wie möglich in den Weg legen"*.

Besser lernen ohne Alarm!

Denkt an Eure Kinder im Luftschutzkeller - und dann an gesunde, frohe Jungen und Mädels, die in Sicherheit leben und lernen; da gibt es kein Überlegen: Kinder aus luftgefährdeten Gebieten gehören aufs Land! Wenn Dein Kind bereits der Kinder-Landverschickung (KLV) anvertraut wurde, so hole es auf keinen Fall zurück! Denk dabei auch an die Worte von Reichsleiter Baldur von Schirach:
„Es gibt Eltern, die ihre Kinder nicht verschicken oder vorzeitig aus der KLV zurückführen. Solche Mütter und Väter sollten sich aber vergegenwärtigen, daß bei Eintreten von Unglücksfällen diese Leichtfertigkeit zu einer Gewissensschuld fürs ganze Leben werden kann."

Nicht leichtsinnig werden! Denkt an die Gesundheit und Sicherheit Eurer Kinder!

09. 09.

zum „Tag der Wehrertüchtigung der Hitlerjugend" führt der Bann Potsdam vor dem Babelsberger Rathaus einen Appell durch, „...*um zu zeigen, dass es ihr ernstester Wille ist, sich auf die Soldatenzeit vorzubereiten"*.

10. 09.
Schlagzeile in der PT
Der Verrat des 25. Juli. [70] *Der Duce aus der Privatresidenz des*
Königs gefesselt entführt

11. 09.
Oberst Claus Graf Schenk v. Stauffenberg und Generalmajor
Henning v. Tresckow treffen in Potsdam zusammen; in den
nächsten Wochen wird der Plan „Walküre" erarbeitet; mit
seiner Hilfe soll der Führer Adolf Hitler getötet und ein poli-
tisch-militärischer Neuanfang des Deutschen Reiches versucht
werden

13. 09.
Schlagzeile in der PT
Gelungener Handstreich deutscher Fallschirmtruppen. Der
Duce befreit

14. 09.
22.40 – 23.48 Uhr Fliegeralarm

15. 09. – 14. 10.
polizeiliche Sperrzeit für den Taubenflug; die PT veröffentlicht
dazu folgendes Gedicht:

> *„Jetzt spricht der Obertäuberich!*
> *Ihr müsst den Schnabel halten!*
> *„Ja, Kreisgefolgschaft, säuberlich*
> *lasst uns die Zeit gestalten!*

> *Ist Sperre! Sperre für den Flug*
> *in Felder und in Gärten,*
> *der uns so sorglos landwärts trug!*
> *Empfindet ihr die Härten?*

> *Die Gründe? Um die junge Saat!*

---

70 Am 25. 07. 1943 – nach der Landung der Alliierten auf Sizilien – entmachtete der
Faschistische Großrat Italiens Mussolini mit einfacher Stimmenmehrheit. Damit war der
Weg für Verhandlungen mit den Alliierten frei. Auf Befehl des Königs, Viktor Emanuel
III., wurde Mussolini verhaftet und gefangen gesetzt.

Als ob wir ... Bitte, nicht zu murren!
Hier hilft uns nur die rasche Tat
und kein erregtes Gurren.

Die Sperre, die schon heut beginnt,
bis 14. Oktober
ist schlimm für Mann und Frau und Kind...
Was raten Sie uns, Ober?"

„Mein Vorschlag? O, der ist schon da:
Wir melden uns geschlossen
zur Wehrmacht – zur SS – SA ...
wie einst die Artgenossen!

Dann können wir mit frohem Mut
in Freiheit und für Freiheit fliegen!"
Kruh, kruh! Der Rat gefällt uns gut:
Wer fliegt, der hilft beim Siegen!"

15. 09.
22.40 – 23.48 Uhr Fliegeralarm

15./16. 09.
23.00 – 00.20 Uhr Fliegeralarm

16. 09.
23.00 – 00.00 Uhr Fliegeralarm

16. 09.
Schlagzeile in der PT
Mussolini übernimmt wieder die Leitung des Faschismus in Italien

18. 09.
02.00 – 03.00 Uhr Fliegeralarm

19. 09.
Festsitzung der Ortsfachgruppe Potsdam Nr. 119 der „Landesfachgruppe Imker Kurmark" anlässlich ihres 85jährigen Bestehens im Eisenbahnerhotel Potsdam-Babelsberg

20. 09.
der Minister für Volksaufklärung und Propaganda, Joseph Goebbels, ruft im „Filmkurier" auf: Ich wende „...*mich auch an dieser Stelle zum Beginn des fünften Kriegsjahres noch einmal an alle meine Kolleginnen und Kollegen mit dem Ruf: Seid der Größe dieser entscheidenden Zeit würdig! Stellt euch an freien Tagen oder gar Wochen der Betreuung unserer Verwundeten, Soldaten oder Schwerschaffenden zur Verfügung. Denkt immer daran, dass alles, was wir jetzt durchmachen, für jeden von uns eine Prüfung ist, die er vor sich selbst zu bestehen hat, und dass alle unsere Selbstachtung und unser Schicksal davon abhängen, wie wir aus ihr hervorgehen."*

21. 09.
03.20 – 04.20 Uhr Fliegeralarm

21. 09.
der Kapitänleutnant, Schriftsteller, Journalist und Politiker Ernst Graf zu Reventlow verstirbt (geb. 18. 08. 1869); auf dem Bornstedter Friedhof wurde er beigesetzt

21. 09.
die NSDAP-Ortsgruppe „Yorck" in Potsdam-Babelsberg begeht den 10. Jahrestag ihrer Gründung mit einer Zusammenkunft in der Althoff-Schule; NSDAP-Kreisleiter Martin Koch unterstreicht in seiner Ansprache: „...*wer heute versagt, ist fürderhin nicht mehr wert, Deutscher und Nationalsozialist – zwei unzertrennliche Begriffe – zu heißen [...] Gerade Potsdam trägt als Kernstadt deutschen Soldatengeistes eine besondere Verpflichtung, der sie stets eingedenk sein muss und die vor allem den Parteigenossen gilt, die in mitreißendem Beispiel voranzugehen haben."*

22. 09.
der ehemalige Gauleiter der Mark Brandenburg (1933–1936), Wilhelm Kube, kommt bei einem Attentat sowjetischer Partisanen ums Leben (geb. 13. 11. 1887)

22. 09.
22.20 – 23.55 Uhr Fliegeralarm

23. 09.
der Potsdamer Seglerverein wirbt in der PT für seine Veranstaltung im Rahmen des KWHW am 26. 09.:
„Am Sonntag, wenn die Sonne lacht,
sich Potsdam auf die Beine macht
und im Regattahaus sich trifft,
wo alle Segel sind gehisst,
die auf die neuen Segler warten,
wer spendet, der darf starten. "

23. 09.
Schlagzeile in der PT
Planmäßige Absatzbewegung im Osten

24. 09.
Franz Timm, Drevestraße 35, feiert sein 50-jähriges Postdienstjubiläum; der aus Stettin Stammende hatte 1896 seine Militärdienstzeit im 1. Garde-Regiment zu Fuß abgeleistet und war in Potsdam geblieben

24. 09.
14.05 – 14.20 Uhr und
16.50 – 17.25 Uhr Fliegeralarm

25. 09.
11.55 – 12.25 Uhr Fliegeralarm

27. 09.
22.36 – 23.45 Uhr Fliegeralarm

28. 09.
Schlagzeile in der PT
Sowjetangriffe durch wuchtige Gegenangriffe pariert

29. 09.
die PT teilt eine Verfügung des Oberkommandos der Wehrmacht zu Erziehungs-, Bildungs- und Unterbringungsfragen mit;

in der Mitteilung heißt es u.a.: *„Eine begünstigte Aufnahme* [71] *von Kindern, deren Väter gefallen sind oder wegen ihrer dienstlichen Verwendung lange Zeit von der Familie getrennt leben müssen, ist gewährleistet. [...] Die Stiftung „Großes Militärwaisenhaus Potsdam" kommt in erster Linie in Betracht für Waisen und Halbwaisen von Gefallenen oder solchen, die sonst auf Grund eines militärischen Versorgungsgesetzes Waisenversorgung erhalten..."*

September
in Potsdam werden 12 Fliegeralarme gegeben; 2 Menschen verlieren ihr Leben

September
die PT veröffentlicht 70 Todesanzeigen Gefallener

01. 10.
die Verordnung des Reichsverkehrsministers Julius Dorpmüller zum Transport von Möbeln und Hausrat sowie die Bergung von gerettetem Habe Bombengeschädigter zur Sicherung der „Rüstungs- und Erntetransporte" tritt in Kraft; Totalumzüge werden nur bei behördlich angeordneten Versetzungen, bei Verlegung des Wohnortes aus betriebswirtschaftlichen Gründen sowie bei der Sicherung des Hausrats von Bombengeschädigten genehmigt

01. 10.
Kundgebung der Ortsgruppe „Yorck" der NS-Frauenschaft in der Babelsberger Lindenstraße; Pg. Schulze überbringt die Grüße der NSDAP-Ortsgruppe und hebt hervor: *„Die Frau ist die Seele unseres Volkes. Sie ist, rein geschichtlich gesehen, der Atem zwischen Heimat und Front. Je stärker und reiner ihr Atem ist, desto stärker und reiner wird das Bindeglied zwischen Front und Heimat sein."*

---

71 Gemeint ist die Aufnahme in Deutsche Heimschulen bzw. in Nationalpolitische Erziehungsanstalten (NAPOLA).

02. 10.
das Landeswirtschaftsamt Mark Brandenburg teilt mit: *„Die Hausbrandzuteilung musste gekürzt werden, damit Kohlen für Rüstungszwecke frei wurden. Trotz der Kürzung müssen die zugeteilten Mengen in jedem Falle ausreichen, um im Winter die Beheizung von Gebäuden und Wohnungen sicherzustellen."*

03. 10.
22.07 – 22.37 Uhr Fliegeralarm

03. 10.
Erntedankfeier in der Bornimer Gaststätte „Katharinenholz" unter Teilnahme zahlreicher Potsdamer Bürger

04. 10.
10.28 – 10.43 Uhr Fliegeralarm

06. 10.
Kundgebung der NSDAP-Ortsgruppe „Charlottenhof" in der Gaststätte „Alter Fritz"; Reichsredner Rinklef spricht über die *„...große deutsche Sendung im europäischen Raum..."*

06. 10.
Prof. Dr. Artur Scheunert, Präsident der Reichsanstalt für Vitaminprüfung und Vitaminforschung in Leipzig, hält im Nikolaisaal einen Vortrag über das Thema „Grundfragen der Vitaminforschung"; damit beginnt die Reihe „Potsdamer Wintervorträge"; weitere Vorträge halten:
Prof. Dr. Friedrich Hund: „Das Naturbild der Physik"
Prof. Dr. Bernhard Schweitzer: „Das Menschenbild der griechischen Plastik"
Prof. Dr. Wolfgang Schadewaldt: „Sophokles und das Leid"
Prof. Dr. Johannes Rudert: „Charakter und Schicksal"
Prof. Dr. Gustav v. Bergmann: „Das Spiel der Lebensnerven und ihre Wirkstoffe"
Prof. Dr. Wilhelm Schüssler: „Bismarck und England"
Prof. Dr. Alwin Seifert: „Die Heckenlandschaft"

07. 10.
einige hunderte Verwundete aus Potsdamer Lazaretten kommen zur Winterbetreuung im Konzerthaus zusammen; darüber schreibt die Presse: *„Sie wurden in keiner Weise enttäuscht und konnten ihren Heimweg dankerfüllten Herzens antreten mit der Gewissheit, dass die Heimat immer bemüht sein wird, ihren tapferen Soldaten sich würdig zu erweisen und denen, die ihre Gesundheit opferten, immer Dank entgegenbringen wird."*

08. 10.
Schlagzeilen in der PT
Die Räumung Sardiniens und Korsikas durch übermenschlichen Einsatz wurde Unmögliches möglich gemacht – eine Meisterleistung von Offizieren und Mannschaften

08. 10.
das Potsdamer Amtsgericht verurteilt den Tischermeister Friedrich K. aus Babelsberg zu 500,- Mark Geldstrafe, weil der dem Leiter der Ortskrankenkasse in einem Schreiben „jüdische Geschäftsgebaren" vorgeworfen hatte; die Krankenkasse hatte vom Konto des Friedrich K. die ihr zustehenden Beiträge abgebucht

09. 10.
01.05 – 01.55 Uhr,
11.40 – 12.25 Uhr und
20.45 – 21.45 Uhr Fliegeralarm

09. 10.
in der Semper-Talis-Kaserne werden die Potsdamer Hitlerjungen mit dem Heereszivilabzeichen ausgezeichnet, die ihre Prüfung als Offiziersanwärter bestanden haben

10. 10.
„Opfersonntag" unter dem Motto „Schlecht ist alles, was dem Siege schadet! Gut ist alles, was dem Siege dient!"

11. 10.
Schlagzeile in der PT
In zwei Tagen 169 Terror-Bomber abgeschossen

11. 10.
die „Verordnung über die Beschränkung der Beflaggung während des Krieges" legt u.a. fest: „...*Während des Krieges unterbleibt an den regelmäßigen, allgemeinen Beflaggungstagen die allgemeine Beflaggung, es sei denn, dass dazu besonders aufgerufen wird...*"

12. 10.
Schlagzeilen in der PT
208 Terrorbomber in drei Tagen
Erbitterter Luftkrieg – Feindliche Eingeständnisse – Wachsende deutsche Abwehr

13. 09.
die neue italienische Regierung erklärt dem Deutschen Reich den Krieg

13. 10.
„Nach einer Übersicht von zuständiger Stelle", so berichtet die PT, sind seit Kriegsbeginn fünf Millionen Meter Film von den „Filmberichtern" an den Fronten gedreht worden

14. 10.
02.15 – 02.40 Uhr Fliegeralarm

16. 10.
Konzert der Vereinigten Potsdamer Männerchöre unter Leitung von Prof. Karl Landgrebe im Nikolaisaal; der OB Hans Friedrichs schreibt begeistert: „*Das letzte Konzert der Vereinigten Männerchöre [...] war sicherlich nicht nur für mich, sondern für alle mitschwingenden Besucher ein ganz großes Erlebnis. [...] Wenn der Krieg nicht wäre, wären wir heute in der Lage, die hohe Rangstufe unseres gemischten städtischen Chores sowie der Vereinigten Potsdamer Männerchöre unserer Stadt vor aller Welt im sängerischen Wettkampf unter Beweis zu stellen.*"

17. 10.
21.23 – 22.10 Uhr Fliegeralarm

17. 10.
die Fußballmannschaft Babelsberg 03 besiegt in Berlin den zweifachen Deutschen Meister Hertha BSC mit 3 : 1; im Tor überzeugt „Schrippe" Schröder (24)

18. 10.
20.40 – 21.10 Uhr Fliegeralarm

19. 10.
Schlagzeile in der PT
Erdöl – das alte Streitobjekt – England versucht, seine Vorräte zu schonen - Unaufhaltsames Eindringen der USA in die arabischen Erdölgebiete

20. 10.
19.50 – 21.57 Uhr Fliegeralarm

23./24. 10.
Schlagzeile in der PT
Ausdehnung sowjetischer Angriffe

24. 10.
die Fußballer von Potsdam 03 schlagen Tasmania Berlin vor 4.000 Zuschauern mit 8:0

24. 10.
10.10 – 11.50 Uhr Fliegeralarm

26. 10.
Schlagzeile in der PT
Nichts dem Feinde überlassen

27. 10.
die PT teilt mit, dass es zu Weihnachten eine Sonderzuteilung an Lebensmitteln geben wird; das sind 500g Weizenmehl, 250g Zucker, 125g Butter, 125g Zuckerwaren oder 100g Zucker, 50g Bohnenkaffee, ½ Flasche Spirituosen; der Bohnenkaffe und die Spirituosen müssen „bei dem Kleinverteiler" bis zum 03. 11. angemeldet sein

31. 10.
in Potsdam findet ein Fußballspiel zwischen französischen und belgischen Fremdarbeitern statt

Oktober
in Potsdam werden 10 Fliegeralarme gegeben

Oktober
die PT veröffentlicht 81 Todesanzeigen Gefallener

01. 11.
im Arbeiterdurchgangslager Potsdam-Rehbrücke wird eine polizeiliche Erfassungsdienststelle eingerichtet; erst nach Erfassung werden die Zwangs- und Fremdarbeiter auf andere Lager verteilt

03. 11.
auf die Frage „Warum wir kein frisches Brot kaufen dürfen" antwortet die PT: *„Es gab eine Zeit in diesem Kriege, da war den Bäckern der Verkauf frischen Brotes untersagt. Eine knappe Ernte und eine wesentlich kleinere Brotration waren der Anlass. Die Maßnahme bewährte sich, denn altes Brot ist bekömmlicher, macht satter und reicht länger."*

03. 11.
Schlagzeile in der PT
Anhaltend heftige Kämpfe an der Ostfront

05. 11.
der schwerkranke Dompropst Bernhard Lichtenberg erliegt den Strapazen der Kerker- und KZ-Haft (geb. 03. 12. 1875); am 15. 04. 1934 nahm er an der Weihe der St. Antonius-Kirche in Potsdam-Babelsberg teil

05. 11.
die Potsdamer Jüdin Paula Gormanns (geb. 13. 04. 1888) und ihr Sohn, Walter David Gormanns (geb. 15. 05. 1925), werden im KZ Auschwitz ermordet

05. 11.
20.02 – 20.12 Uhr Fliegeralarm

06. 11.
der 60. Jahrestag der Gründung des Potsdamer Ruder-Clubs
wird aus Kriegsgründen nicht gefeiert; er wird „*...im kommenden Frühjahr am Tage des Anruderns...*" stattfinden

07. 11.
Feierstunde im Stadtschlosshof zum 09. November; die PT
schreibt: „*...der Tag, der in der Geschichte der Nationalsozialistischen Deutschen Arbeiterpartei, in der Geschichte unseres
Volkes zu einem der größten und ernstesten Mahnmale geworden
ist [...] Die Feierstunde [...] ist mit Rücksicht darauf, dass es ein
Werktag ist, auf Sonntag, den 7. November, verlegt worden.*"

07. 11.
Opfersonntag für das KWHW unter der Losung „*Die Front
erwartet es von Dir – bewähre Dich am Opfersonntag!*"

11. 11.
11.45 – 20.25 Uhr Fliegeralarm

11. 11.
Schlagzeile in der PT
*Wenn jeder seine Pflicht bis zum Letzten erfüllt, dann werden
wir siegen*

13. 11.
19.25 – 20.15 Uhr Fliegeralarm

13. 11.
die Schriftstellerin Ilse Margarethe Hamel verstirbt (geb. 19.
02. 1874); von 1926 – 1933 war sie Erste Vorsitzende des
Bundes deutscher Schriftstellerinnen und Journalistinnen; sie
ist auf dem Alten Potsdamer Friedhof beigesetzt

13. 11.
zum „Tag der deutschen Hausmusik" gibt der Lehrkörper
der Städtischen Jugendmusikschule Potsdam ein Konzert; die
Presse schreibt: „*...ohne Programmblätter, ohne Nennung der
Namen der Vortragenden, schlicht wie im Familienkreis, mit
voller musikalischer Lust und ausgezeichnetem Können...*"

14. 11.
Erstaufführung des Lustspiels von Otto Emmerich Groh "Die reizende Wirtin" im Schauspielhaus; u.a. wirken mit Maria Wiecke, Paul Lipinski, Friedrich Eysenhardt und Eckehard Röhrer

17. 11.
21.25 – 22.35 Uhr Fliegeralarm

18. 11.
erstmals wird im Kino „Alhambra" zwischen 16.30 und 18.30 Uhr eine Vorstellung ausschließlich für Angehörige der Wehrmacht gegeben; *„Zutritt nur in Uniform und Eintrittskarte"*; die Veranstaltung wird wöchentlich am Donnerstag wiederholt

18. 11.
20.15 – 22.25 Uhr Fliegeralarm

19. 11.
der Schriftsteller Georg Hermann (eigentlich Georg Hermann Borchardt) wird im KZ Auschwitz ermordet (geb. 07. 10. 1871); unvergessen bleibt sein „Spaziergang in Potsdam"

20. 11.
die Potsdamer Jüdin Alice Bönicke, geb. Bloch, wird im KZ Auschwitz ermordet (geb. 25. 07. 1898); in ihrem Abschiedsbrief vom 15. 10. schreibt sie:
„Geliebter,
auf dem Wege nach Auschwitz!
Ganz zeitig aus Berlin mit anderen Transport. Ich einzige Jüdin.
Heute Nacht sollen wir in Görlitz sein, morgen in Breslau!
Und Du läufst überall herum, mich suchen, ach, Du Ärmster!
Wenn nur Deine Kräfte ausreichen, auch die seelischen, alles
zu tragen. Und mein geliebter Junge, was willst Du ihm nun
sagen? Auschwitz ist das oberschlesische K.Lager [72] *für Juden*
und Ausländer! Ich werde viele treffen. Es ist alles unsagbar
schwer und furchtbar. Der Hölderlin geht mir durch den Kopf:
Schönes Leben – du liegst krank
Und das Herz ist mir müd vom Weinen –

---

72 Konzentrationslager

Doch kann ich nicht glauben –
Du sterbest
Solange ich liebe. –
Und ich liebe euch und kann alles noch nicht fassen trotz aller
Realitäten. Von einem ins andere Gefängnis und was dazuge-
hört. Aber ich gebe die Hoffnung nicht auf. Nur durch einen
sehr einflussreichen Mann müsste hier schnell gehandelt werden.
Es geht um alles, tatsächlich geht wohl ums Leben – jetzt sitze
ich mit noch sechs andern Häftlingen hier in einem sehr kläg-
lichen Haftraum – morgen früh geht's weiter. Die wievielte
Nacht werde ich heute wieder nicht schlafen! Mein Guter, wenn
ich so unser Leben überdenke – es war doch schön, und daran
will ich denken und Dich nur immer wieder bitten, Dich für
den Jungen zu erhalten und Dich in keiner Weise in Gefahr zu
bringen. Wenigstens den Vater muss unser Bussi haben, einen
lieben, warmen, guten Vati, der trotzdem das Kind konsequent
erziehen kann, ohne Schläge! Aber ich werde weiter tapfer sein,
ich verspreche es euch – um Euretwillen! An H. denke ich auch,
ich verlebte so viel Schönes auch mit ihr. Ach, Gott schütze
uns – wir wollen Vertrauen haben, der Mensch so allein ist ein
armes, hilfsbedürftiges. Du wirst sicher alles für mich tun –
aber gefährde Dich um des Jungen und um Deinetwillen nicht,
ich bitte Dich von ganzem Herzen darum! Ich dachte immer,
dass Gotthold Schn. die richtigen Leute in Bewegung setzen
könnte, und Ferd. ? aber es eilt, glaube mir. Ich grübele viel
nach über die Probleme, die E. beschäftigen, seine und meine
müssen Hand in Hand gehen, und alles muss vom menschlich-
brüderlichen kommen, ohne das Herz geht es nicht. Vielleicht
kann man andern noch etwas sein, vorläufig sehe ich in allem
noch keinen Sinn – aber vielleicht komme ich noch dahinter.
Dies wird wohl das letzte Mal, dass ich Dir schreiben kann
– ob Du es wohl erhältst? Gestern schrieb ich auch, der Brief
wird Dich wohl erreicht haben, vielleicht auch abends noch ein
Telefongespräch, falls es die Betreffende noch konnte, ehe ihr
Zug ging. Ich wusste seit Dienstag, worum es geht, und habe
alles getan, um Dich sprechen zu können – wen habe ich nicht
alles in meiner Herzensangst gebeten – alles umsonst. Auch hier
wieder mit dem Herrn, der alles aufnimmt. Aber er darf nichts
tun. In Breslau bleiben wir auch Sonntags. Montag früh geht's
weiter, wie weit, weiß ich nicht. Sie haben mich wohl absicht-

*lich nicht über die Gr. Hamburger Straße transportiert, damit
Du nichts mehr tun kannst und ich auch nicht. Dich und mich
hat man auf den Freitag vertröstet, und ich wusste, dass das
ein Unglückstag wurde. Wenn Du mir Sachen schicken darfst,
dann vergiss die Schuhe nicht, die Wanderschuhe, Papier, Seite,
gegen Ungeziefer etwas, irgendeinen verschließbaren Behälter,
Taschentücher, Handtücher. Aber ich glaube kaum, dass man
schicken darf! Seifenpulver ist wichtig und Strümpfe! Es wird
hier so viel geredet und dunkel wird's. Behüte euch und mich
Gott! Möge das Wunder werden, dass wir uns gesund wiedersehen – ach, ich darf mich jetzt nach Hause denken, gleich
fünf Uhr ist's, da kommt ihr wohl von draußen rein. Buzzilein
soll fleißig werden und ein guter Junge – ach, mein über alles
geliebtes Kind, ich sehne mich so nach euch. Wär's ein böser
Traum! Vergiss nicht, Edith und Tante Emmy – jetzt Zürich.
Aber erspare ihr das von mir. Und grüße Erich, und er soll nicht
so grämen, und Selma und Beyers.
Und alles Gute euch allen.
Ich umarme euch, ich küsse Dich und den Jungen immer wieder.
Lebt wohl, lebt wohl, auch Du, Freundin meines Herzens – ver-
gesst mich nicht.
Eure A."*

22. 11.
Anna Zielenziger wird im KZ ermordet (geb. 01. 06. 1887); sie
war Vorsitzende des israelischen Frauenvereins Potsdam

22. 11.
19.31 – 21.18 Uhr und
22.15 – 22.30 Uhr Fliegerbomben

23. 11.
19.30 – 21.25 Uhr Fliegeralarm

24. 11.
der Minister für Volksaufklärung und Propaganda, Joseph
Goebbels, lässt über die deutschen Zeitungen mitteilen:
*„Mit Rücksicht auf die besonderen Anforderungen des Krieges
und die starke Inanspruchnahme der Post allein durch die große
Zahl der Feldpostsendungen muss auch in diesem Jahre die in*

Friedenszeiten übliche Versendung von Glückwünschen zum Weihnachtsfest und Jahreswechsel stärkstens eingeschränkt werden. An alle Volksgenossen ergeht die Aufforderung, den Erfordernissen des 5. Kriegsjahres dadurch Rechnung zu tragen, dass überhaupt von jeder Versendung von Glückwünschen, die nicht durch besondere verwandtschaftliche oder freundschaftliche Bindungen gerechtfertigt sind, Abstand zu nehmen und damit die Nachrichten- und Verkehrsmittel für kriegswichtige Aufgaben entlastet werden."

24. 11.
20.45 – 21.40 Uhr Fliegeralarm

24. 11.
Inserat in der PT

Weihnachtsbitte!
Zwei   elternlose
Knaben,   Vater
Stalingradkämp-
fer, im Alter von
7 und 8 Jahren,
wünschen sich zu
Weihnachten eine
Eisenbahn.   Wer
verhilft mir dazu,
daß dies. Wunsch
Erfüllung find.?
Schwester   Elisa-
beth,   Persius-
straße 3,   Tele-
phon 5637.

25. 11.
20.20 – 21.10 Uhr Fliegeralarm

26. 11.
die Salomonen befinden sich völlig in amerikanischer Hand

26. 11.
20.50 – 22.33 Uhr Fliegeralarm

27. 11.
im Rahmen der Kinderlandverschickung werden die Schüler
der 5. Volksschulklassen in die Mark Brandenburg (die Jungen
nach Prebelow, die Mädchen nach Wruhden) verschickt

28. 11.
12.30 – 13.03 Uhr Fliegeralarm

30. 11.
Schlagzeile in der PT
„Das Volk, das verliert, beendet sein Dasein!"

November
in Potsdam werden 12 Fliegeralarme gegeben

November
die PT veröffentlicht 75 Todesanzeigen Gefallener

01. 12.
die Reichsführerschule des RAD in den Gebäuden an den Com-
muns des Neuen Palais besteht zehn Jahre; sie hat die Aufgabe,
Reichsarbeitsdienstlehrer für die 12 Bezirksschulen im Großdeutschen Reich auszubilden

01. 12.
11.30 – 12.10 Uhr Fliegeralarm

02. 12.
19.28 – 21.15 Uhr Fliegeralarm

03. 12.
Schlagzeile in der PT
53 Abschüsse bei Terrorangriff auf Berlin

03. 12.
eine Anordnung des Reichsernährungsministers Richard Walther Darré legt fest, dass Kleintierbestände (Hühner, Kaninchen
usw.) nicht mehr ausgebaut werden dürfen, denn es sei *„…*
notwendig, das für die Tierernährung zur Verfügung stehende
Futter in erster Linie für die Schweinmast und die Milcherzeu-
gung zu verwenden."

04. 12.
Eröffnung einer Weihnachtsausstellung bildender Künstler Potsdams; NSDAP-Kreisleiter Martin Koch betont, „...*dass diese Schau ausgewählter und auch verkäuflicher Arbeiten weniger dem eigentlichen Selbstzweck, also dem Verkauf diente als viel mehr die Tatsache dokumentieren solle, dass im fünften Kriegsjahr während von jedem Deutschen der letzte und härteste Einsatz gefordert werden müsse, trotzdem noch die Schaffung arteigener und zeitgebundener Kunstwerke nicht nur möglich sei, sondern sogar in jeder Weise seitens der zuständigen Stellen gefördert werde.*"

04. 12.
03.05 – 04.30 Uhr und
17.40 – 17.57 Uhr Fliegeralarm

04./05. 12.
Schlagzeile in der PT
Abschluss der Bluffkonferenz – die demokratisch-bolschewistische Konferenz ein Agitationsblindgänger [73]

05. 12.
Weihnachtskonzert in der Garnisonkirche mit Prof. Otto Becker; er spielt u.a. Bach'sche Orgelvorspiele in eigener Bearbeitung; die Potsdamer Sopranistin Ellen Lehmann bringt Werke von Hugo Wolf, Johann Sebastian Bach und Max Reger zu Gehör

13. 12.
Schlagzeilen in der PT
Bekenntnis zur unauflöslichen Kampf- und Schicksalsgemeinschaft zwischen den im Dreierpakt vereinigten Nationen

16. 12.
die PT teilt mit, dass Haustiere – namentlich Hunde – nicht mehr mit in die Luftschutzräume genommen werden dürfen, „...*da sie die Selbstschutzkräfte bei der Ausübung ihrer Tätigkeit [...] möglicherweise behindern*".

---

73 Gemeint ist die Konferenz der Alliierten in Teheran, die am 28. 11. 1943 begonnen hatte.

16. 12.
der Führer Adolf Hitler soll an einer Winteruniformvorführung teilnehmen; Hauptmann Axel von dem Bussche, Bataillonskommandeur im Potsdamer Infanterieregiment 09, lässt sich als „Modell" einteilen; er hat die Absicht, sich mit Hitler in die Luft zu sprengen; da der Waggon, in dem die Uniformen lagern, jedoch in Brand gerät, findet die Vorführung nicht statt

16. 12.
19.30. – 21.10 Uhr Fliegeralarm; die Flakstellung in Potsdam-Rehbrücke wird getroffen – 4 Flaksoldaten werden getötet; in Babelsberg kommt eine Person um

17. 12.
Schlagzeile in der PT
Gute Fortschritte der Bandenbekämpfung auf dem Balkan

17. 12.
Julfeier der Potsdamer Polizei im Konzerthaus; der Polizeipräsident Heinrich v. Dolega-Kozierowski hebt hervor, dass „... *alles, was uns wert und teuer ist, gilt heute mehr denn je dem Vaterland: Dem Reiche Schutz, dem Bösen Trutz"*.

18. 12.
der Leiter der Ufa-Lehrschau, Dr. Hans Traub, verstirbt (geb. 25. 01. 1901); sein Buch „Als man anfing zu filmen" ist die erste wissenschaftliche Zusammenfassung über die Geschichte der Filmtechnik sowie des Films

18. 12.
Admiral Ludwig v. Reuter verstirbt (geb. 09. 11. 1869); bekannt wurde er dadurch, dass er am 21. 06. 1919 die Selbstversenkung der zur Auslieferung an die Sieger des Ersten Weltkriegs vorgesehenen 64 Schiffe der deutschen Hochseeflotte befahl; als er sich 1920 in Potsdam ansiedelte, wirkte er kommunalpolitisch bis zu seinem Tode

18./19. 12.
Reichsstraßensammlung; der Potsdamer Bann der HJ unterstützt die Sammlung durch u.a. den Aufbau und Betrieb zweier

Funksprechstellen am Wilhelmplatz (heute Platz der Einheit) und Rathaus Babelsberg sowie die Versteigerung eines Weihnachtsbaumes und Spielzeug am Bahnhof Potsdam

19. 12.

nach mehrjähriger Pause findet in der Nikolaikirche wieder das traditionelle Weihnachtskonzert statt; die 60 Sängerinnen und Sänger der „Singgemeinschaft Potsdam" unter Leitung von Heinz Reiher bringen alte und neue Weihnachtslieder zu Gehör; in der Ankündigung heißt es: *„Das Konzert beginnt um 15.30 Uhr und ist vor Eintritt der Dunkelheit beendet. [...] Verwundete und Fronturlauber haben freien Eintritt."*

19. 12.

Weihnachtsfeier der Heeresstandortverwaltung Potsdam für die Beamten, Angestellten, Mitarbeiter und Mitarbeiterinnen und ihre Familien im großen Saal des Konzerthauses; Oberfeldzahlmeister Schmeichel *„...hatte recht, wenn er diese Weihnachtsbescherung im fünften Kriegsjahr als „reich" bezeichnete [...] Dem Führer, der uns auch den Sieg vermitteln werde, gebührt der tiefste Dank dafür, dass in solcher Weise Weihnacht gefeiert werden kann."*

20. 12.

Weihnachtsfeier der NSDAP-Kreisorganisation Potsdam für die Kinder Gefallener im großen Saal des Konzerthauses; die PT berichtet: *„Der Weihnachtsmann hatte über den Auftrag, so viele Kinder zu beschenken, den Kopf geschüttelt. Aber er hatte die Notwendigkeit, gerade zu diesen Kindern gefallener deutscher Helden nicht mit leeren Händen zu kommen, eingesehen."*

20. 12.

die PT teilt mit: *„Weihnachtskerzen werden [...] in diesem Jahr nur an Haushaltungen mit Kindern in den am schwersten vom feindlichen Luftterror betroffenen Orten ausgegeben."*

20. 12.

der Potsdamer Polizeipräsident Heinrich v. Dolega-Kozierowski teilt mit, dass der zur Verfügung gestellte Löschsand nicht für winterliche Streuzwecke verwendet werden darf. *„Wer gegen diese selbstverständliche Anordnung verstößt, setzt sich empfindlicher Bestrafung aus."*

22. 12.

der Erlass des Reichsministers für Ernährung und Landwirtschaft Richard Walther Darré ordnet an, *„...dass Selbstversorger die für sie und ihre Haushaltsangehörigen bestimmten öffentlich bewirtschafteten landwirtschaftlichen Erzeugnisse nicht verkaufen dürfen [...] Dem Verkauf stehen gleich der Tausch sowie jedes sonstige Überlassen der Erzeugnisse gegen eine gewerbliche oder berufliche landwirtschaftliche Arbeit oder Dienstleistung."*

24. 12.

03.30 – 05.15 Uhr Fliegeralarm

24. 12.

die PT veröffentlicht aus ihrer Serie „Kohlenklau's Helfershelfer" die Folge 9 unter dem Titel „Direktor Hochglanz"

Kohlenklau's Helfershelfer Nr. 9

Direktor Hochglanz

Energie sparen? Er weiß, ja, ja! Aber doch nicht bei ihm! Seine Lage, seine Pflichten verlangen andere Maßstäbe — wie gesagt — schon gut ...

Ganz und gar nicht, Verehrter! Denn erstens haben Deine Freunde durchaus Verständnis dafür, wenn einmal nicht alle Flügeltüren offenstehen und nicht alle Lüster brennen würden, und zweitens wäre gerade Dein gutes Beispiel besonders wirksam.

Gerade Du müßtest wissen, daß der Kampf gegen Kohlenklau und das, was er bezweckt, keine Ausnahmen und Sonderrechte zuläßt. Setze Dich also ohne „ihn" in Szene, besser noch, wirf ihn hinaus!

Und jetzt mal Hand aufs Herz:

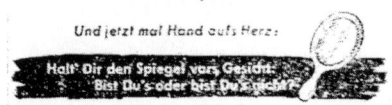

Halt' Dir den Spiegel vors Gesicht: Bist Du's oder bist Du's nicht?

28. 12.
Hinweise der PT über Vorsichtsmaßnahmen bei Luftangriffen:
„Die erste Gefahr, die bei feindlichen Terrorangriffen allen Häusern und Heimen droht, wird beträchtlich herabgemindert, wenn die Gardinen und Vorhänge abgenommen werden. Da sie vor allem bei zerstörten Fenstern dem Funkenflug reichliche Nahrung bieten, liegt es im Interesse aller Wohnungsinhaber, wenn in den luftgefährdeten Gebieten diese Gefahrenquelle beseitigt wird. Es ist jedoch darauf zu achten, dass durch die Abnahme der Gardinen und Vorhänge die Verdunklungseinrichtungen nicht leiden, sondern nach wie vor genau den Vorschriften entsprechen.
Bei entstehenden Bränden begünstigen Läufer und Teppiche auf Fluren und Treppen ein schnelles Ausbreiten des Feuers. Auch hier ist es dringend geboten, die feuergefährlichen Einrichtungsgegenstände aufzunehmen und sicherzustellen.“

29. 12.
19.25 – 21.00 Uhr Fliegeralarm

30. 12.
Brief der Potsdamerin Antonia Stemmler aus dem KZ Auschwitz II an ihre Schwester Emma Grunewald in Potsdam:
„Meine liebe Schwester!
Ich habe nun auf meinen November- und Dezemberbrief keine Antwort von Euch. Ich bin in großer Unruhe deswegen. Was ist geschehen? Schreibt mir doch. Mir ist lieber, ich weiß, wie es Euch geht als diese Ungewußheit. Zum neuen Jahr wünsche ich Euch alles Gute und hoffentlich bringt uns allen das neue Jahr den Frieden und uns ein ruhiges Leben wieder. Das Geld habe ich inzwischen quittiert und danke Euch herzlich dafür. Schreibt mir nur bald über Euer Wohlergehen [...] Ich umarme Euch herzlich und bin mit vielen Grüßen und Küssen Eure Toni.!“

Dezember
in Potsdam werden 7 Fliegeralarme gegeben

Dezember
die PT veröffentlicht 94 Todesanzeigen Gefallener

1944

01. 01.
wegen des stark angewachsenen Postverkehrs (u.a. wegen der Feldpostbriefe) führt das Reichspostministerium Postleitzahlen ein; für den Gau Mark Brandenburg – und damit auch für Potsdam – gilt die Postleitzahl 2

Stempel mit der Postleitzahl 2

02. 01.
02.30 – 04.28 Uhr Fliegeralarm;
getroffen werden u.a. die Alte Zauche, der Alte Friedhof, die Straße der SA (heute Karl-Marx-Straße), die Nuthebrücke Drewitz und die Sternchaussee; 5 Tote durch Verschüttung

03. 01.
Schlagzeile in der PT
Kampf mit äußerstem Fanatismus. Aufruf des Führers an das deutsche Volk

03. 01.
02.00 – 03.24 Uhr Fliegeralarm

03. 01.
die PT teilt mit: *„Jedes Berühren feindlicher Abwurfmunition ist mit der Gefahr einer Explosion verbunden und hat schon vielen Volksgenossen das Leben gekostet. Aufgefundene feindliche Abwurfmunition ist unberührt liegen zu lassen. Die nächste Wehrmachts- oder Polizeidienststelle muss sofort von dem Fund verständigt werden.“*

03. 01.
Inserat in der PT

**HJ.- und BDM.-
Kniestrümpfe**
in allen Größen
gegen Ausweis zu haben.

Reparaturen
an Strümpfen und Socken
werden täglich angenommen.

Woll-Richter
am Wilhelmplatz

04. 01.
01.40 – 01.55 Uhr und
23.04 – 23.35 Uhr Fliegeralarm

04. 01.
Wilhelm Kann, Vorstandsmitglied der Jüdischen Gemeinde zu
Potsdam, verstirbt im Konzentrationslager Theresienstadt (geb.
17. 11. 1888)

06. 01.
03.24 – 04.32 Uhr Fliegeralarm

07. 01.
das Landgericht Potsdam verurteilt den Potsdamer Land-
schaftsgärtner Richard G. zu einer Zuchthausstrafe von zwei
Jahren und vier Monaten und dessen Ehefrau Emma G. zu zwei
Jahren und sieben Monaten Zuchthaus; sie waren angeklagt,
verbotenen Umgang mit „Ostarbeitern" gepflegt zu haben;
der Polin Katharina J., die als Küchenhilfe in der Gaststätte
„Meierei" im Neuen Garten tätig war, statteten sie am 04. 07.
1943 mit Reisegeld (200,- RM) sowie einer Armbanduhr aus
und ermöglichten ihr die Zugfahrt nach Polen (Kutno); dort
wird sie am 06. 07. 1943 verhaftet und am 17. 08. 1943 in

das Potsdamer Polizeigefängnis überstellt. In der Urteilsbegründung für die Familie G. heißt es: *„Die ganze Familie G. hat dem gesunden Volksempfinden entgegen gehandelt, denn sie haben sich alle ausnahmslos des verbotenen Umgangs mit einer Ostarbeiterin schuldig gemacht, trotzdem ihnen bekannt war, dass jeder außerberufliche, d.h. private Verkehr mit Ostarbeitern verboten ist und unter Strafe steht. Das gesamte Verhalten der Familie fordert in Anbetracht der Auseinandersetzung zwischen Nationalsozialismus und Kommunismus und dazu im fünften Kriegsjahr eine besonders harte Bestrafung, denn die ganze Familie hat offensichtlich gegen die bestehenden Gesetze und Anordnungen verstoßen und sich so verhalten, wie es sich mit der Ehre eines Reichsdeutschen niemals vereinigen lässt."*

Katharina J. wird in ein Konzentrationslager gebracht; die letzte Nachricht stammt vom 03. 01. 1944 aus dem Konzentrationslager Auschwitz

09. 01.
ein Sondergericht verurteilt die Potsdamer Karl W. und Betty G. zum Tode; sie waren des mehrfachen Diebstahls am Sacrower See und der Hehlerei beschuldigt worden, wobei ein Schaden von mehreren tausend Reichsmark entstand; die PT kommentiert: *„Eine andere Strafe konnte als gerechte Sühne für eine solche Unzahl gemeinsamer Straftaten, durch die viele Volksgenossen nicht nur in eine überaus peinliche Lage gebracht, sondern auch z. T. sehr schwer geschädigt worden sind, nicht in Betracht kommen."*

11. 01.
03.53 – 04.24 Uhr und
11.50 – 12.45 Uhr Fliegeralarm

14. 01.
19.10 – 20.21 Uhr Fliegeralarm

17. 01.
Schlagzeile in der PT
Unsere Truppen behaupten ihre Stellungen

17. 01.
Obertleutnant Friedrich v. Bauer verstirbt (geb. 29. 04. 1874);
1916 war er der letzte Kommandeur des in Potsdam stationierten 2. Gardefeldartillerieregiments

17. 01. – 18. 05.
die Schlacht um Monte Cassino (Italien) ist eine der längsten
und blutigsten des Krieges und wird wegen der Vielzahl der
beteiligten Nationen auch als Vielvölkerschlacht bezeichnet;
20.000 deutsche und 12.000 alliierte Soldaten verlieren ihr
Leben

20. 01.
18.58 – 20.30 Uhr Fliegeralarm

20. 01.
Prof. Otto Eggert verstirbt (geb. 04. 02. 1874); seit 1936 war er
Leiter des Geodätischen Instituts Potsdam

21. 01.
22.30 – 23.36 Uhr Fliegeralarm

21. 01.
die Städtische Soldatenbühne, das „Lustspielhaus der Residenzstadt Potsdam", nimmt im Konzerthaus ihren Spielbetrieb
vor den „...*besonderen Ehrengästen dieses Tages, Verwundete
und Rüstungsarbeitern,...*" auf; gezeigt wird das Kriminalstück
„Parkstraße 13" von Axel Ivers

22. 01.
US-amerikanische Truppen landen bei Anzio und Nettuno (Italien)

23. 01.
der Reichsstadthalter von Wien und Beauftragte für die Inst-
ruktion der HJ, Baldur v. Schirach, erklärt die Zahnsanierung
zum „Pflichtdienst" aller Angehörigen des Jahrgangs 1929;
dieser Personenkreis muss sich bis zum Herbst des Jahres einem
Zahnarzt vorgestellt haben

24. 01.
11.49 – 12.33 Uhr Fliegeralarm

26. 01.
Schlagzeilen in der PT
Schon 1939 stand der Sowjetangriff gegen Europa fest
Der Neutralitätsvertrag mit Deutschland sollte die Angriffsabsicht verschleiern

27. 01.
19.59 – 21.24 Uhr Fliegeralarm

28. 01.
21.45 – 22.07 Uhr Fliegeralarm

29. 01.
02.55 – 04.25 Uhr Fliegeralarm

29. 01.
der Potsdamer Dichter Hermann Kükelhaus kommt bei einem Bombenangriff in Berlin zu Tode (geb. 04. 08. 1920)

29./30. 01.
Schlagzeilen in der PT
Regimentsstab fängt feindlichen Einbruch auf
In sieben Tagen 132 Durchbruchsversuche abgewiesen

30. 01.
12.10 – 13.05 Uhr und
19.59 – 21.41 Uhr Fliegeralarm

30. 01.
NSDAP-Großkundgebung im Stadtschlosshof anlässlich des Jahrestages der Ernennung Adolf Hitlers zum Reichskanzler am 30. 01. 1933; Gauleiter Emil Stürtz hebt hervor: *„Es gibt kein Zurück! Wir müssen siegen, wenn wir nicht allesamt untergehen wollen! Und deshalb werden wir siegen!"*

31. 01.
der Mediziner Dr. Werner Partke verstirbt (geb. 20. 06. 1884);

nach Schulbesuch in Potsdam und Studium ließ er sich in Berg-
holz-Rehbrücke als erster Arzt nieder; er machte sich einen
Namen als Arzt, Maler und Betreuer im Bergholz-Rehbrücker
Altersheim für Blinde

Januar
in Potsdam werden 16 Fliegeralarme gegeben; 5 Menschen verlieren ihr Leben

Januar
die PT veröffentlicht 74 Todesanzeigen Gefallener

01. 02.
20.00 – 20.40 Uhr Fliegeralarm

03. 02.
der in Potsdam lebende Kriegsberichterstatter des Deutschland-
senders und Autor Dr. Rolf Bathe fällt (geb. 10. 12. 1898); er
hatte sich aus Begeisterung für den Krieg freiwillig an die Front
gemeldet

03. 02.
die Justizgebäude in der Kaiser-Wilhelm-Straße 8 (heute
Hegelallee) werden für den Volksgerichtshof frei geräumt; die
Gebäude des „Volksgerichtshofs" in Berlin, Bellevuestraße 15,
waren durch Bomben völlig zerstört worden

04. 02.
japanische Truppen dringen bis Nordindien vor

05. 02.
im Konzerthaus wird die Gaukulturwoche Mark Brandenburg
eröffnet; Gauleiter Emil Stürtz unterstreicht im Aufruf:
„So führen wir bewusst im fünften Kriegsjahr eine branden-
burgische Kulturwoche durch, um den unerschöpflichen Kraft-
quell der Kunst unseren Verwundeten und hart schaffenden
Menschen noch stärker als bisher zu erschließen. Neben den
hervorragenden Künstlern des Reiches und unseres Gaus
werden vor allem die volkskulturellen Kräfte in den Dörfern
und Städten Stunden der Entspannung und Erbauung nicht

zuletzt durch die umquartierten Volksgenossen gestalten. Wir beweisen damit, dass der Luftterror des Gegners, der unsere Seele treffen soll, Kräfte in uns wachgerufen hat, die – komme, was da auch kommen mag – uns zur Erringung des Endsieges befähigen werden."

05. 02.
20.25 – 21.09 Uhr Fliegeralarm

05./06. 02.
Jugendappelle der HJ *„...für alle männlichen Jugendlichen von 10-18 Jahren und alle weiblichen Jugendlichen von 10-21 Jahren..."*; die Appelle finden in den Ortsgruppen der NSDAP statt; sie dienen der *„...Überprüfung der Erfassung und Mitgliedschaft aller Jugendlichen..."*

06. 02.
14.42 – 14.53 Uhr Fliegeralarm

08. 02.
Schlagzeile in der PT
60 ¼ Million beim fünften Opfersonntag des Kriegswinterhilfswerks

08. 02.
20.43 – 21.06 Uhr Fliegeralarm

08. 02.
Aufforderung in der PT, sich an Sammlungen des KWHW zu beteiligen:

Gern und willig gibt die Liese,
keinen Pfennig spendet Miese!
Bist Du jene — oder diese?

08. – 13. 02.
Kunstausstellung im Rahmen der Gaukulturwoche [74] mit
Werken u.a. des Bildhauers Arno Breker [75] und des Potsdamer
Malers Siegward Sprotte

09. 02.
13.55 – 14.15 Uhr Fliegeralarm

10. 02.
12.00 – 12.30 Uhr Fliegeralarm

11. 02.
03.52 – 04.39 Uhr Fliegeralarm

11. 02.
Leutnant Ewald Heinrich v. Kleist-Schmenzin vom in Potsdam
stationierten Infanterieregiment 09 übernimmt die Aufgabe,
sich gemeinsam mit dem Führer Adolf Hitler bei einer Uni-
formvorführung in die Luft zu sprengen; die Vorführung wird
abgesagt

11. 02.
die jüdische Sängerin Bella Zlotnicka kommt im Konzentrationslager Auschwitz ums Leben (geb. 16. 01. 1867); sie feierte
um die Jahrhundertwende auch in Potsdam Triumphe

12. 02.
20.25 – 20.45 Uhr Fliegeralarm

14. 02.
14.10 – 14.40 Uhr Fliegeralarm

15. 02.
20.25 – 22.20 Uhr Fliegeralarm

---

74 Vergleiche 05. 02.
75 Arno Breker (1900 – 1991) gilt als führender Bildhauer und bedeutender
Architekt in der Zeit des Nationalsozialismus.

18. 02.
Schlagzeilen in der PT
Der deutsche Abwehrsieg bei Nikopol
1754 Panzer, 533 Geschütze und zahlreiches Kriegsgerät erbeutet
Verbindung mit abgeschnittenen deutschen Kampfgruppen
westlich Tscherkassy

19. 02.
15.23 – 15.52 Uhr Fliegeralarm

20. 02.
02.40 – 04.38 Uhr und
13.22 – 14.07 Uhr Fliegeralarm

20. 02.
Feierstunde der NSDAP-Kreisleitung Potsdam im Konzerthaus;
Konteradmiral Friedrich Lützow hält einen Vortrag, „...*der in*
Form und Inhalt das packende Bild unseres Freiheitskampfes
aufzeigte unter besonderer Berücksichtigung unserer Marine an
diesem Kampfe". Lützow führt u.a. aus: „...*Mitten zwischen*
diesen beiden Mächten [76] *steht Deutschland mit seinem von Gott*
gegebenen Auftrage, die Völker der Erde einer sozialen Gerech-
tigkeit zuzuführen. Wir glauben an Gott, an unsere Familie, an
unser Volk. Und wir sind von Gott gesegnet, weil er uns diese
Aufgabe stellt und uns zu ihrer Erfüllung den Führer geschenkt
hat, der uns erst diesen Auftrag klargemacht hat."

21. 02.
22.30 – 23.36 Uhr Fliegeralarm

23. 02. – 09. 03.
während einer Serie von Luftangriffen auf Tokio werden 334
US-Bomber eingesetzt

27. 02.
im Konzerthaus werden 261 Jungen und Mädel von HJ und
BDM durch den NSDAP-Kreisleiter Martin Koch in die NSDAP
übernommen

---

76 Gemeint sind die USA und die Sowjetunion.

27. 02.
Potsdamer Schach-Kreismeisterschaft im Kasino der Ufa-Film-
gesellschaft; es beteiligen sich die Schachgruppe der Ufa, die
eines Babelsberger Rüstungsbetriebes, die Potsdamer Schachgruppe der KdF-Organisation sowie eine Soldatenmannschaft;
Paul Bieneck erringt den Einzel-, die Mannschaft des Babelsberger Rüstungsbetriebes den Mannschaftstitel

29. 02.
in den Potsdamer Fischläden beginnt ein Sonderverkauf von
Salzheringen; abgegeben werden 250 Gramm auf Sonderab-
schnitte der Lebensmittelkarten; *„Papier ist mitzubringen"*,
heißt es in den Inseraten der Geschäfte

Februar
in Potsdam werden 14 Fliegeralarme gegeben

Februar
die PT veröffentlicht 84 Todesanzeigen Gefallener

01. 03.
die PT teilt mit:
*„In der 60. Zuteilungsperiode vom 6. 3. bis 2. 4. gelangt wieder
Butterschmalz zur Ausgabe. Der als möglich vorgesehene Aus-
tausch gegen Schweinefleisch, wie er in den letzten beiden Zutei-
lungsperioden durchgeführt wurde, erfolgt also nicht. Danach
müssen die Bestellscheine für Butterschmalz, soweit sie auf den
Reichsfettkarten für die 60. Zuteilungsperiode enthalten sind,
rechtzeitig angemeldet werden."*

03. 03.
12.00 – 12.25 Uhr Fliegeralarm

03. 03.
erstmals tritt in Potsdam das Kulenkampff-Quartett unter Leitung seines Gründers Georg Kuhlenkampff auf; die PT schreibt
dazu: *„...es konnte an seinem ersten Abend (im Nikolaisaal)
bereits mit richtunggebenden Spitzenleistungen der Ausfüh-
rungspraxis hervortreten..."*

04. 03.
04.02 – 04.37 Uhr und
13.00 – 13.50 Uhr Fliegeralarm

04. 03.
im Zusammenhang mit den Feierlichkeiten zum 40. Jahrestag der Gründung der Staatlichen Handels- und Gewerbeschule in der Neuen Königstraße (heute Berliner Straße) wird ein Relief der Gründerin, Johanna Just, feierlich enthüllt

05. 03.
03.53 – 04.27 Uhr Fliegeralarm

06. 03.
die „Verordnung über den Schutz des Heldengedenktages" legt fest: „...*Am Heldengedenktag sind [...] für die Dauer des Krieges [...] alle der Unterhaltung dienenden öffentlichen Veranstaltungen verboten, sofern bei ihnen nicht der der Bedeutung dieses Tages entsprechende soldatische und heroische Charakter gewahrt ist...*"

06. 03.
12.50 – 14.20 Uhr Fliegeralarm
Spreng- und Brandbomben fallen u.a. auf Hermannswerder, das Reichsarchiv auf dem Brauhausberg, in der Großbeerenstraße, in der Fontanestraße, Berliner- und Domstraße sowie bei der Babelsberger Maschinen- und Bahnbedarf AG sowie auf das Ufa-Gelände; 5 Menschen sterben

21.20 – 21.48 Uhr Fliegeralarm

07. 03.
Schlagzeile in der PT
Hungersnot und Anarchie, wenn die Alliierten siegen

07. 03.
02.56 – 03.07 Uhr und
13.25 – 15.53 Uhr Fliegeralarm

08. 03.
Hauptversammlung der „Turnerischen Vereinigung Potsdam"
unter dem Leitgedanken „Leibesübung nun erst recht!" im
Kino „Obelisk"; die Vereinigung umfasst 500 Mitglieder

09. 03.
12.55 – 14.50 Uhr Fliegeralarm; Brandbomben fallen u.a. im
Wald des Observatoriums, Luftminen auf Babelsberg, Jagd-
schloss Stern (100 Sprengbomben), Berliner und Rote-Kreuz-
Straße (heute August-Bebel-Straße), Lessingstraße, Reuterstraße,
Straße der SA (heute Karl-Marx-Straße); es sterben 30 Menschen

10. 03.
Schlagzeile in der PT
Heftigkeit der Abwehrschlacht im Süden der Ostfront nimmt zu

10. 03.
Richtfest für die ersten beiden Behelfsheime für Bombengeschä-
digte auf dem Gelände des RAW; sechs Wochen waren für den
Aufbau – in zusätzlicher Sonntagsarbeit – benötigt worden

11. 03.
zum „Heldengedenktag" (12. 03. 1944) veröffentlicht die PT
folgendes Gedicht von Hans Hermenau (1894-1981):

Sie starben – sie leben

Aus all den Gräbern in West und Ost,
vom hohen Norden, aus tiefem Meer,
von dort, wo fegend der Sandsturm tost,
kommen die toten Soldaten her.

Sie schreiten unhörbar in ehernem Schritt,
bis sie uns mitten im Herzen steh'n.
Sie bringen den Hauch der Ewigkeit mit,
vor dem die Schauer des Todes verweh'n.

Ihr Auge leuchtet lebendig uns an,
wes strahlt uns wie einst am glücklichsten Tag.
Und wir spüren sie alle Mann für Mann,
sie wollen nicht Trauer, sie wollen nicht Klag'.

Ihr Leben, im heiligen Opfer geweiht,
strömt in das Blut der Heimat ein.
So werden die Toten von gestern und heut'
die lebenden Sieger von morgen sein.

12. 03.
während der Heldengedenkfeier im Lustgarten – in Anwesenheit von Großadmiral Erich Raeder – erklärt der Potsdamer Kommandant Gustav Adolf v. Wulffen: *„Wir sind verpflichtet, das Werk der Gefallenen zu vollenden und ihr Vermächtnis zu erfüllen, damit ihr Opfer mit dem Sieg gekrönt wird."*

13. 03.
der Landschaftsmaler und Radierer Philipp Franck verstirbt (geb. 09. 04. 1860); wesentliche Werke seines Schaffens stellen Potsdamer Motive dar

19. 03.
22.28 – 22.58 Uhr Fliegeralarm

19. 03.
Appell der gesamten Potsdamer Beamtenschaft im Konzerthaus; NSDAP-Kreisleiter Martin Koch fordert: *„Aus seiner weltanschaulichen Einstellung heraus müsse der Beamte beispielgebend für alle Volksgenossen sein in der Erfüllung seiner Pflichten als erster Diener seines Volkes. Vorbedingung hierzu sei, noch mehr wie bisher, eine bedingungslose Kameradschaft, wie sie draußen an der Front ganz selbstverständlich ist."*

19. 03.
Aufführung der „Matthäus-Passion" von Johann Sebastian Bach in der Garnisonkirche; es wirken mit das Berliner Philharmonische Orchester und seine Solisten, der Städtische Chor Potsdam, der Potsdamer Männergesangverein und Knaben der Wilhelm-Frick-Schule unter der Leitung von Prof. Karl Landgrebe; sie erreichen *„...eine imposante Einheitlichkeit..."*

22. 03.
12.40 – 13.55 Uhr und
21.45 – 22.25 Uhr Fliegeralarm

24. 03.
21.45 – 23.25 Uhr Fliegeralarm

25. 03.
außerordentliche Mitgliederversammlung der Sportvereinigung Potsdam 03; der Vereinigung gehören 511 Mitglieder an, von denen 361 zur Wehrmacht eingezogen sind – 29 sind bisher gefallen; es bestehen eine Frauenhandballmannschaft, zwei Senioren- und acht Jugendfußballmannschaften

25. 03.
10.45 – 11.42 Uhr und
21.31 – 22.53 Uhr Fliegeralarm

26. 03.
eine der neun Verpflichtungsfeiern für die HJ und den BDM findet im Konzerthaus Potsdam statt; die Jugendlichen geloben: *„Ich verspreche, allezeit meine Pflicht zu tun in Liebe und Treue zum Führer und zu unserer Fahne!"*

29. 03.
13.35 – 14.05 Uhr Fliegeralarm

31. 03.
Schlagzeile in der PT
Marxismus wird liquidiert

März
in Potsdam werden 16 Fliegeralarme gegeben; 35 Menschen verlieren ihr Leben

März
die PT veröffentlicht 98 Todesanzeigen Gefallener

01./02. 04.
Schlagzeile in der PT
Die deutschen Kriegsgefangenen unerschütterliche Nationalsozialisten

01./02. 04.
die PT veröffentlicht folgende Warnung, die in abgewandelter Form häufig wiederholt wird:

Um Eures Lebens willen: seht Euch vor!

Sprecht darüber, wie ordentlich wir verpflegt werden! Darüber, daß heute in Deutschland mehr Menschen mit Brot und Butter und Milch versorgt werden als jemals zuvor. Und darüber, daß immer noch jeder sogar sein frisches Weißbrot bekommt und hin und wieder auch ein paar Eier und ein paar schöne Äpfel!

Schimpft auch ruhig mal, wenn es nicht so klappt, wie es soll! Schimpfen erleichtert! Aber seht Euch vor und schweigt, wenn von der Arbeit gesprochen wird! Wer arbeitet, steht an der Front. Und wer etwas ausplaudert, was geheim bleiben muß, der ist ein Verräter! Denn er schadet uns. Und nutzt dem neugierigen Feind. Der folgt Euch wie ein Schatten. Hört mit und erfährt, aus zweiter oder dritter Hand vielleicht, was ihr Euch im tiefsten Vertrauen zählt. Darum schweigt!

03. 04.
09.55 – 10.45 Uhr Fliegeralarm

04. 04.
im Zusammenhang mit dem Osterfest (09. 04.) „...*erhalten alle deutschen Potsdamer Verbraucher über 18 Jahre [...] je ½ Flasche Spirituosen...*"

05. 04.
14.55 – 15.35 Uhr Fliegeralarm

05. 04.
der Arbeiter Hermann Wehrstedt kommt im Konzentrationslager Sachsenhausen ums Leben (geb. 09. 04. 1873); 1938 zu zwei Jahren und neun Monaten Zuchthaus verurteilt, wurde

der Kommunist nach Verbüßung ins Konzentrationslager Sachsenhausen gebracht

06. 04.
Schlagzeile in der PT
Rumänien unlösbarer Bestandteil der Verteidigungsbastionen Europas

08. 04.
Schlagzeile in der PT
Unaufhaltsamer Vormarsch der Japaner in Indien

08. 04.
09.55 – 10.30 Uhr,
11.55 – 12.20 Uhr und
14.00 – 14.30 Uhr Fliegeralarm

09. 04.
der Finanzminister des Deutschen Reichs, Graf Schwerin v. Krosigk, antwortet in einer Rundfunkrede auf die Frage, wie der Krieg finanziert wird: *„Durch unsere Arbeit, durch unsere Disziplin, durch unsere Steuern und durch unser Sparen!"*

09. 04.
12.20 – 13.15 Uhr Fliegeralarm

09. 04.
mit Rücksicht auf den *„...starken Einsatz von Schaffnerinnen und Arbeitsmaiden im Straßenbahnfahrdienst..."* wird in den Potsdamer Straßenbahnen das Rauchen verboten

11. 04.
11.20 – 13.09 Uhr,
14.20 – 14.47 Uhr und
15.15 – 15.35 Uhr Fliegeralarm

11. 04.
der Potsdamer Polizeipräsident v. Dolega-Kozierowski ordnet an, dass Kinderwagen nur noch in Notfällen in die öffentlichen Luftschutzräume mitgenommen werden dürfen, da sie *„...beim*

Betreten und Verlassen derselben ein großes Hindernis..." darstellen

12. 04.
die PT schreibt zum Problem der Verdunklung in Potsdam:
„Man sollt es eigentlich nicht für möglich halten, dass es heute noch Menschen gibt, denen die Verdunkelung noch ein Buch mit sieben Siegeln ist. Dazu gehört auch die Handhabung der Taschenlampen in den abendlichen Straßen. [...] Man beobachte nur einmal, welche „Glühwürmchenparade" sich durch die Straßen bewegt, wenn ein Kino seine Vorstellung beendet hat."

12./13. 04.
23.50 – 00.45 Uhr Fliegeralarm

13. 04.
in der „Anordnung für den Dienst am 20. April 1944 [77]" wird bestimmt, dass *„...mit Rücksicht auf die Kriegsnotwendigkeiten bei den staatlichen Behörden, den Gemeinden, Gemeindeverbänden und sonstigen Körperschaften, Anstalten und Stiftungen des öffentlichen Rechts am 20. April 1944 im gleichen Umfang Dienst zu leisten ist wie an anderen Werktagen."*

13./14. 04.
23.17 – 00.17 Uhr Fliegeralarm

15. 04.
die Presse teilt mit, dass für 5 kg Knochen (Groß- und Kleintiere) ein Stück Kernseife ausgegeben wird, *„...wie es sonst die mit besonders schmutzigen Arbeiten Beschäftigten erhalten".*

15. 04.
13.40 – 14.15 Uhr Fliegeralarm

15./16. 04.
Schlagzeile in der PT
Absatzbewegung auf der Krim

---

77 Der 20. April 1944 – der 55. Geburtstag des Führers Adolf Hitler – fiel auf einen Donnerstag.

17. 04.
die PT teilt im Zusammenhang mit der Berichterstattung über den Prozess gegen Max Scheibe wegen Feindbegünstigung durch Nicht-Abgeben von Flugblättern mit: *„Wie die feindlichen Rundfunksendungen darauf abgestellt sind, durch plumpe Drohungen und Einschüchterungen die Stimmung und moralische Haltung des deutschen Volkes in der Heimat zu beeinflussen, so sollen auch die Flugblätter des Feindes nur Verwirrung stiften. Damit die Volksgenossen nicht verleitet werden, gewissermaßen seelische Selbstverstümmelung zu begehen, ist das Abhören feindlicher Sender unter schwere Strafe gestellt. Die Reichsregierung hat nun kürzlich angeordnet, dass auch jeder, der Feindflugblätter findet, diese unverzüglich bei der nächsten Polizeidienststelle abzuliefern hat. Wer es unterlässt, wird mit Gefängnis bestraft. Wer gefundene Feindflugblätter weitergibt oder aus ihnen vorliest oder ihren Inhalt weitererzählt, gehört zu jener üblen Sorte von böswilligen Gerüchteverbreitern, die wegen Begünstigung des Feindes ebenfalls schwere Bestrafung zu gewärtigen haben.“*

17. 04.
Großadmiral Erich Raeder begeht sein 50-jähriges Militärjubiläum; die Potsdamer Presse schreibt dazu: *„Der Großadmiral, selbst hier ansässig, ist eine stadtbekannte Persönlichkeit, die bei den zahlreichen kulturellen Veranstaltungen unserer Stadt [...] immer wieder gesehen werden konnte...“*

18. 04.
14.15 – 15.15 Uhr Fliegeralarm

18./19. 04.
23.50 – 00.15 Uhr Fliegeralarm

19. 04.
Aufforderung in der PT

Flaggen heraus!
Am Geburtstag des Führers bis Sonnenuntergang

Der Reichsminister für Volksaufklärung und Propaganda fordert die Bevölkerung auf, aus Anlaß des Geburtstages des Führers am 20. April ihre Häuser und Wohnungen bis Sonnenuntergang zu beflaggen.

19. 04.
Aufnahme der Zehnjährigen in die HJ und den BDM; während einer Feierstunde auf dem Kapellenberg erklärt die Bannmädelführerin Eva Rupp: *„Mit jedem Jahrgang erweitere sich [...] der große Kreis derer um den Führer, die mit aufgeschlossenem Herzen und offenen Augen an dem Aufbau seines gewaltigen Werkes mithelfen wollen..."*

20. 04.
Festveranstaltung zum 55. Geburtstag des Führers Adolf Hitler im Konzerthaus; Gauleiter Emil Stürtz hebt hervor, dass es abwegig sei, *„...heute zur Feier des Geburtstages des Führers etwa eine Propagandarede zu halten, das habe Adolf Hitler auch nicht nötig. Aus eigenem Erleben aber wolle er einem größerem Kreise deutscher Menschen „den Führer bekannter machen". Mit freudigem Beifall nahmen die Zuhörer die Schilderungen des Gauleiters aus allerletzter Zeit entgegen, die von kraftvoller Gesundheit und erhöhter Spannkraft des Führers berichteten. [...] Waren es damals die Alten, Getreuen, heute ist es das ganze deutsche Volk, das diese Liebe zum Führer tief verankert im Herzen trägt. [...] Dieses Volk werden die Feinde niemals vernichten. Jetzt gerade, so bekennen die Volksgenossen, werden wir den Feinden beweisen, wie treu wir zu Adolf Hitler stehen, wie groß unsere Liebe zu ihm ist!"*

20./21. 04.
23.48 – 00.22 Uhr Fliegeralarm

22. 04.
der Architekt Arthur Kickton verstirbt (geb. 28. 05. 1861); er schuf u.a. den Gebäudekomplex des Augusta-Stifts in Potsdam

22./23. 04.
an elf Potsdamer Standorten findet das SA-Wehrschießen 1944 statt. *„Die Munition wird von der SA kostenlos gestellt. Jeder, der bei fünf Schuss liegend freihändig über 52 Ringe erreicht, erhält die Urkunde des Stabschefs."*

23. 04.
die Rasenfläche auf dem Wilhelmplatz (heute Platz der Einheit)
wird zur Ackerfläche umgestaltet

26. 04.
der Organist und Glockenist der Garnisonkirche, Prof. Otto
Becker, gibt sein 2.000 Konzert auf dem Glockenspiel

Prof. Otto Becker an der Orgel der Garnisonkirche

27. 04.
die Reichsführerinnen-Schule des BDM in Potsdam besteht

zehn Jahre; in der Zeit wurden 110 Lehrgänge mit je 30 Teil-
nehmerinnen durchgeführt

29. 04.
11.15 – 12.30 Uhr Fliegeralarm

April
in Potsdam werden 16 Fliegeralarme gegeben

April
die PT veröffentlicht 68 Todesanzeigen Gefallener

04. 05.
ein deutscher Jäger stürzt auf das Haus Margarethenstraße 3
(heute Carl-v.-Ossietzky-Straße); zwei Menschen kommen ums
Leben

07. 05.
10.35 – 11.55 Uhr Fliegeralarm

07. – 27. 05.
Spinnstoff-, Wäsche- und Kleidersammlung in Potsdam; die
Presse fordert auf: „*...In einem Haushalt sammeln sich immer
wieder alte Wäsche- und Kleidungsstücke, Stoffreste, Flick-
lumpen – all das gehört heute dringender denn je in die Spinn-
stoffsammlung, die Neues aus Altem schafft für den gewaltigen
Bedarf an Front und Heimatgebieten [...] helft bei der Spinn-
stoff-, Wäsche- u. Kleidersammlung...*"

08. 05.
10.35 – 11.45 Uhr Fliegeralarm

08. 05.
in Erinnerung des musikalischen Auftritts von Johann Sebastian Bach in der Heiligengeistkirche am 08. 05. 1747 findet ein
Gedächtniskonzert in der Kirche statt; es erklingen Orgel- und
Vokalwerke

08. 05.
die PT schreibt zur Frage „Was ist plündern?": „*Es entspricht*

*dem gesunden Volksempfinden, dass Plünderer mit dem Tode
bestraft werden. Ehrlose Gesellen, die sich bei Bombenangriffen aus der Not der anderen einen persönlichen Vorteil ver-
schaffen, sind Geschwüre am Volkskörper, die rücksichtslos
ausgeschnitten werden müssen. Das Verbrechen wird dabei
nicht nach dem Wert des geplünderten Gegenstandes bemessen,
sondern nach der gemeinen Gesinnung, die aus der Handlung
des Plünderers spricht. [...] Bei erwiesener Plünderung ist der
Richter verpflichtet, nach dem Gesetz auf die Todesstrafe zu
erkennen..."*

08. 05.
Schlagzeile in der PT
*Vorläufiger Abschluss der Abwehrschlacht zwischen Pruth und
Moldau*

10. 05.
00.35 – 01.05 Uhr Fliegeralarm

12. 05.
die Krim ist wieder vollständig in sowjetischer Hand

13. 05.
14.20 – 15.40 Uhr Fliegeralarm

13./14. 05.
Schlagzeilen in der PT
*Heftige Schlacht an der italienischen Südfront entbrannt
91 USA-Terrorflugzeuge abgeschossen*

14. 05.
Kleinkalibervergleichskampf zwischen der Mark Brandenburg
und Thüringen in Potsdam; die Thüringer siegen mit 2.374
Ringen; die Brandenburger erreichen 2.168 Ringe

15. 05.
Schlagzeile in der PT
Die gelungene Absatzbewegung auf der Krim

16. 05.
etwa 420 Potsdamer Kinder aus allen Schulen fahren in die
Sommerverschickung an die Ostsee bzw. nach Pommern

17. 05.
01.00 – 01.32 Uhr Fliegeralarm

19. 05.
13.00 – 14.45 Uhr Fliegeralarm

20. 05.
das Postamt Potsdam teilt amtlich mit, das „...*Ortsgespräche
privaten Inhalts...*" nach Fliegerangriffen nicht geführt werden
dürfen; die Teilnehmer werden durch ein besonderes akusti-
sches Zeichen darauf hingewiesen; „*Teilnehmer, die das Zeichen nicht beachten, werden gesperrt, der Anschluss kann
ihnen entzogen werden.*"

21. 05.
12.28 – 14.02 Uhr Fliegeralarm

21. 05.
Hinweis in der PT

**Tragt bunte Wäsche
statt weißer!**

Bunte Blusen und Kleider, Schlüp-
fer, Unterwäsche, Oberhemden,
Handtücher usw. schmutzen
weniger als weiße. Darum statt
weißer Sachen möglichst bunte
nehmen. Dann braucht weniger
gewaschen zu werden, und man
kommt mit dem Waschpulver
besser zurecht.

22. 05.
12.55 – 14.30 Uhr Fliegeralarm

22. 05.
die PT gibt Hinweise zur Vermeidung von Fensterschäden bei
Bombenangriffen:
*„1. Bei Doppelfenstern nehme man die Innenfenster heraus und
lagere sie geschützt [...] Bei Zerspringen der Außenscheiben
hat man dann sofort einen Ersatz durch Einhängen der Innenfenster... 2. Die Riegel der an ihrer Stelle verbleibenden Fens-
terflügel schließe man nur ganz lose, so dass sie schon bei einem
geringen Druck auffliegen. Noch besser ist es, wenn man die
Riegel völlig offen lässt und eine der in unserem Schaubild
gezeigten Verschlussarten verwendet..."*

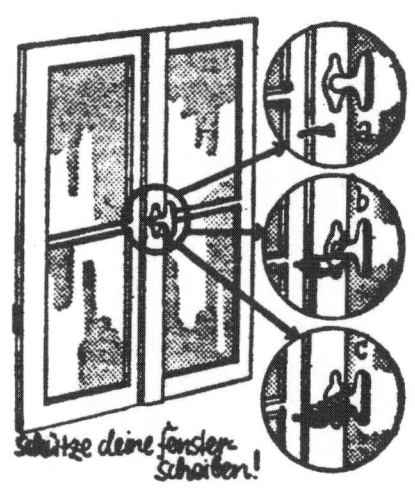

23. 05.
01.33 – 02.03 Uhr Fliegeralarm

24. 05.
Schlagzeile in der PT
Zunehmend heftige Kämpfe in Italien

24. 05.
  00.50 – 01.25 Uhr,
  10.30 – 11.37 Uhr und
  12.23 – 12.30 Uhr Fliegeralarm

25. 05.

eine neue Anordnung für deutsche Gaststätten tritt in Kraft; *„Lebensmittelmengen müssen durch gerechte Streuung nützlicher für die Volksernährung angewandt werden. [...] Die Gaststättenbetriebe haben nunmehr an jedem Tag der Woche ein Eintopf- oder Tellergericht, das sogenannte Stammgericht, anzubieten. Es ist nach Möglichkeit aus markenfreien Nahrungsmitteln herzustellen. Sollten diese nicht im erforderlichen Ausmaß verfügbar sein, so dürfen für das Stammgericht bis zu 100 g Brotmarken oder bis zu 50 g Nährmittelmarken vom Gast gefordert werden. Stammgerichte gegen Nährmittelmarken bis zu 50 g sollen nur an einem Tage, dürfen höchstens an zwei Tagen der Woche, und zwar nur an den fleischfreien Tagen verabfolgt werden. [...] An den fleischfreien Tagen dürfen außer dem Stammgericht zwei Suppen und acht fleischlose Speisen auf der Karte stehen."*

25. 05.
00.48 – 01.26 Uhr Fliegeralarm

28. 05.
01.03 – 01.33 Uhr und
13.22 – 14.52 Uhr Fliegeralarm

29. 05.
11.58 – 13.55 Uhr Fliegeralarm

30. 05.
die PT veröffentlicht eine „Uebersichtskarte zu den Luftlagemeldungen"; sie soll den Potsdamern helfen, den Zeitpunkt zu bestimmen, an dem anfliegende Verbände in Potsdam sein können; die Linien bedeuten jeweils 50 km Abstand; die Minutenangaben legen eine Geschwindigkeit der Flugzeuge von 500 km/h zugrunde; es wird aufgefordert: *„Bitte nebenstehende Karte ausschneiden, aufkleben und an geeigneter Stelle aufhängen"*

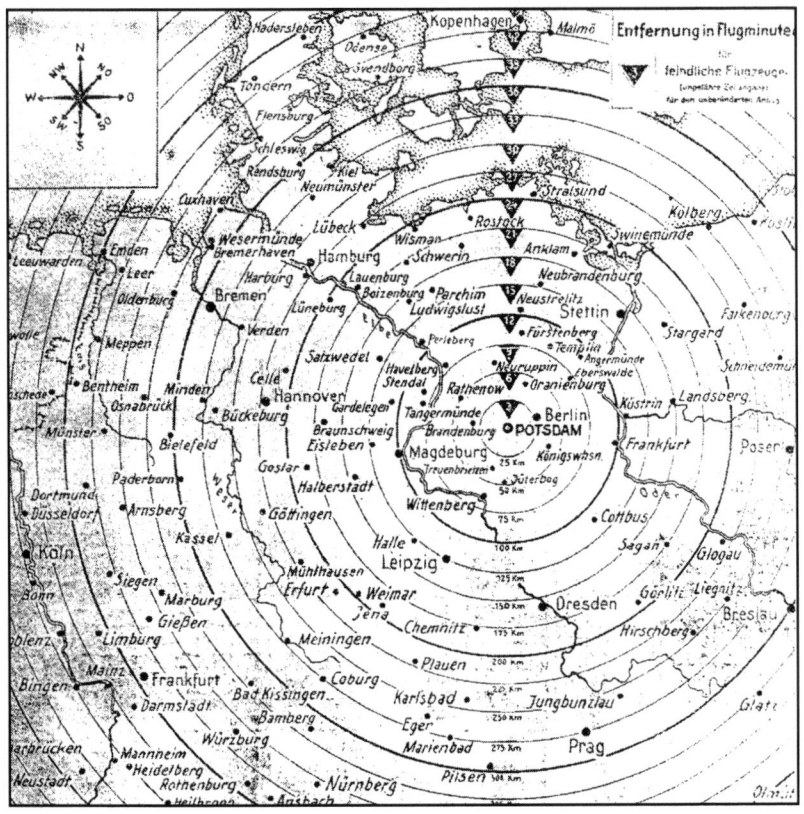

30. 05.
01.23 – 01.38 Uhr und
11.15 – 11.45 Uhr Fliegeralarm

30. 05.
das Sondergericht Berlin verurteilt Wilhelm B. (62) „...*als Volksschädling zum Tode, weil er in der Zeit von Dezember 1943 bis März 1944 bei seiner Tätigkeit in der Paketannahme des Postamts Babelsberg 1 zahlreiche Päckchen, darunter auch eine größere Anzahl von Feldpostpäckchen, entwendet, die darin enthaltenen schriftlichen Mitteilungen vernichtet und den sonstigen Inhalt zum großen Teil für sich verbraucht hatte...*"

31. 05.
19.00 – 19.15 Uhr Fliegeralarm

31. 05.
im Konzerthaus findet eine Feierstunde zum Gedenken an die

Seeschlacht im Skagerrak zwischen dem Deutschen Reich und
England im Ersten Weltkrieg (31. 05. – 01. 06. 1916) [78] statt

Mai
in Potsdam werden 18 Fliegeralarme gegeben; 2 Menschen verlieren ihr Leben

Mai
die PT veröffentlicht 116 Todesanzeigen Gefallener

03./04. 06.
Reichssportwettkämpfe der HJ; auch in Potsdam finden sie
auf dem Gelände des Stadions Luftschiffhafen statt; abgelegt
werden die HJ- und BDM-Leistungsabzeichen

04. 06.
die deutschen Truppen verlassen kampflos Rom

05. 06.
erstmaliger Einsatz von Schülern der 1. Gemeindeschule zur
Erfassung von Granatsplittern
aus den Erinnerungen von Klaus Nietert:
„Wir, die Schüler der 1. Gemeindeschule Potsdam (Alte König-
straße -- heute Friedrich-Engels-Straße), wurden beauftragt,
in unserer Freizeit Splitter von Granaten der Flakabwehrka-
nonen zu sammeln, die der Rüstungsindustrie wieder zugeführt
werden sollten. Nicht weit von der Schule, auf den Dächern der
Arado-Werke (heute Gebäude der „Märkischen Allgemeinen
Zeitung") und an der Babelsberger Straße befanden sich Flak-
stellungen. Nach jedem Angriff auf Berlin lagen überall die
scharfkantigen Granatsplitter umher. Wir sammelten sie in
Zigarrenkisten sowie anderen Behältnissen und gaben sie in der
Schule ab."

06. 06.
mit der Landung der Alliierten in Frankreich (Normandie) wird
die zweite Front eröffnet

78 Obwohl die deutsche Seite die größte Seeschacht des 1. Weltkriegs zwischen Großbritannien und Deutschland als einen Sieg feierte, änderte das nichts an der strategischen
Gesamtlage; die englische Blockade blieb bis zum Ende des Krieges wirksam.

06. 06.
Schlagzeilen in der PT
Beginn der lang erwarteten Invasion an der nordfranzösischen
Küste
Sofortiges Einsetzen der Abwehr – Überraschungsmoment
misslungen

08. – 25. 06.
„Potsdamer Musiktage"; der Potsdamer OB, Hans Friedrichs, teilt mit: *„Wir haben keine Veranlassung gesehen, den*
Rhythmus der sommerlichen Potsdamer Musiktage zu unter-
brechen. Gehörten diese Tage zum Frieden, so gehören sie erst
recht zur harten Kriegszeit. Je härter die Zeit, um so tiefer das
Bedürfnis nach den Kraftquellen, deren eine in den vergangenen
fünf Kriegssommern unzähligen Leidgeschlagenen die Klänge
der Musik in Potsdamer Junitagen geworden sind."
es musizieren u.a. die Kammermusik-Vereinigung Potsdam,
Wilhelm Furtwängler dirigiert die Berliner Philharmoniker, der
Pianist Conrad Hansen gibt Werke von Beethoven, und das Berliner Philharmonischen Orchester spielt unter Eugen Jochum

09. 06.
01.08 – 01.45 Uhr Fliegeralarm

10. 06.
die Schriftstellerin Christa Winsloe kommt während Kriegs-
handlungen in Frankreich ums Leben (geb. 23. 12. 1888); im
Potsdamer Kaiserin-Augusta-Stift hat sie ihr Grunderlebnis für
ihr späteres literarisches Schaffen; ihr Drehbuch macht den
Film „Mädchen in Uniform" (1931 erstmals verfilmt) zu einem
Welterfolg

11. 06.
01.19 – 01.54 Uhr Fliegeralarm

12. – 18. 06.
Gauluftschutzwoche in Potsdam; die PT schreibt dazu u.a.:
„Die einfachste, aber notwendigste Luftschutzmaßnahme, die
Verdunkelung, wird noch immer nicht sorgfältig genug durch-
geführt. Vor allem spielen bei der Nachlässigkeit im Verdunkeln

Bequemlichkeit und Gedankenlosigkeit, ja sogar Gewissenlo-
sigkeit eine große Rolle, denn jeder weiß, dass auch der kleinste
Lichtschein den feindlichen Flugzeugen ein Ziel bietet…"

12. 06.
01.10 – 01.53 Uhr Fliegeralarm

14. 06. – 30. 09.
im Garnisonmuseum wird eine Arno-Breker-Ausstellung
gezeigt; in einer Rezension heißt es:
„Da stehen der „Heros mit der Fackel" und der „Sieger",
machtvolle Gestalten, ebenmäßig und vollendet schön. Der
„Heros", eine neue Abwandlung des „Prometheus" aus der
gleichen Werkstatt. Das Bindeglied in dieser Entwicklungskette
war das Standbild „Partei" in der Neuen Reichskanzlei. Die
Fackel ist das Symbol der Staatsidee, und es ist lohnend, zu
erkennen, wie sich das Schwergewicht des Ausdrucks in den
drei Werken von der Fackel in den Träger hinein verlagert. Ein
ähnliches gilt vom „Sieger", der keine Waffen, aber eine solche
Gebärde des Beherrschens, der Kampferprobung und der Ver-
antwortung trägt, dass er in sich alle Eindeutigkeit des von ihm
dargestellten Symbols birgt."

40.000 Besucher kommen zu dieser Ausstellung

Bestandteil der Arno-Breker-Ausstellung: Heros mit Fackel

16. 06.
Schlagzeile in der PT
London mit neuartigen Sprengkörpern schwersten Kalibers belegt

17. 06.
01.30 – 02.00 Uhr Fliegeralarm

18. 06.
01.18 – 02.03 Uhr Fliegeralarm

18. 06.
die 14jährigen Schüler des Viktoria-Gymnasiums (heute Helm-holtz-Gymnasium) werden zur Röntgenuntersuchung bestellt, die von SS-Ärzten und SS-Personal durchgeführt wird; die Schüler werden aufgefordert, sich für den Dienst in der SS durch Unterschrift zu verpflichten; viele unterschreiben, um Repressalien zu vermeiden

20. 06.
08.50 – 09.32 Uhr Fliegeralarm

21. 06.
09.28 – 11.14 Uhr Fliegeralarm; Bombenteppich von Her-mannswerder bis zum Observatorium; in der Stadtrandsied-lung kommen 5 Menschen ums Leben
12.10 – 12.20 Uhr Fliegeralarm

22. 06.
01.15 – 01.58 Uhr Fliegeralarm

22. 06. – 29. 08.
die Rote Armee vernichtet die Heeresgruppe Mitte in ihrer Sommeroffensive; es ist die größte Niederlage der deutschen Truppen im Zweiten Weltkrieg; von 179 Divisionen und 5 Bri-gaden, die an der Ostfront operierten, zerschlug die Rote Armee 17 Divisionen und 3 Brigaden der Wehrmacht vollständig und weitere 50 Divisionen verloren mehr als 50% ihres Bestands; Weißrussland wird zu 80% und Polen zu 25% befreit

25. 06.
01.23 – 02.00 Uhr Fliegeralarm

25. 06.
auf einer Arbeitstagung der Kreis- und Gauamtsleiter sowie der Führer der Gliederungen der NSDAP der Mark Brandenburg in Potsdam unterstreicht Gauleiter Emil Stürtz: *„In der größten und schwersten Stunde seiner Geschichte [...] muss das deutsche Volk hart und entschlossen seinen Weg gehen. Über alle von ihm gebrachten Opfer werden einst die Geschichte und der Erfolg das Urteil sprechen. Die Partei muss in dieser Stunde die dem Nationalsozialismus gewonnen Menschen in der Treue zur Fahne Adolf Hitlers erhalten. Je härter der Krieg und je schwerer die Forderungen, die an den einzelnen gestellt werden müssen, desto deutlicher wird uns, dass wir im Grunde nur einen Feind vor uns haben: den Bolschewismus!"*

27. 06.
01.53 – 02.06 Uhr Fliegeralarm

29. 06.
09.23 – 09.56 Uhr Fliegeralarm

29. 06.
Schlagzeilen in der PT
Ausdehnung der feindlichen Angriffe in der Normandie
In Italien erbitterte Kämpfe südwestlich Siena

Juni
in Potsdam werden 12 Fliegeralarme gegeben; 6 Menschen verlieren ihr Leben

Juni
die PT veröffentlicht 64 Todesanzeigen Gefallener

01. 07.
auf dem Gelände des Zentraldepots des DRK in Neubabelsberg wird ein Außenkommando des Konzentrationslagers Sachsenhausen in Betrieb genommen; die etwa 100 Häftlinge werden zum Bau von Luftschutzanlagen eingesetzt; das Außenkommando besteht bis März 1945

01. 07.
der Theologe und Schriftsteller Adolf Wendt verstirbt (geb. 24.
07. 1870); bereits in der Zeit als Lehrer am Großen Militärwaisenhaus (um 1895) liegen seine ersten schriftstellerischen
Versuche

01. 07. – 31. 01. 1945
eine Diebesbande, die sich auf Kellereinbrüche spezialisiert hat,
macht Potsdam unsicher; vor allem Textilien, Schuhe, Koffer
und Uhren gehören zu dem Diebesgut; die Potsdamer Krimi-
nalpolizei kann die Bande fassen und stellt ab 20. 02. 1945 das
sichergestellte Gut zur Identifizierung aus

03. 07.
die PT teilt mit, dass die Hauptvereinigung der deutschen Gar-
tenbauwirtschaft das gewerbsmäßige Herstellen von Beeren-
und Kirschwein untersagt; die Herstellung wird nur noch
wenigen Betrieben gestattet. *„Der [...] Beeren- und Kirschwein
ist in erster Linie für die Wehrmacht sowie für Sonderzwecke
bestimmt.“*

04. 07.
Schlagzeilen in der PT
*Zunehmende Härte der Kämpfe an der mittleren Ostfront
Starke Feindangriffe in der Normandie*

06. 07.
trotz der ständigen Gefahr, dass Potsdam bombardiert werden
könnte, erscheint in der PT folgendes Gedicht:

„Mondnacht des Bassins

*Roter Rosenkranz
Loht im Feuertanz
Um das Tabakshaus.
Nach der Arbeit Last
Klingt des Tages Hast
Hier so wohlig aus.*

Honigduft sich schenkt,
Den die Linde senkt
Wie aus Himmelshöh'n
Rasenfrische steigt.
Mund zu Mund sich neigt.
Ist das Leben schön!

Und der gute Mond,
Vielerlei gewohnt,
Drückt die Augen zu...
Längst nach Mitternacht
Sinkt so süß, so sacht
Der Bassin zur Ruh'."

07. 07.
09.25 – 10.10 Uhr Fliegeralarm

07. 07.
die PT teilt die Verfügung mit, dass das Tragen von Trauerab-
zeichen an der Wehrmachtsuniform für die Dauer des Krieges
untersagt ist

08. 07.
01.20 – 02.06 Uhr Fliegeralarm

10. 07.
der Fremdarbeiter Hendryk K. aus Haarlem, Gärtner bei Prinz
August-Wilhelm v. Preußen, flieht; er wird am 12. 07. aufge-
griffen und ins Polizeigefängnis Potsdam überstellt; am 19. 07.
nimmt er seine Arbeit wieder auf; er flieht erneut und wird am
28. 02. 1945 gefasst und dem Vernehmungsrichter vorgeführt;
zu einer Verurteilung kommt es der Kriegsereignisse wegen
nicht mehr

11. 07.
01.35 – 02.07 Uhr Fliegeralarm

13. 07. – 29. 08.
sowjetische Einheiten stoßen bis Lemberg an der Weichsel vor

14. 07.
01.20 – 01.30 Uhr Fliegeralarm

16. 07.
01.20 – 01.53 Uhr Fliegeralarm; eine Luftmine zerstört ein
Haus im Baberowweg – 21 Menschen sterben

Durch Terrorangriff verloren wir am 16. 7. 1944 unseren lieben Vater, Schwiegervater, Opa, Schwiegersohn, Schwager und Onkel
Gustav Simon
Vorschlosser im RAW Potsdam
geb. am 26. 1. 1883
Mit ihm ging seine liebe Frau, unsere gute Mutter, Schwiegermutter, Oma, Tochter und Tante
Klara Simon
geb. U r b a n
geb. am 9. 6. 1889
Dies zeigen in tiefer Trauer an im Namen aller Verwandten und Bekannten:
Kurt Simon und **Frau Else** geb. Kühn, P.-Drewitz, Neuendorfer Str. 1a; **Günter Simon** und **Frau Charlotte** geb. Radtke, Potsdam, Zeppelinstraße 38; **Gottfried Simon** und **Frau Emma** geb. Benner, Höchstenbach (Westerwald); und 4 Enkelkinder.
Die Beisetzung findet am Sonnabend, 22. 7., 13 Uhr, auf dem Ehrenfriedhof in Potsdam statt.

Zwei der 21 Toten

18. 07.
01.29 – 02.11 Uhr Fliegeralarm

19. 07.
01.45 – 02.33 Uhr Fliegeralarm

19. 07.
der Kraftfahrer des Oberst Claus Graf Schenk v. Stauffenberg,
Gefreiter Karl Schweizer, holt die Sprengladung bei Fritz v. d.
Lancken (heute Gregor-Mendel-Straße 26) für das geplante
Attentat auf den Führer Adolf Hitler am 20. 07. ab

20. 07.

die Gruppe um Oberst Claus Graf Schenk von Stauffenberg versucht, den Führer Adolf Hitler mit einer Bombe in der Wolfsschanze zu töten; das Attentat misslingt; noch am gleichen Tag werden v. Stauffenberg und auch der Potsdamer Oberst Albrecht Ritter Mertz v. Quirnheim (geb. 25. 03. 1905), enger Vertrauter Stauffenbergs, hingerichtet; großen Anteil an der Vorbereitung und Durchführung des Attentats auf Adolf Hitler hatten Offiziere des Potsdamer Infanterieregiments 09; es war, wie Axel von dem Bussche-Streithorst – selbst Offizier im IR 9 – im Zusammenhang mit dem Attentat formulierte, *„...die Einheit der deutschen Armee, die mehr Offiziere aufgehängt, erschossen und in Gefängnissen gehabt hat als irgendeine andere Einheit..."*
zwei speziell trainierte Kompanien und eine Geschützkompanie des Ersatz-Bataillons 9 stehen voll aufmunitioniert bereit, um v. Stauffenberg in Berlin zu unterstützen; sie kommen nicht zum Einsatz

PT, 21. 07. 1944

20. 07.

Schlagzeile in der PT
Die Heimkehr der Russlanddeutschen. Insgesamt über 900.000 Volksgenossen aus dem Osten zurückgeführt

21. 07.

der Generalmajor Hermann Robert Karl Henning v. Tresckow setzt seinem Leben an der Ostfront ein Ende (geb. 10. 01. 1901); ein führender Kopf im Kreise um v. Stauffenberg, sah er für sich nach Misslingen dieses Attentats auf Adolf Hitler keine andere Möglichkeit; Henning v. Tresckow: *„Wer in unseren*

Kreis getreten ist, hat damit das Nessushemd [79] *angezogen."*
und *„Das Attentat muss erfolgen. Es kommt nicht mehr auf
den praktischen Zweck an, sondern darauf, dass die deutsche
Widerstandsbewegung vor der Welt und vor der Geschichte
den entscheidenden Wurf gewagt hat. Alles andere ist daneben
gleichgültig."*

Generalmajor Henning v. Tresckow

21. 07.
Schlagzeile in der PT
Die Vorsehung schützte den Führer

21. 07.
Großkundgebung der NSDAP und aller ihrer Gliederungen
auf dem Bassinplatz; Gauleiter Emil Stürtz bezeichnet in
seiner Ansprache *„...den glücklicherweise negativen Ausgang
der Wahnsinnstat jener verbrecherischen Generalsclique als
einen Fingerzeig der höheren Vorsehung. Die Vorsehung selbst
entschied, dass der Mann, dessen Mission darin besteht, die
Zukunft unseres Volkes zu sichern, sein Schicksal und seine
hohen Aufgaben vollenden muss und wird. Das lächerliche
Vorhaben jener verbrecherischen Clique [...] ist gänzlich
misslungen. Die Urheber aber und alle, die zu ihnen standen,
sind nicht mehr. Der Himmel selbst hielt seine schützende Hand
über das Leben des Führers und ermöglichte ihm auch weiterhin
die Vollendung seiner gewaltigen Aufgaben..."*
In der Berichterstattung heißt es ferner: *„Gauleiter Stürtz
betonte weiter, dass gerade dieses Ereignis in der Lage ist, die
Kraft des deutschen Volkes zu stärken und sie zur ungeahnten
Kraft anschwellen zu lassen."*

---

79 In der griechischen Mythologie zieht Herakles das vom Blut des Kentaur Nessus durchdrängte, jedoch vergiftete Blut über und ist damit dem Tode geweiht.

aus den Erinnerungen von Hartmut Knitter:
„Ich war damals zehn Jahre alt und durch die nationalsozialis-
tische Erziehung gegangen. Kein Wunder also, dass ich dachte:
Wie konnten deutsche Offiziere dem Führer etwas antun
wollen?"

22. 07.
00.24 – 01.25 Uhr und
19.25 – 20.00 Uhr Fliegeralarm

24. 07.
00.55 – 01.44 Uhr Fliegeralarm

25. 07.
01.40 – 02.27 Uhr Fliegeralarm

25. 07.
der „Erlass des Führers über den totalen Kriegseinsatz"
bestimmt u.a.: „Die Kriegslage zwingt zur vollen Ausschöpfung
aller Kräfte für *Wehrmacht und Rüstung. Ich ordne daher an:*
[...] Der Vorsitzende des Ministerrats für die Reichsverteidi-
gung, Marschall Hermann Göring, hat das gesamte öffentliche
Leben den Erfordernissen der totalen Kriegsführung in jeder
Beziehung anzupassen..."

26. 07.
01.15 – 02.00 Uhr Fliegeralarm

26. 07.
Oberst Siegfried Wagner verstirbt im Konzentrationslager Sachsenhausen (geb. 16. 02. 1881); der Beteiligte am Attentat am
20. 07. hatte sich am 22. 07. aus dem Fenster seiner Wohnung
in der Kurfürstenstraße 19 gestürzt, um einer Verhaftung zu
entgehen; dabei verletzte er sich schwer

27. 07. – 30. 09.
Erika Dieckmann, Frau des Archivrats Dr. Wilhelm Dieckmann, der in Verbindung mit der Gruppe um Graf v. Stauffenberg stand, wird im Potsdamer Gestapogefängnis in Geisel-
haft gehalten; dort trifft sie ihre Tochter Barbara und weitere

Frauen, die selbst bzw. deren Männer in Verbindung mit dem Attentat auf den Führer Adolf Hitler am 20. 07. standen, wie Helene v. Stülpnagel, Gattin des Generals Carl-Heinrich v. Stülpnagel, Marie-Luise v. Stülpnagel, deren Tochter, und Anna Bier, Gattin des Mediziners Prof. August Bier, Grete Lattmann, Gattin des Mitglieds des Nationalkomitees Freies Deutschland (NKFD) Martin Lattmann, Gerda Kuenzer, Gattin des Diplomaten Richard Kuenzer

Erika Dieckmann schreibt in ihren Erinnerungen:
„...Die ersten Tage verbrachten Barbara und ich in einer Einzelzelle. Wir bekamen Gestapobeamten-Strümpfe zum Stopfen und waren froh, beschäftigt zu sein. Die übrige Zeit vertrieben wir uns mit „Wanzen-Töten", eine sehr lohnende Beschäftigung! [...] Am 1. August wurde wieder ein großer Schub neuer Häftlinge eingeliefert und wir mussten unsere Einzelzelle räumen und kamen in eine Massenzelle – Zelle Nr. 47. [...] Etwa 10 qm., je zwei Pritschen übereinander, ein winziger Tisch, 4 Hocker, ein kleiner Wandschrank, ein Waschbecken und in der einen Ecke, in der Größe eines Telefonhäuschens, ein WC, wofür wir besonders dankbar waren, denn andere hatten in ihren Zellen – nur Marmeladeneimer. [...] Das Furchtbarste waren die Nächte, wo man durch die Stille das Schreien der Gefolterten hörte, die in unterirdischen Zellen von der Wachmannschaft geprügelt wurden, um sie zu Aussagen zu zwingen. Es mag merkwürdig klingen – wir haben Männer brüllen hören, aber nie die Stimme einer einzigen Frau, von denen sich aber auch viele der Peitsche unterziehen mussten."
aus den Erinnerungen von Marie-Luise v. Ilsemann, Tochter des Generals Heinrich v. Stülpnagel:
„Als ich das Gefängnis verlassen hatte und wieder in die Schule zurückkehrte, wo ich meine Ausbildung als Gewerbelehrerin machte, während des letzten Kriegsjahres, stellte ich mir die bange Frage: Wie wird meine Klasse mich wohl aufnehmen? Es war das zweite Ausbildungsjahr auf einer Frauenschule in Potsdam. Vermutlich ist meine Mutter im Oktober 1944 mit mir dorthin gegangen und hat mit der Schuldirektorin gesprochen. Ich bin sehr, sehr freundlich aufgenommen worden. Nie habe ich ein unfreundliches Wort gehört. Im Gegenteil, es lagen verschiedentlich kleine Essenspakete vor unserer Haustür. Die

Menschen trauten sich nicht, direkt mit uns zu sprechen, aber sie zeigten ihre Zustimmung und Anerkennung, indem sie uns auf konkrete Weise halfen."

28. 07.

Mitgliederversammlung der NSDAP-Ortsgruppe Griebnitzsee; *„Acht Tage nach dem wunderbaren Walten der göttlichen Vorsehung, die uns unseren Führer erhielt, bekannten sich im dicht besetzten Saal des „Bürgerhofs" Parteigenossen und -genossinnen mit heißem Herzen zum Werk des Führers, an dem angesichts des ringsum entbrannten Kampfes auf Leben und Tod jeder deutsche Mensch jetzt mehr denn je mit inbrünstigem Fanatismus mitarbeiten muss und mitarbeiten wird!"*

28. 07.

Schlagzeilen in der PT
Nordamerikanischer Großangriff bei Saint Lo dauert an
Heftige Kämpfe südlich Florenz
Absatzbewegung im Osten

29. 07.

Verhaftung des Potsdamer Regierungspräsidenten Gottfried v. Bismarck-Schönhausen wegen des Verdachts, am Attentatsversuch gegen den Führer Adolf Hitler beteiligt gewesen zu sein; seiner Cousine, Loremarie Schönburg, gelingt es vor Eintreffen der Gestapo, im Potsdamer Stadthaus (Arbeits- und Wohnstätte Bismarcks) die für das Attentat nicht benötigten und deshalb im Arbeitszimmer des Regierungspräsidenten zurückgelassenen Sprengstoffpakete verschwinden zu lassen; dadurch findet sich kein belastendes Material gegen Gottfried Bismarck-Schönhausen und der Volksgerichtshof spricht ihn frei – einer der wenigen Fälle in der Praxis des Volksgerichtshofs unter Roland Freissler

30. 07.

der Dokumentarfilm „Der Wille zum Leben" – unter Mitwirkung der Ufa entstanden – erlebt seine Premiere; unter der Regie von Dr. Ulrich Kayser und Georg Wittuhn wird die Betreuung Kriegsversehrter dargestellt

30. 07.
bei den Deutschen Rudermeisterschaften in Wien holen Potsdamer Ruderer drei Titel und zwei zweite Plätze; Alfred Groß-
kopf vom Potsdamer Ruder-Club (PRC) gewinnt den Titel im
Einer und im Zweier

31. 07.
die „Verordnung über die Meldung von Männern und Frauen
für Aufgaben der Reichsverteidigung" vom 27. 01. 1943 wird
verschärft; das Arbeitsalter für Frauen wird vom 45. auf das
50. Lebensjahr heraufgesetzt

Juli
in Potsdam werden 12 Fliegeralarme gegeben; 21 Menschen
verlieren ihr Leben

Juli
die PT veröffentlicht 86 Todesanzeigen Gefallener

01. 08.
die „Anordnung über die Maßanfertigung von Oberkleidung
jeder Art für Herren, Burschen und Knaben" des Produkti-
onsbeauftragten für Bekleidung und Rauchwaren bestimmt,
dass Neuanfertigungen von Oberbekleidung für Burschen und
Knaben nicht mehr gestattet sind

01. 08.
Schlagzeile in der PT
Starker feindlicher Druck bei Warschau

01. 08. – 02. 10.
Warschauer Aufstand als Erhebung der polnischen Heimat-
armee gegen die deutsche Besetzung; die deutschen Besatzungs-
truppen nehmen blutige Rache auch an der Zivilbevölkerung

02. 08.
Hermann und Anna Wagner, Babelsberg, Schulstraße 14, begehen
das seltene Fest der diamantenen Hochzeit (60 Ehejahre); der
Töpfer Hermann Wagner ist 64 Jahre in Gesangvereinen organi-
siert, davon 50 im „Babelsberger Männergesangverein"

03. 08.
Einrichtung einer „Tauschstelle" in der Brandenburger Straße;
sie funktioniert nach folgendem Prinzip: „*Wer seinen Tausch-*
gegenstand abgibt, bekommt einen Gutschein und kann im
gleichen Wert den Gegenstand auswählen, den er zu besitzen
wünscht."
in der PT liest man dazu:

„Frauen, wir kriegen sie!

Den Ratsherrn wurde mitgeteilt
Im Stadtschloss-Sitzungssaale:
Wir kriegen nun auch unverweilt,
Dieweil die Sache wirklich eilt,
*   die Tauschzentrale.*

Ins große Kaufhaus, las man dann,
Zu seinem Personale
Schleppt jede, was sie schleppen kann.
Gebrauchtes bringt dann an den Mann
*   die Tauschzentrale.*

Ein Haken ist zwar auch dabei,
Bedingt durch die Regale.
Die Größe ist nicht einerlei!
Von Hund und Katzen lasst sie frei,
*   die Tauschzentrale*

Sonst bringt ihr alles, fein und schlicht,
Bloß nicht mit einem Male!
Auf eins zwar leistet sie Verzicht:
Auch sie nimmt „euren Ollen" nicht,
*   die Tauschzentrale"*

04. 08.
unter dem Motto „*Soldat sein, heißt fein lustig sein...*" findet
im Lustgarten ein Biwak der Wehrmacht statt, das ein roman-
tisch verklärtes Bild des Soldatenlebens an der Front vermittelt

05. 08.

12.30 – 12.55 Uhr Fliegeralarm

06. 08.

11.48 – 13.03 Uhr Fliegeralarm

07./08. 08.

beim ersten Schauprozess gegen die Beteiligten am Attentat auf den Führer Adolf Hitler am 20. 07. werden u.a. Generalmajor Paul v. Hase (geb. 24. 07. 1885) und Hauptmann Friedrich Karl Klausing (geb. 24. 05. 1920) – beide vom Infanterieregiment 09 aus Potsdam – zum Tode verurteilt und noch am gleichen Tag hingerichtet

Das Urteil des Volksgerichtshofs

B e r l i n. Der Volksgerichtshof des Großdeutschen Reiches verhandelte am 7. und 8. August gegen acht der aus dem Heere ausgestoßenen Verräter, die an dem Verbrechen des 20. Juli führend beteiligt waren. Die Angeklagten Erwin v o n W i t z l e b e n, Erich H ö p p n e r, Hellmuth S t i e f f, Albrecht v o n H a g e n, Paul v o n Hase, Robert B e r n a r d i s, Friedrich-Karl K l a u s i n g und Peter G r a f Y o r k v o n W a r t e n b u r g wurden als eidbrüchige, ehrlose Ehrgeizlinge wegen Hoch- und Landesverrats zum Tode verurteilt. Ihr Vermögen verfällt dem Reich.

Das Urteil wurde zwei Stunden nach Verkündung an sämtlichen Verurteilten durch Erhängen vollstreckt.

PT, 09. 08. 1944

zu den mit Potsdam verbundenen zum Tode verurteilten bzw. in den Tod getriebenen Opfern zählen weiter:

10.08.1944	Oberleutnant Graf Fritz-Dietloff von der Schulenburg (geb. 21. 09. 1902)
15.08.1944	Polizeipräsident Wolf Heinrich Graf v. Helldorf (geb. 14. 10. 1896)
26.08.1944	Diplomat Dr. Adam von Trott zu Solz (geb. 09. 08. 1909)
30.08.1944	General Carl-Heinrich v. Stülpnagel (geb. 02. 01. 1886)
08.09.1944	Botschafter Ulrich v. Hassell (geb. 11. 11. 1881)
08.09.1944	Stabsoffizier Ulrich-Wilhelm Graf Schwerin v. Schwanenfeld (geb. 21. 12. 1902)
13.09.1944	Archivrat Dr. Wilhelm Dieckmann

(geb. 17. 07. 1893)
22.09.1944 General Fritz Lindemann
(geb. 11. 04. 1894)
29.09.1944 Oberstleutnant Fritz von der Lancken
(geb. 21. 06. 1890)
20.10.1944 Sozialdemokrat Hermann Maaß
(geb. 23. 10. 1897)
20.10.1944 Diplomat Dr. Eduard Brücklmeier
(geb. 08. 06. 1903)
07.11.1944 Oberstleutnant Hans-Alexander v. Voss
(geb. 13. 12. 1907)
14.11.1944 Major Ferdinand Freiherr v. Lüninck
(geb. 03. 08. 1888)
15.01.1945 Major Adolf Friedrich Graf v. Schack
(geb. 03. 08. 1888)
23.01.1945 Jurist Helmuth James Graf v. Moltke
(geb. 11. 03. 1907)
05.03.1945 Oberleutnant Hasso v. Boehmer
(geb. 09. 09. 1904)
10.03.1945 Generalbevollmächtigter des vormaligen preußischen Königshauses Kurt v. Plettenberg
(geb. 31. 01. 1891)
09.04.1945 Jurist Hans v. Dohnanyi
(geb. 01. 01. 1902)
14.04.1945 General der Artillerie Friedrich v. Rabenau
(geb. 10. 10. 1884)

11. 08.
00.06 – 00.47 Uhr Fliegeralarm

11. 08.
die „8. Durchführungsverordnung zur Verordnung über die
Beschränkung des Arbeitsplatzwechsels" legt fest: „...*In einer
Zeit, in der das deutsche Volk alle seine Kräfte zur Erringung
des Endsieges bis zum Letzten einsetzt, muss der Arbeitsplatz-
wechsel von Arbeitskräften mehr als bisher beschränkt werden,
um jeden unnötigen Leistungsausfall zu vermeiden...*"

12. 08.
00.10 – 00.49 Uhr Fliegeralarm

13. 08.
00.25 – 00.40 Uhr Fliegeralarm

14. 08.
der Potsdamer Tischler Kurt Schimmeyer wird wegen der Äußerung, dass Hitler die schlimmste Katastrophe für Deutschland
sei, hingerichtet (geb. 02.10.1901)

14./15. 08.
23.42 – 00.24 Uhr Fliegeralarm

15. 08.
Invasion der Westalliierten an der französischen Südküste

15. 08.
Schlagzeilen in der PT
Feindlandung im Raum Toulon – Cannes
Neuer Großangriff des Feindes bei Caen
Heftige Kämpfe an der Ostfront

15. 08.
Inserat in der PT

**Wer jetzt spart,
ist im Vorteil
nach dem Kriege!**

Die Banken geben
Sicherheit und Rat
in allen Gelddingen.

Die Bank
ist Dein Freund!

DIE PRIVATEN BANKEN

15./16. 08.
23.41 – 00.24 Uhr Fliegeralarm

16. 08.
Mitteilung in der PT:

Achtung! Totaler Krieg!

Die Volksgenossen aus der Mark Brandenburg haben jetzt die Möglichkeit, auf schnellstem Wege Vorschläge für den totalen Kriegseinsatz zu machen.
Alle Vorschläge, die Hand und Fuß haben, sind zu richten an die Anschrift:

„Totaler Krieg"
Dienststelle Mark Brandenburg
Potsdam

17. 08.
00.30 – 01.27 Uhr Fliegeralarm; in der Kaserne Eiche kommen fünf Flaksoldaten und sieben Luftwaffenhelferinnen ums Leben

19. 08.
00.15 – 00.56 Uhr Fliegeralarm

21. 08.
die Zuteilung von Tabakwaren an zivile Verbraucher wird um 1/3 auf zwei Zigaretten pro Tag heruntergesetzt

22. 08.
die Japaner ziehen sich wieder aus Indien zurück

22. 08.
die bekannte Filmschauspielerin Olga Tschechowa gibt im Konzerthaus im Rahmen einer Veranstaltung der nationalsozialistischen Gemeinschaft KdF einen Chansonabend

23. 08.
da die Rote Armee bereits in Rumänien steht, erklärt Rumänien den Krieg gegen das Deutsche Reich

24. 08.
11.30 – 12.52 Uhr Fliegeralarm

24. 08.
die „Anordnung über die vorläufige Urlaubssperre für die Beamten" bestimmt: *„Der totale Krieg fordert von jedem Deutschen den vollen Einsatz. [...] Der Erholungsurlaub für Beamte [...] wird bis auf weiteres gesperrt..."*

25. 08.
12.49 – 13.33 Uhr Fliegeralarm

25. 08.
die „Verordnung zur Sicherung des totalen Kriegseinsatzes"
legt u.a. fest: „...*Wer vorsätzlich oder fahrlässig einem Gebot
oder Verbot zuwiderhandelt, das in einer Rechtsvorschrift oder
verkündeten Verwaltungsanordnung der Reichsregierung, einer
obersten Reichsbehörde oder einer ihr gleichgeordneten Stelle
über den Maßnahmen zur Durchführung des totalen Kriegseinsatzes enthaltenen ist, wird mit Gefängnis und mit Geldstrafe
oder mit einer dieser Strafen bestraft. [...] Hat der Täter durch
eine vorsätzliche Zuwiderhandlung einen schweren Nachteil
oder eine ernste Gefahr oder durch eine fahrlässige Zuwiderhandlung einen besonders schweren Nachteil oder eine besonders ernste Gefahr für die Kriegsführung oder die Sicherheit
des Reiches verschuldet, so kann auf zeitiges oder lebenslanges
Zuchthaus oder auf Todesstrafe erkannt werden...*"

25. 08.
Schlagzeile in der PT
Heftige Straßenkämpfe in Paris

25. 08.
Paris wird kampflos an die französische Armee und die Widerstandsbewegung übergeben

26. 08.
00.00 – 00.57 Uhr Fliegeralarm
in Bornstedt/Bornim fallen Sprengbomben auf die Häuser im
Mittelweg 17 und Parkstraße 8; 9 Menschen sterben
23.15 – 00.00 Uhr Fliegeralarm

27./28. 08.
23.52 – 00.23 Uhr Fliegeralarm

28. 08.
der Pressesprecher der Ufa, Richard Düwell, wird wegen "defä-
tistischer Äußerungen" hingerichtet (geb. 26. 04. 1902)

30. 08.
01.23 – 02.08 Uhr Fliegeralarm

30. 08.
in der Heiligengeistkirche findet die „10. Orgelstunde" statt; im Rahmen dieser Reihe kommen sämtliche Orgelwerke Johann Sebastian Bachs zur Aufführung

31. 08.
die „Verordnung über die 60-Stunden-Woche" bestimmt: „... *In allen Betrieben und Verwaltungen, in denen es der Arbeitsanfall und die Produktionslage bedingen, ist ab sofort die regelmäßige Arbeitszeit von 48 Stunden [...] um 12 Überstunden wöchentlich zu erhöhen...*"

August
in Potsdam werden 15 Fliegeralarme gegeben; 21 Menschen verlieren ihr Leben

August
die PT veröffentlicht 104 Todesanzeigen Gefallener

01. 09.
im Lustgarten findet der Appell des HJ-Standortes Potsdam für die Kriegsfreiwilligen des Jahrgangs 1928 statt; sie erhalten die Urkunde und die rote Kordel als Zeichen ihrer Freiwilligkeit; Oberstudienrat Drews unterstreicht in seiner Ansprache: „*Es gibt für uns nur eine Parole: Wir kämpfen aus Glauben, wir kämpfen aus der großen Liebe zu unserem Führer!*"

03. 09.
Brüssel wird durch die Alliierten von der deutschen Besetzung befreit

04. 09.
aus den bedrohten östlichen Kriegsgebieten werden wissenschaftliche Einrichtungen in das „Reich" verlagert; das Institut Deutsche Ostarbeit in Krakow, die Chemische Arbeitsgruppe sowie ein wertvoller Buchbestand der Staatsbibliothek Krakow mit 20.000 Bänden werden nach Babelsberg (heute: Straße

Alt-Nowawes – Gebäude nach dem Bau der Nuthe-Schnell-
straße nicht mehr vorhanden) verlegt; zu den Einrichtungen
gehören auch ca. 200 „fremdvölkische Bearbeiter" (sowjetische Forscher und Hilfspersonal); 17 von ihnen werden in der
Sternwarte Babelsberg bzw. in Privatquartieren untergebracht
(andere in Berlin-Grunewald bzw. Zehlendorf); noch im September nehmen die Arbeitsgruppen Chemie, Biologie, Bio-
chemie, Röntgengeologie, Geologie, Wirtschaftskunde, Länder-
kunde, Bibliothek und Verwaltung ihre Arbeit auf

04. – 19. 09.
die PT veröffentlicht Todesanzeigen ausschließlich „en block"
unter der Überschrift „Familienanzeigen", wobei unterschieden
wird nach „Für Führer, Volk und Vaterland starben:", „Terrorangriffen fielen zum Opfer" und „Es starben:"; nach dem 19.
09. wird zur bis dato üblichen Weise zurückgekehrt

✠ Für Führer, Volk und Vaterland starben:
Oberlt. d. Res. **Detlef Adam**, Inh. des E. K. 2. und 1. Kl., geb.
18. Febr. 1915, im Osten am 13. Juli 1944. Barbara Adam geb.
Augustin. Potsdam, Behlertstr. 1.
Gefr. **Heinz Werner**, Inh. des E. K. 2. Kl., in Italien im Alter von
18½ Jahren. Marta Werner geb. Großmann. Potsdam. Scharren-
straße 3.

✠ Terrorangriffen fielen zum Opfer:
Richard Kurre am 11. Sept. 1944 im 53. Lebensjahre. Emilie Kurre
geb. Korioth, Potsdam. Am Bassin 12. Beerdigung 15. September,
11 Uhr. Neuer Friedhof.

Es starben:
Wilhelm Bowitz am 13. Sept. 1944 nach kurzem Leiden im 77. Le-
bensjahr. Georg Bowitz. Potsdam, Behlertstr. 14. Trauerfeier
19. Sept., 15 Uhr, im Krematorium Potsdam.
Karoline Schilling geb. Frede am 12. 9. 1944 nach kurzer schwerer
Krankheit im 80. Lebensjahr. Familie Heiser. Potsdam-Bornim.
Dorfstr. 11. Beisetzung Freitag, 15. Sept., 3 Uhr, Alter Friedhof
Bornim.
Anna Gotz geb. Meinhardt nach kurzer Krankheit am 11. 9. 1944.
Ernst Meinhardt. Babelsberg, Gartenstr. 55. Beisetzung Freitag
4 Uhr Friedhof Großbeerenstraße.

PT, 14. 09. 1944

05. 09.
Schlagzeile in der PT
*Kämpfe von gesteigerter Heftigkeit im Raum von Antwerpen
und Brüssel*

05. 09.
der Ringer und Teilnehmer an den Olympischen Sommerspielen 1936 in Berlin, Werner Seelenbinder, wird in Potsdam
wegen seiner illegalen kommunistischen Widerstandstätigkeit
zum Tode verurteilt und am 24. 10. im Zuchthaus Brandenburg
hingerichtet

06. 09.
Schlagzeile in der PT
Sowjet-Truppen marschieren in Bulgarien ein

08. 09.
Schlagzeilen in der PT
Neue Maßnahmen zum totalen Kriegseinsatz
Preußisches Finanzministerium aufgelöst
Studienbeginn nur noch für Kriegsversehrte
1500 Zeitschriften eingestellt

09. 09.
23.05 – 23.18 Uhr Fliegeralarm

10. 09.
23.08 – 00.00 Uhr Fliegeralarm; eine Luftmine fällt in der Zeppelinstraße, zwei Menschen kommen ums Leben

11. 09.
das Amtsgericht Potsdam verurteilt Charlotte Kr. (22) zu einem
Monat Gefängnis, weil sie die Altersangabe auf ihrem Antrag
zum Erhalt einer Raucherkarte gefälscht hatte

11. 09.
23.39 – 23.54 Uhr Fliegeralarm

12. 09.
amerikanische Truppen überschreiten die deutsche Reichsgrenze

12. 09.
10.48 – 12.15 Uhr und
22.37 – 23.37 Uhr Fliegeralarm

13. 09.
22.45 – 23.27 Uhr Fliegeralarm; eine Luftmine fällt auf das Gelände der Babelsberger Maschinen- und Bahnbedarf AG; 5 sowjetische Kriegsgefangene werden getötet

15. 09.
nach wochenlanger Haft in Potsdam findet die Hauptverhandlung gegen den katholischen Pfarrer Dr. Dr. Bernhard Schwentner aus Neustrelitz wegen „Zersetzung der Wehrkraft des Volkes und Feindbegünstigung" statt; er wird zum Tode verurteilt und am 30. 10. hingerichtet

16. 09.
00.47 – 02.34 Uhr Fliegeralarm

16. 09.
die PT teilt die Anordnung des Reichsgesundheitsführers Leonardo Conti mit, wonach Ärzten nicht mehr gestattet wird, Atteste, Gutachten und dgl. über die Arbeitseinsatzfähigkeit abzugeben; Meldepflichtige haben sich diesbezüglich an die Arbeitseinsatzbehörden zu wenden; das Verbot wird folgendermaßen begründet: „Bei der außerordentlichen Arbeitsbeanspruchung der deutschen Ärzte wird durch eine solche Inanspruchnahme dem Arzt die Zeit geraubt, die er für die wirklich Kranken braucht."

16./17. 09.
Schlagzeile in der PT
Schwerpunkt der Kämpfe im Raum Aachen

18. 09.
Schlagzeile in der PT
Es wird nicht kapituliert!
Erbitterte Kämpfe in Lettland und Estland

18. 09.
die führenden Köpfe der bedeutendsten kommunistischen Widerstandsgruppe (etwa 425 Mitglieder), der auch Sozialdemokraten und Gewerkschafter angehören, werden hingerichtet: sie waren am 05. 09. durch den Volksgerichtshof in Potsdam

zum Tode verurteilt worden:
Bernhard Bästlein (geb. 05. 12. 1894), Franz Jacob (geb. 09.
08. 1906) und Anton Saefkow (geb. 22. 07. 1903)

Anton Saefkow an seine Frau:
*„Schon mit diesem Brief will ich Dir, mein Kamerad, danken
für das Große und Schöne, das Du mir in unserem gemeinsamen Leben gegeben hast... Erst heute, mit diesen Zeilen, habe
ich wegen der Gedanken an Euch die ersten nassen Augen nach
dem Urteil. Denn das Weh, das mich zerreißen könnte, hält der
Verstand zurück. Du weißt, ich bin ein kämpferischer Mensch
und werde tapfer sterben. Ich wollte immer nur das Gute...“*

von den Mitgliedern der Widerstandsgruppe werden 104 hingerichtet

18. 09.
22.33 – 23.19 Uhr Fliegeralarm

19. 09.
Abschluss des Waffenstillstands zwischen Finnland und der
Sowjetunion

21. 09.
die PT teilt die Einschränkung von Ferngesprächen mit; so ist
bei der Anmeldung von Ferngesprächen die Frage nach „privat“
oder „dienstlich“ zu beantworten; dabei wird angedroht: *„Das
Erschleichen von Gesprächsvergünstigungen und der Missbrauch werden von der Reichspost erkannt und in Zukunft
als Schwächung der Wehrkraft und Sabotage an den Kriegsan-
strengungen behandelt werden.“*

25. 09.
im „Erlass des Führers über die Bildung des deutschen Volkssturms“ heißt es u.a.: *„...Nach fünfjährigem schweren Kampf
steht infolge des Versagens aller unserer europäischen Verbündeten der Feind an einigen Fronten in der Nähe oder an den
deutschen Grenzen. Er strengt seine Kräfte an, um unser Reich
zu zerschlagen, das deutsche Volk und seine soziale Ordnung
zu vernichten. Sein letztes Ziel ist die Ausrottung des deutschen*

Menschen. Wie im Herbst 1939 stehen wir nun wieder ganz allein der Front unserer Feinde gegenüber. In wenigen Jahren war es uns damals gelungen, durch den ersten Großeinsatz unserer deutschen Volkskraft die wichtigsten militärischen Probleme zu lösen, den Bestand des Deutschen Reichs und damit Europa für Jahre hindurch zu sichern. Während nun der Gegner glaubt, zum letzten Schlag ausholen zu können, sind wir entschlossen, den zweiten Großeinsatz unseres Volkes zu vollziehen. Es muss und wird uns gelingen, wie in den Jahren 1939 bis 1941 ausschließlich auf unsere eigene Kraft bauend, nicht nur den Vernichtungswillen der Feinde zu brechen, sondern sie wieder zurückzuwerfen und so lange vom Reich abzuhalten, bis ein die Zukunft Deutschlands, seiner Verbündeten und damit Europas gesicherter Friede gewährleistet ist. Den uns bekannten totalen Vernichtungswillen unserer jüdisch-internationalen Feinde setzen wir den totalen Einsatz aller deutschen Menschen entgegen. Zur Verstärkung der aktiven Kräfte unserer Wehrmacht und insbesondere Führung eines unerbittlichen Kampfes überall dort, wo der Feind den deutschen Boden betreten will, rufe ich daher alle waffenfähigen deutschen Männer zum Kampfeinsatz auf. Ich befehle: 1. Es ist in den Gauen des Großdeutschen Reiches aus allen waffenfähigen Männern im Alter von 16 bis 60 Jahren der Deutsche Volkssturm zu bilden. Er wird den Heimatboden mit allen Waffen und Mitteln verteidigen, soweit sie dafür geeignet erscheinen..."

27. 09.
Jakob Kaiser, bis 1933 Funktionär der Christlichen Gewerkschaften Deutschlands und eng mit dem Kreis um v. Stauffenberg verbunden, kommt bei Gertrud Droste in der Heimdalstraße 67 (heute Hermann-Maaß-Straße) illegal im Keller unter; er kann dort bis zum Kriegsende unentdeckt leben

28. 09.
13.00 – 13.20 Uhr Fliegeralarm

September
in Potsdam werden 9 Fliegeralarme gegeben; 7 Menschen verlieren ihr Leben

September
die PT veröffentlicht 83 Todesanzeigen Gefallener

01. 10.
Konzert zum Erntedanksonntag in der Garnisonkirche; zur Aufführung gelangen Werke von Johann Sebastian Bach und Max Reger; an der Orgel spielt Prof. Otto Becker

01. 10.
HJ-Ruderregatta auf dem Tiefen See unter Beteiligung von Jugendlichen aus Berlin, Brandenburg/H., Oranienburg und Potsdam; der Ruderklub „Vineta", Potsdam, holt drei Siege: Anfänger-Vierer (schwer), Pimpfen-Achter und Pimpfen-Doppelvierer

04. 10.
Schlagzeilen in der PT
Andauernde heftige Kämpfe im Westen
Starker feindlicher Druck an der belgisch-holländischen Grenze
Deutsche Gegenmaßnahmen gegen sowjetisches Vordringen am Eisernen Tor

05. 10.
20.06 – 21.07 Uhr Fliegeralarm

06. 10.
11.40 – 13.02 Uhr und
19.55 – 20.42 Uhr Fliegeralarm

07. 10.
12.35 – 13.06 Uhr Fliegeralarm

07. 10.
die seit Herbst 1943 bestehende Frauenabteilung der „Chorgemeinschaft Babelsberg" gibt unter Leitung des stellvertretenden Dirigenten Kurt Wolf ein Konzert; herausragend ist der Vortrag des Brahms-Liedes „In stiller Nacht"

08. 10.
am „Tag der Wehrertüchtigung" zeigen die Marine-HJ, Motor-

HJ, Feuerwehr-HJ, Flieger-HJ sowie die Reiter-HJ ihre Übungen im und am Lustgarten

10. 10.
Schlagzeile in der PT
Der Feind vor der ostpreußischen Grenze aufgefangen

10. 10.
70 Prozent der Potsdamer HJ des Jahrgangs 1928 verpflichten sich als Kriegsfreiwillige zur deutschen Wehrmacht; auf einem Appell im Hof des Stadtschlosses werden sie durch den Reichsjugendführer Arthur Axmann beglückwünscht; der hebt hervor: *„Die echte Kriegsfreiwilligkeit dieser Jugend wird in der Kampfmoral auf dem Schlachtfeld lebendig sein."*

10. 10.
„Im Rahmen der Konzentration der Kriegswirtschaft..." wird die Produktion von *„...Bildpostkarten einschließlich aller Vorbereitungsarbeiten..."* untersagt, teilt die PT mit

11. – 24. 10.
in den Potsdamer NSDAP-Ortsgruppen findet eine Altflaschensammlung statt; erfasst werden Wein-, Likör und Kognakflaschen

12. 10.
Schlagzeile in der PT
Voller Abwehrerfolg nördlich Warschaus
Heißes Ringen in der Schlacht um Aachen

12. 10.
03.47 – 04.42 Uhr Fliegeralarm

13. 10.
britische Truppen marschieren in Athen ein

13. 10.
die deutschen Truppen ziehen sich aus Riga zurück

13. 10.
die neue italienische Regierung erklärt dem Deutschen Reich
den Krieg

14. 10.
Generalfeldmarschall Erwin Rommel setzt seinem Leben ein
Ende (geb. 15. 11. 1891); er stand in Verbindung mit dem Kreis
um Graf v. Stauffenberg; am 15. 02. 1937 war er Lehrgangs-
leiter an der Potsdamer Kriegsschule geworden

15. 10.
03.00 – 03.30 Uhr Fliegeralarm

16. 10.
12.33 – 12.51 Uhr Fliegeralarm

16. 10.
Inkrafttreten der Senkung der Brotrationen bei Normalverbrau-
chern um 200g pro Woche, nunmehr auf 2.225g; bei Kindern
bis zu sechs Jahren, Schwerstarbeitern und Selbstversorgern um
100g pro Woche

17. 10.
eine Verordnung regelt die Haarlänge für männliche Jugendliche unter 18 Jahren; für sie ist der soldatische Haarschnitt
obligatorisch; Friseure, die diese Regelung nicht beachten, wird
mit dem Entzug weiterer Arbeitskräfte gedroht

17. 10.
der Geomagnetiker Prof. Adolf Schmidt verstirbt (geb. 23. 07.
1860); von 1902 bis 1928 war er wissenschaftlich in Potsdam
tätig; er ist der Begründer des „Archivs des Erdmagnetismus"

18. 10.
in der Beratungsstelle des Deutschen Frauenwerks finden Vor-
führungen statt, „…*die an Beispielen zeigen, wie das Problem
der bestrichenen Brote trotz des Austausches von Fett gegen
Fleisch zu lösen ist…*"; die Meisterhausfrau Albrecht demons-
triert, wie aus Margarine, Grieß, Zwiebel und Milch „…*gut
schmeckendes ‚Gänseschmalz'…*" zubereitet wird

20. 10.
sowjetische Einheiten erobern gemeinsam mit jugoslawischen Partisanen Belgrad

20. 10.
mit der Landung amerikanischer Truppen auf Leyte beginnt die Befreiung der Philippinen

21. 10.
die deutschen Truppen Aachens kapitulieren vor amerikanischen Einheiten; 12.000 deutsche Soldaten gehen in Gefangenschaft; es ist die erste deutsche Stadt, die von den Alliierten eingenommen wird

21./22. 10.
erste Reichsstraßensammlung für das KWHW 1944/45; die PT fordert: *„Damit ergeht an alle Volksgenossen wieder der eindringliche Appell, zu spenden, zu opfern. Auch diese Sammlung muss ein Bekenntnis für den Gemeinschaftsgeist des deutschen Volkes in dieser schweren Zeit sein. […] Unsere Zeit stellt uns vor andere Probleme, aber im Angesicht der ungeheuer schweren Abwehrkämpfe im Westen und Osten gegen eine Übermacht von Menschen und Material und im Angesicht des Luftterrors ist es jedoch gut, sich auf die Gesetze zu besinnen, nach denen Sieg und Untergang verteilt werden. Den Sieg wird zuletzt das Volk in den Händen halten, das sich durch keinen Schicksalsschlag entmutigen lässt und das unbeirrbar und unbeugsam bis zum Ende ausharrt, seine Kräfte, seine Intelligenz und seine Härte schonungslos in die Entscheidung werfend."*

22. 10.
das Berliner Philharmonische Orchester unter Leitung von Wilhelm Furtwängler gibt im Konzerthaus einen *„...in erster Linie der Wehrmacht und den Rüstungsarbeitern zugedachten Orchesternachmittag..."*; zur Aufführung kommen: Ludwig van Beethoven „Leonoren-Ouvertüre" Nr. 2; Johannes Brahms 3. Sinfonie F-Dur, op. 90; Gerhart v. Westerman „Divertimento" (Uraufführung)

23. 10.
19.01 – 19.52 Uhr Fliegeralarm

26. 10.
18.57 – 19.25 Uhr Fliegeralarm

26. – 31. 10.
in Potsdam wird für den Volkssturm erfasst; die PT informiert: *„Die Erfassung aller Männer der Jahrgänge 1884 bis 1928, soweit sie nicht im aktiven Wehrdienst stehen, vollzieht sich durch die Ortsgruppen, die bereits die Bereitstellungsscheine verteilen. [...] Auch freiwillige Meldungen von Angehörigen älterer oder jüngerer Jahrgänge werden bei den Meldestellen entgegengenommen."*

27. 10.
auf einer Großveranstaltung spricht die Gebietsmädchenführerin Hilde Kurtzwig zu Jungarbeiterinnen mehrerer Potsdamer Betriebe; die PT schreibt: *„Sie führte unter anderem aus, dass unser Arbeitseinsatz einmal das Notwendigste und Größte ist, was wir in dieser Zeit tun können, und wohl dem, der weiß, wo heute seine Aufgaben liegen. Um aber den Anforderungen des Krieges und des Berufslebens gerecht zu werden, ist es auch notwendig, einen gesunden Ausgleich zu dieser Arbeit zu finden. Und darum wären gerade heute die Arbeitsgemeinschaften im BDM-Werk „Glaube und Schönheit" notwendig."*

27. 10.
22.42 – 23.33 Uhr Fliegeralarm

28. 10.
der jüdische Schauspieler, Sänger, Kabarettist und Ufa-Regisseur Kurt Gerron kommt im Konzentrationslager Auschwitz ums Leben (geb. 11. 05. 1897)

28. 10.
00.40 – 01.33 Uhr Fliegeralarm

28./29. 10.
Schlagzeile in der PT
Kampf um jeden Preis bis zum Sieg!

29. 10.
Tauschtag der Briefmarkensammlergruppen Potsdam und Babelsberg; besonders im Angebot sind Marken aus dem Protektorat [80] und dem Generalgouvernement [81]

30. 10.
19.30 – 20.21 Uhr und
21.59 – 22.56 Uhr Fliegeralarm

30. 10.
die PT teilt mit, welche Rundfunksender in Ergänzung der „Verordnung über außerordentliche Rundfunkmaßnahmen" vom 01. 09. 1939 noch abgehört werden dürfen; es sind die Sender: Dresden, Danzig, Kaiserslautern, Krainburg, Magdeburg, Budweis, Königsberg, Mährisch-Ostrau, Litzmannstadt, Norddeutsche Gleichwelle, Wien-Stadt, Ostdeutsche Gleichwelle, Freiburg, Süddeutsche Gleichwelle, Linz, Schlesische Gleichwelle, Posen, Westdeutsche Gleichwelle, Brünn, Böhmen, Kattowitz, Königsberg, Krakau, Danzig, Breslau, Hamburg, Saarbrücken, Berlin, Iglau, Leipzig, Bremen, München, Köln, Prag, Wien, Stuttgart, Pilsen, Laibach, Deutschlandsender

31. 10.
der Potsdamer Kunstverein führt eine Führung durch Potsdamer Straßen (Schock- [heute Hermann-Elflein-Straße], Junker- [heute Gutenbergstraße], Charlotten- und Hoditzstraße [heute Wilhelm-Staab-Straße]) unter dem Thema „Dekorative Plastik an Potsdamer Häusern" durch; die Führung leitet der Stadthistoriograph Prof. Dr. Hans Leopold Kania

Oktober
die auf den Potsdamer Rasenflächen (u.a. am Neuen Palais, auf dem Wilhelmplatz [heute Platz der Einheit], dem Hauptsitz des DRK sowie der Freundschaftsinsel) ausgebrachten Speisekartoffeln und Bohnen werden geerntet

---

80 Das Protektorat Böhmen und Mähren war von 1939 bis 1945 ein Besatzungsareal des Deutschen Reiches.
81 Der Begriff Generalgouvernement bezeichnet Gebiete in Polen, die 1939 bis 1945 vom Deutschen Reich militärisch besetzt, jedoch nicht in das Reichsgebiet eingegliedert worden waren,

Oktober
in Potsdam werden 13 Fliegeralarme gegeben

Oktober
die PT veröffentlicht 115 Todesanzeigen Gefallener

01. 11.
Wiedereröffnung der Tuberkulosenfürsorgestelle des Städtischen Gesundheitsamtes; Medizinalrat Zöbisch „...*gab seiner großen Freude Ausdruck, dass trotz der kriegsbedingten Schwierigkeiten ein mit modernsten technischen Mitteln ausgestattetes Tuberkulosenheim entstanden sei.*"

01. 11.
19.30 – 20.23 Uhr Fliegeralarm

02. 11.
die PT fordert die Potsdamer mit dem Blücher-Zitat auf: „*Wenn wir unseren Herd zu verteidigen wissen, so werden wir es wert sein, fortzudauern.*"

03. 11.
die PT empfiehlt folgendes Rezept:
„*Spinatsuppe mit Roggengrütze*
80 g Roggengrütze, 250 g Spinat, 30 g Fett oder Speck, 1 ¼ Liter Flüssigkeit, Salz, evtl. geriebene Zwiebel. – Das Fett und die Grütze werden heiß angeröstet, dann füllt man das Wasser auf und lässt mit Salz abgeschmeckt ganz garkochen. Kurz vor dem Essen gibt man den rohen klein gehackten Spinat darunter."

04. 11.
01.30 – 02. 28 Uhr Fliegeralarm

06. 11.
der heldische Ton in den Traueranzeigen Gefallener ist verschwunden

> Unsagbares Herzeleid brachte uns die Nachricht, daß unser einziger, herzensguter und hoffnungsvoller Junge und Bruder, der ∰-Sturmmann
> **Heinz Kunert**
> im blühenden Alter von 19 Jahren am 23. 10. 44 bei den schweren Kämpfen in Italien sein junges Leben ließ.
> **Otto Kunert und Frau,
> Anni Kunert als Schwester.**
> Potsdam, Im Bogen 24.

09. 11.
der OB Hans Friedrichs teilt mit: *„Es wird nochmals darauf hingewiesen, dass es unbedingt notwendig ist, die Rattenplage energisch zu bekämpfen."*

10. 11.
Schlagzeile in der PT
Schlacht an der lothringischen Grenze nimmt an Heftigkeit zu

11./12.11
Schlagzeile in der PT
Die Wirkung von „V2" [82]

12. 11.
„Musikalische Totenehrung" der NSDAP-Kreisleitung Potsdam in der Garnisonkirche; unter Leitung von Prof. Karl Landgrebe tragen der Städtische Chor Potsdam und das Orchester des Deutschen Opernhauses Wilhelm Bergers Werk für gemischten Chor und Orchester „An die großen Toten" sowie das „Requiem" von Max Reger vor

---

[82] „Aggregat 4" (A4) war die Typenbezeichnung für die erste voll funktionstüchtige Großrakete. Die Boden-Boden-Rakete, vor allem eingesetzt gegen England, war vom Minister für Volksaufklärung und Propaganda, Joseph Goebbels, als „V2", als „Vergeltungswaffe 2" bezeichnet worden.

12. 11.
im Lustgarten werden die ersten Potsdamer Einheiten des Volkssturms vereidigt; Gauleiter Emil Stürtz führt u.a. aus: *„Wie in Potsdam so sind in der Mark Brandenburg und im weiten Deutschen Reiche überall die Männer des Volkssturms aufmarschiert, um die Unabhängigkeit Deutschlands zu verteidigen. [...] Wir sind der deutschen Wehrmacht näher gerückt und stolz darauf, nun auch Waffenträger der Nation zu sein. Wir werden, wenn das Schicksal es von uns verlangt, genau so wie die Soldaten der aktiven Wehrmacht unsere Pflicht erfüllen."*

Potsdamer Volkssturm

13. 11.
der Schauspieler, Intendant und Regisseur Hans Schlenck verstirbt (geb. 14. 03. 1901); u.a. wirkte er in dem Ufa-Film „Heideschulmeister Uwe Karsten" mit

13. 11.
die für den Monat November festgesetzte Ration von 250 g Waschmittel wird bis zum 10. 12. verlängert

14. 11.
Schlagzeile in der PT
Schlachtschiff „Tirpitz" außer Gefecht gesetzt – ein Teil der Besatzung wurde gerettet

14. 11.

auf Weisung des Reichsministeriums des Innern stellt das Erbgesundheitsgericht Potsdam seine Tätigkeit ein; seit Aufnahme
der Tätigkeit des Gerichts im Jahr 1934 wurden 4.120 Zwangs-
sterilisationsverfahren angeordnet; das Erbgesundheitsgericht
war zuständig für die Stadtkreise Brandenburg/H., Potsdam,
Rathenow sowie die Landkreise Zauch-Belzig, den überwie-
genden Teil der Kreise Jüterbog-Luckenwalde, Westhavelland
sowie Teile des Kreises Osthavelland, Teltow und Jerichow II
(Provinz Sachsen)

15. 11.

19.18 – 20.12 Uhr Fliegeralarm

17. 11.

Schlagzeile in der PT
Dritte Schlacht bei Aachen

19. 11.

der Landschafts- und Genremaler Julius Dettmann verstirbt
(geb. 25. 07. 1865); als „Maler des Weltkriegs" ist er mit zahlreichen Bildern im Potsdamer Garnisonmuseum vertreten

20. 11.

23.04 – 23.12 Uhr Fliegeralarm

20. 11.

in Potsdam beginnt der „Güterverkehr mit Straßenbahn" (Straßenbahnen werden dafür eingesetzt, beladene Lastwagen durch
die Straßen der Stadt zu ziehen; für Personen sind diese Straßenbahnen gesperrt)

20. 11.

Beginn der Dreharbeiten zum 205. Ufa-Film „Das Leben geht
weiter" mit Gustav Knuth, Hilde Krahl, Marianne Hoppe,
Viktor de Kowa, Heinrich George, Friedrich Kayssler, Will
Dohm, Karl Schönböck, Paul Henckels, Hilde Körber uva.;
Regie: Wolfgang Liebeneiner; der letzte Ufa-Film wird nicht
mehr fertig gestellt und gilt als verschollen

21. 11.
eine amtliche Bekanntmachung in der PT fordert die Senkung des Stromverbrauchs in den Haushalten um 10 Prozent

21. 11.
der Kommunist Richard Kuckuck wird vom Potsdamer Kammergericht wegen „Beihilfe zum Hochverrat und Feindbegünstigung" zu drei Jahren Zuchthaus und Ehrverlust verurteilt

24. 11.
Schlagzeile in der PT
Feindliche Panzergruppe drang in Strassburg ein

24. 11.
18.59 – 19.47 Uhr Fliegeralarm

25. 11.
Befehl des Führers Adolf Hitler, der „…*todesmutige Tapferkeit für die Kommandoführung…*" auch in ausweglosen Situationen anordnet

26. 11.
das Potsdamer Landgericht verurteilt Herta Koster zu einer Zuchthausstrafe von einem Jahr und zwei Jahre Ehrverlust; sie war „…*in nähere Beziehungen…*" zu einem französischen Kriegsgefangenen getreten

26. 11.
die Laienspielschar der HJ führt in der NAPOLA „Die Majorin" von Georg Rendl auf; die Zuschauer, „…*Führerinnen der Führerschule* [83], *Mädel aus dem Augustastift in Hermannswerder, Jungen der NPEA* [84] *und Eltern der Laienspielscharmädel,…*" sind begeistert

27. 11.
18.45 – 19.38 Uhr Fliegeralarm

---

83 Gemeint ist die Führerschule des BDM.
84 Gemeint ist die Nationalsozialistische Erziehungsanstalt (NAPOLA).

November
in Potsdam werden 6 Fliegeralarme gegeben

November
die PT veröffentlicht 133 Todesanzeigen Gefallener

02. 12.
21.30 – 22.10 Uhr Fliegeralarm

04. 12.
Schlagzeilen in der PT
Zwischen Metz und Straßburg – Flakbatterien halten bis zum letzten Schuss
Kanoniere mit der Panzerfaust

04. 12.
der Potsdamer Verleger August Bonnes wird im Zuchthaus Brandenburg/H. hingerichtet (geb. 03. 06. 1890); er war wegen „*...defaitistischer Reden...*" verurteilt worden; Gauleiter Emil Stürtz drängt auf eine schnelle Hinrichtung mit der Bemerkung: „*Wenn die Potsdamer die Nationalsozialisten nicht lieben, sollen sie sie fürchten.*"

05. 12.
alle deutschen Frauen über 18 Jahre werden zur „Verteidigung des deutschen Reiches" aufgerufen; die NS-Frauenführerin Gertrud Scholz-Klink gibt dazu die Parole aus: „*Hilf dir selbst, so hilft dir Gott!*"

05. 12.
Schlagzeilen in der PT
Schwere Abwehrkämpfe in Mittelitalien
Wehrhilfe für die kämpfende Front
Aufruf zum Eintritt in das Wehrmachtshelferkolleginnenkorps

05. 12.
10.35 – 11.41 Uhr Fliegeralarm

06. 12.
Schlagzeile in der PT
Sowjetischer Großangriff bei Budapest

06. 12.
dem Minister für Volksaufklärung und Propaganda, Joseph Goebbels, wird ein Dokument über die finanziell erfolgreichsten Filme vorgelegt; darin heißt es: „*...von den rd. 280 Filmen der staatsmittelbaren Firmen (haben) 41 Filme im Inland ein Einspielergebnis von 5 Mio. RM und mehr...*"; zu den 16 erfolgreichsten Filmen gehören aus den Babelsberger Studios:

„Die goldene Stadt" (1942)	12,5 Mio. RM
„Immensee" (1943)	10 Mio. RM
„Wunschkonzert" (1940)	8,8 Mio. RM
„Die Frau meiner Träume" (1944)	8 Mio. RM
„Münchhausen" (1943)	8 Mio. RM
„Frauen sind doch bessere Diplomaten" (1941)	7 Mio. RM
„Annelie" (1941)	7,32 Mio. RM
„... reitet für Deutschland" (1940)	7 Mio. RM
„Die Feuerzangenbowle" (1944)	7 Mio. RM

06. 12.
20.07 – 21.00 Uhr Fliegeralarm

07. 12.
das Landgericht Potsdam verurteilt Dora W. zu einer Gefängnisstrafe von acht Monaten wegen „Arbeitsuntreue" und mangelnder Arbeitsleistung; in der Begründung heißt es: „*...sie habe schlechter gearbeitet als die schlechteste Ausländerin*".

07. 12.
in der Potsdamer Kreisfrauenschaftsleitung (Junkerstraße 30; heute Gutenbergstraße) melden sich die ersten Mädchen und Frauen für den Einsatz im „Wehrmachtshelferinnenkorps", „*... um in dieser ernsten Zeit neue kriegsentscheidende Aufgaben zu übernehmen.*"

08. 12.
Schlagzeile in der PT
Straßenschlacht in Athen

09. 12.
21.38 – 22.26 Uhr Fliegeralarm

09. 12.
die DRK-Kreisstelle Potsdam wird mit der Urkunde für hervorragende Leistungen ausgezeichnet

10. – 12. 12.
Verkauf von Weihnachtsbäumen in Potsdam; es „...*wird jeder Potsdamer Haushalt zu Weihnachten seinen Baum haben, wenn nicht allzu viele für Verwandte und Bekannte außerhalb einkaufen und dadurch ihre Mitbürger schädigen*".

13. 12.
13.56 – 14.22 Uhr Fliegeralarm

15. 12.
Premiere [85] des Ufa-Spielfilms „Große Freiheit Nr. 7"; nach der Regie von Helmut Käutner und dem Drehbuch von Helmut Käutner sowie Richard Nicolas stehen vor der Kamera von Werner Krien u.a. die Schauspieler Hans Albers, Ilse Werner, Hans Söhnker, Gustav Knuth, Hilde Hildebrand und Helmut Käutner

16. 12.
Beginn der Ardennenoffensive der deutschen Wehrmacht; sie endet am 21. 01. 1945; es ist der letzte große Versuch der deutschen Streitkräfte, den Kriegsverlauf entscheidend zu ändern; die deutsche Luftwaffe wird so geschwächt, dass sie kaum noch in das Kriegsgeschehen eingreifen kann

16./17. 12.
Schlagzeilen in der PT
Die geplante Zerstückelung Deutschlands

---

85 Die Premiere findet in Prag statt, da der Film am 12. 12. 1944 für Deutschland verboten wird; die deutsche Erstaufführung findet deshalb erst am 06. 09. 1945 in Berlin statt.

Besprechungen de Gaulle – Stalin
Erfolgreiche deutsche Angriffe im Oberelsass

17. 12.
im Kreisfrauenschaftsheim in der Junkerstraße 30 (heute Gutenbergstraße) werden freiwillige Wehrmachtshelferinnen durch
die Kreisfrauenschaftsleiterin, Jahns, verabschiedet; sie erinnert
daran, *„...dass die Mädel in einer Zeit, in welcher der Feind
die Grenzen des Reiches bedroht, nicht hinter ihren Kameraden
von der Hitler-Jugend zurückstehen wollen, sondern tapferen
Herzens dem Ruf folgen, der in dieser Notzeit ergangen ist".*

18. 12.
12.02 – 12.24 Uhr und
21.50 – 22.07 Uhr Fliegeralarm

20. 12.
die Gefolgschaft der Heeresstandortverwaltung übergibt den Kindern Gefallener oder im Felde stehender Kameraden im großen
Saal des Militärwaisenhauses 600 Stück gebasteltes Spielzeug

20. 12.
Schlagzeilen in der PT
Angriffsspitzen weiter vorgetrieben
Im Westen bisher über 10 000 Gefangene
Deutschland ist stark und gefährlich

21. 12.
21.45 – 22.15 Uhr Fliegeralarm

23. 12.
die PT veröffentlicht ein Weihnachtsgedicht von Maria Ruhnke,
in dem es heißt:

„Leuchte mit wärmendem Scheinen
jenen ins Herz, die da weinen
unter des Leides Gewicht,
löse den Reif ihrer Schmerzen,
dass nun der Glanz heller Kerzen
tröstend zu ihnen spricht."

24. 12.

die nicht eingezogenen Mitglieder der „Chorgemeinschaft Babelsberg" treten im Krankenhaus und in Lazaretten Babelsbergs auf; sie tragen „...*Weihnachts-, Heimat- und Vaterlandslieder...*" vor

25. 12.

Beginn der Schlacht um Budapest; der deutsche Widerstand wird gebrochen, und ein Vorrücken der Roten Armee kann nicht verhindert werden; die Schlacht endet am 13. 02. 1945

28. 12.

13.20 – 13.32 Uhr Fliegeralarm

28. 12.

der OB Hans Friedrichs teilt zur Müllabfuhr in Potsdam mit: „*Die Aufstellung von zusätzlichen Kästen kann nicht mehr erfolgen. Die laufend instandgesetzten Kästen reichen kaum aus, um die unbrauchbar gewordenen auszutauschen. Kriegsbedingte Gründe machen es unmöglich, Abholtermine einzuhalten.*"

31. 12.

18.32 – 19.25 Uhr Fliegeralarm

31. 12.

zum Jahreswechsel schreibt die PT: „*Wieder ist ein Jahr abgelaufen, und an der Grenze zwischen dem alten und dem neuen Jahr halten wir einen Augenblick betrachtend inne. Wann wäre ein Jahr nicht voll Hoffnung und mit tausend Wünschen begonnen worden! Sie gelten dem Jahr 1945 wie sie dem Jahr 1944 galten. 1944 – es waren Monate voll Sorge, in denen das Schicksal tief in unser Leben eingriff. Auch unser altes Potsdam hat in manchem sein Gesicht verändert. Neue Menschen kamen und brachten einen anderen Rhythmus in den Ablauf des Alltags. Wir haben auf vieles Vertraute verzichtet und wir haben uns einrichten und bescheiden gelernt. An der Schwelle des Jahres 1945 bewegen uns mancherlei Wünsche, aber sie werden uns nicht darin beirren, immer das Notwendige zu tun.*"

Dezember
in Potsdam werden 10 Fliegeralarme gegeben

Dezember
die PT veröffentlicht 74 Todesanzeigen Gefallener

1945

01. 01.
12.16 – 13.15 Uhr Fliegeralarm

02. 01.
Schlagzeilen in der PT
Glauben – Kämpfen – Arbeiten
Neujahrsansprache des Führers an das deutsche Volk

02. 01.
18.33 – 19.10 Uhr Fliegeralarm

03. 01.
Aufruf des Gauleiters der darin Mark Brandenburg, Emil Stürtz, zum „Volksopfer 1945"; in ihm heißt es u.a.: *„Gemessen an den heroischen Leistungen unserer Soldaten, die Leben und Gut der Heimat schützen, und an den Verlusten, die viele Tausende von Volksgenossen durch den feindlichen Bombenterror erlitten, ist dieses Volksopfer der Heimat für diejenigen, die noch vieles aus dem Frieden zu erhalten in der Lage waren, keine unzumutbare Verpflichtung. Seine Erfüllung soll deshalb mehr als reichlich sein, denn aus ihm erwachsen die Mittel für eine machtvolle Fortführung des nun aufs Neue entbrannten aktiven Kampfes zur Erringung des Sieges."*

03. 01.
18.33 – 19.20 Uhr Fliegeralarm

04. 01.
der Ehrenvorsitzende des Potsdamer Ruder-Clubs, Louis Parlasca, verstirbt (geb. 02. 05. 1871); er war Vorsitzender des Clubs von 1905 – 1920 sowie 1925 – 1926

04./05. 01.
19.18 – 20.13 und
23.24 – 00.21 Uhr Fliegeralarm

05. 01.
für Potsdam wird die allgemeine Verdunklung angeordnet

05. 01.
12.20 – 12.45 Uhr,
19.12 – 20.08 Uhr und
22.07 – 23.15 Uhr Fliegeralarm

06. 01.
Eröffnung einer Graphikausstellung im Marstall; die PT schreibt:
*„Die Kunstwerke, die in der Ausstellung gezeigt werden, stehen
zum größten Teil auch zum Verkauf zur Verfügung. Das werden
alle diejenigen freudig begrüßen, die sich nach schwerem Bom-
benschaden jetzt wieder ein eigenes Heim einrichten.“*

06. 01.
20.09 – 20.33 Uhr Fliegeralarm

06./07. 01.
Aufruf in der PT zu einer „Volksopfer-Sammlung" von Klei-
dern und Ausrüstungsgegenständen für die Wehrmacht und
den deutschen Volkssturm am 11. 01.: *„...noch niemals war
die Opferfreudigkeit schon in den ersten Tagen so groß wie bei
der jetzigen Sammlung von Kleidung und Ausrüstungsgegenständen für die Wehrmacht und den Deutschen Volkssturm.“*

Besitz ist ver-
gänglich – Frei-
heit und Ehre
bleiben! — Sie
sichern   dem
Volke Existenz,
Kultur   und
Leben.   Dafür
kämpfen wir. — Der Soldat an der Front
setzt sein Leben dafür ein, wir in der Heimat
die Arbeitskraft und den Opfermut! — Die
Leistung des Einzelnen ist seine Bewährung
und im „Volksopfer" findet sie Vollendung:
Öffnet die Schränke, die Truhen — öffnet
die Herzen und gebt. — Gebt aber nicht nur
das, was Ihr nicht mehr verwenden könnt,
opfert alles, was Ihr nicht täglich gebraucht! —
Wer das eine oder das andere Stück abgegeben
hat, hat seine Pflicht noch lange nicht erfüllt:
sein Opfer ist erst dann vollkommen, wenn
er alles zur Annahmestelle gebracht hat, was
er und seine Familie im Kriege entbehren kann.

Wartet die Front noch auf Dein Opfer?

07. 01.

Julius Schramm, Kunstschmied, Autor und Mitglied der Preußischen Akademie der Künste, verstirbt (geb. 05. 04. 1870); ihm „...kommt das große Verdienst zu, einen der edelsten Handwerkszweige, das Kunstschmiedehandwerk, vor dem Untergang bewahrt zu haben".

07. 01.

20.09 – 20.33 Uhr Fliegeralarm

10. 01.

in der „Verordnung des Führers zum Schutz der Sammlung von Kleidung und Ausrüstungsgegenständen für die Wehrmacht und den deutschen Volkssturm" heißt es u.a.: „Ich bestimme [...]: Wer sich an gesammelten oder vom Verfügungsberechtigten zur Sammlung bestimmten Sachen bereichert oder solche Sachen sonst ihrer Verwendung entzieht, wird mit dem Tod bestraft... Diese Verordnung tritt mit ihrer Verkündung durch Rundfunk in Kraft."

10. 01.

der Lyriker Rudolf Borchardt verstirbt (geb. 09. 06. 1877); 1919 schrieb er in Potsdam seinen Aufsatz „Rheinsberg"

11. 01.

die PT fordert auf: „Es ist Kameradenpflicht, diejenigen Uniformen und Ausrüstungsgegenstände abzuliefern, die für eine Ausstattung zur Verwendung während des Krieges im Wehrmachtseinsatz nicht mehr in Frage kommen."
ab 28. 02. werden die Potsdamer Volkssturmmänner in der Wilhelm-Frick-Schule mit diesen Uniformen und Gegenständen ausgerüstet

12. 01. – 03. 02.

während der Weichsel-Oder-Operation bildet die Rote Armee einen Brückenkopf bei Küstrin, dringt in Schlesien ein und befreit die Nordtschechoslowakei

13. 01.

22.05 – 22.43 Uhr Fliegeralarm

14. 01.
12.27 – 13.48 und
20.07 – 21.20 Uhr Fliegeralarm

14./15. 01.
23.23 – 00.37 Uhr Fliegeralarm

15. 01.
14.22 – 14.30 Uhr Fliegeralarm

16. 01.
Schlagzeile in der PT
Kampf um Ostpreußen neu entbrannt

16. 01.
11.06 – 12.20 und 21.28 – 22.32 Uhr Fliegeralarm

17. 01.
Warschau wird durch die Rote Armee befreit

17. 01.
die „Ersten Durchführungsbestimmungen zur Verordnung über
die Stellung der Angehörigen des deutschen Volkssturms" legen
fest: „*...Fällt die Heranziehung eines Volkssturmsoldaten, der
in einem Arbeits- oder Berufsbeziehungsverhältnis steht, in die
betriebliche Arbeitszeit, so ist der Volkssturmsoldat für die Zeit
der Heranziehung der Arbeit freizustellen...*"

18. 01.
05.00 – 05.24 Uhr Fliegeralarm

22. 01.
die Schule in Klein-Glienicke muss 200 Flüchtlinge aus dem
Osten aufnehmen

22. 01.
der Inhaber der Eisenwarenhandlung H. Hübner & Sohn,
Franz Hübner, wird hingerichtet (geb. 17. 07. 1884); wegen der
Äußerung, dass der deutsche Angriffskrieg das größte Übel für
Deutschland sei, wurde er zum Tode verurteilt

24. 01.
nach sechstägiger Flucht aus Oderfest (heute Przywor in Polen) erreicht die hochschwangere Luise Dudeck mit ihren vier Kindern Horst (15), Christa (11), Margot (7) und Günther (4) Potsdam

aus den Erinnerungen von Christa Silberbach und Margot Schindler:
„Am 24. 01. 1945 kamen wir endlich in Potsdam an und bei unserer Tante, Hildegard Grasser, in der Waisenstraße (heute Dortustraße) unter. Da sie selbst Mutter von drei Kindern war, erhielten wir eine Einweisung durch die Meldestelle – sie befand sich neben dem Alten Rathaus. „Kämmerer, Kiezstraße 5" – stand auf dem Zettel. Doch die Frau, die als Einzelperson über vier Zimmer verfügte, weigerte sich, uns aufzunehmen. Ein städtischer Beamter sorgte dann doch dafür, dass wir in dem Haus unterkamen – ein Zimmer und eine kleine Küche unter dem Dach konnten wir beziehen.
Am 27. 02. kam noch eine Bewohnerin hinzu, denn meine Mutter entband unsere Schwester Gisela. Das geschah auf dem Weg zum Krankenhaus direkt am Stadtkanal. Hilfreiche Potsdamer sorgten dafür, dass unsere Mutter in die Klinik kam.
Uns ging es bedeutend besser als vielen anderen Flüchtlingen aus dem Osten. Unser Onkel Werner Bachmann, wohnhaft in der Waisenstraße (heute Dortustraße), tat das, was man seinerzeit „organisieren" nannte. Auch in Potsdam war es während der letzten Wochen des Krieges üblich, dass Läden geplündert und ausgeraubt wurden. So hatte unser Onkel für die Familie ein reiches und reichhaltiges Warenlager angelegt, das uns überleben half, denn auf die Lebensmittelkarten, die wir auch als Flüchtlinge erhielten, gab es kaum noch etwas. Doch Onkel Werner hatte dänische Butter, hatte Brot, hatte Textilien und Schuhe.
Den Bombenangriff auf Potsdam am 14. 04. erlebten wir in der Kiezstraße. Unsere Mutter hatte sich immer geweigert, bei Fliegeralarm in den Luftschutzkeller zu gehen. Mit fünf Kindern in der staubigen und dunklen Enge des Kellers zu sitzen, war für sie eine schreckliche Vorstellung. Am 14. 04. aber folgte sie doch der dringlichen Aufforderung des Luftschutzwarts. Glücklicherweise, denn eine Luftmine rasierte das Dach

unseres Hauses ab – wir wären alle des Todes gewesen. Im hit-
zigen Feuerstaub über Trümmer stolpernd und immer in Angst,
von herabstürzenden Feuerbällen getroffen zu werden, fanden
wir den Weg in vorläufige Sicherheit zu Verwandten – am 15.
04. holte uns unser Großvater, Karl Scholz, nach Saarmund,
wo wir das Ende des Krieges erlebten."

24. 01.
Schlagzeile in der PT
Das Tannenbergdenkmal [86] *gesprengt – um es nicht in die Hand*
der Bolschewisten fallen zu lassen, es wurde von den deutschen
Truppen gesprengt

25. 01.
Schlagzeilen in der PT
Heftige Kämpfe um Oppeln und Gleiwitz
Erbitterte Kämpfe bei Kalisch, Posen und am Bromberger
Kanal

26. 01.
die „Verordnung zur Sicherung des Fronteinsatzes" bestimmt
u.a.: „...*Wer vorsätzlich bei der Überprüfung zur Freima-*
chung von Soldaten für die Front falsche oder unvollständige
Auskünfte erteilt oder falsche oder unvollständige Unterlagen
vorlegt und dadurch das Ziel der Überprüfung gefährdet, wird
wegen Sabotage zur Fronthilfe mit dem Tode oder mit Zucht-
haus bestraft..."

27. 01.
19.38 – 21.08 Uhr Fliegeralarm

27. 01.
in Potsdam beginnen „Zimmerkontrollen", um benötigten
Wohnraum für die Flüchtlinge aus Schlesien und Ostpreußen
zu erfassen; die Fahrräder müssen in den Kasernen abgegeben
werden

---

86 1927 wurde das Denkmal in Erinnerung an die Siege 1914 gegen die russische Armee
durch den Reichspräsidenten Paul v. Hindenburg eingeweiht. Es diente nach dem Tode v.
Hindenburgs (02. 08. 1934) als dessen Grabstätte.

28. 01.
20.05. – 21.18 Uhr Fliegeralarm

29. 01.
19.08 – 19.58 Uhr Fliegeralarm

29. 01.
der Historiker Dr. Karl-Heinrich Schäfer verstirbt im Konzentrationslager Sachsenhausen (geb. 27. 07. 1871); wegen Anhörens feindlicher Sender zu zwei Jahren Zuchthaus verurteilt, wurde er nach Verbüßung seiner Haftzeit nach Sachsenhausen verschleppt

30. 01.
anlässlich des 12. Jahrestages der Regierungsübernahme durch die Nationalsozialisten ruft der Führer Adolf Hitler in seiner letzten Rundfunkansprache das deutsche Volk zum entschlossenen Widerstand gegen die alliierten Streitkräfte auf und verspricht den Endsieg durch den Einsatz kriegsentscheidender Wunderwaffen

30. 01.
Premiere des Ufa-Films „Kolberg" in der eingeschlossenen Atlantikfestung La Rochelle [87] in der Regie von Veit Harlan nach dem Drehbuch von Veit Harlan und Alfred Braun; vor der von Bruno Mondi geführten Kamera agieren u.a. Heinrich George, Kristina Söderbaum und Paul Wegener; am 19. 03. vermerkt der Minister für Volksaufklärung und Propaganda, Joseph Goebbels, in seinem Tagebuch: *„Kolberg haben wir nunmehr räumen müssen. Die Stadt, die sich mit einem so außerordentlichen Heroismus verteidigt hat, konnte nicht mehr länger gehalten werden. Ich will dafür sorgen, dass die Räumung nicht im OKW-Bericht verzeichnet wird. Wir können das angesichts der starken psychologischen Folgen für den Kolberg-Film augenblicklich nicht gebrauchen."*

Januar
aus den Erinnerungen der Flakhelferin Ursula Borstorff:

---

87 Vergleiche 01. 06. 1943.

„Bei unsern Gängen durch die Stadt erlebte ich im eisigen Januar 1945 die endlosen Trecks aus dem Osten. Es war aussichtslos, Bekannte zu finden; Bauern, bei denen ich während der RAD-Zeit in der Nähe von Posen eine kurze Zeit gearbeitet hatte. Das waren schreckliche Eindrücke – und keiner konnte helfen!"

Januar
in Potsdam werden 20 Fliegeralarme gegeben

Januar
die PT veröffentlicht 92 Todesanzeigen Gefallener

01. 02.
die „Verordnung zur Einschränkung des Reiseverkehrs" besagt u.a.: *„…Wer vorsätzlich oder fahrlässig gegen eine vom Reichs-verkehrsminister [88] erlassene Anordnung zur Einschränkung des Reiseverkehrs auf Eisenbahnen verstößt, zur Erlangung einer Reisegenehmigung unrichtige Angaben macht oder eine unrichtige Bescheinigung ausstellt, wird mit Gefängnis und Geldstrafe oder mit einer dieser Strafen bestraft…"*

01. 02.
20.08 – 21.30 Uhr Fliegeralarm

02. 02.
die Ex-Kronprinzessin Cecilie verlässt mit drei Kindern und Handgepäck ihren Wohnsitz, Schloss Cecilienhof; sie flieht, mit einem Zobelfell-Mantel bekleidet; in ihrer Begleitung sind ihr Schwager und der Kabinettssekretär des Ex-Kronprinzen

02. 02.
03.40 – 04.35 Uhr und
19.51 – 20.36 Uhr Fliegeralarm

02. 02.
an der Glienicker Brücke werden Panzersperren errichtet

---

88 Julius Dorpmüller

03. 02.
10.31 – 12.20 Uhr Fliegeralarm

04. 02.
der Maler und Lehrer an der Akademie des Künstlerinnen-Vereins Berlin, Karl Wendel, verstirbt (geb. 14. 04. 1878), auf dem Bornstedter Friedhof ist er beigesetzt

04. 02.
19.45 – 20.16 Uhr Fliegeralarm

04. – 11. 02.
Konferenz von Jalta der Alliierten; u.a. werden das Deutsche Reich und die Reichshauptstadt in drei Besatzungszonen aufgeteilt [89]

05. 02.
die „Verordnung zur Sicherstellung des Brotgetreidebedarfs" legt u.a. fest: „...*Jeder Erzeuger von inländischer Gerste ist verpflichtet, die gesamte bei ihm noch vorhandene Menge an Gerste abzuliefern [...] Ausgenommen von der Ablieferungspflicht ist lediglich die Menge, die für Saatzwecke innerhalb des Betriebes des Erzeugers benötigt wird...*"

05. 02.
03.43 – 04.36 Uhr Fliegeralarm

05. 02.
Einstellung des Straßenbahnverkehrs in Potsdam

05. 02. – 12. 04.
die in Sippenhaft befindliche Nina Gräfin Schenk v. Stauffenberg wird unter dem Namen Frau Schank im St.-Joseph-Krankenhaus mit ihrer Tochter Konstanze (geb. 27. 01. 1945) behandelt; dabei wird sie von der Gestapo überwacht; am 12. 04. wird die Tochter heimlich getauft; Taufpate wird der Chefarzt Dr. Hans Schrank

---

89 Frankreich wurde noch nicht zu den Siegermächten des Krieges gezählt.

06. 02.
10.47 – 11.11 Uhr Fliegeralarm

07. 02.
19.48 – 20.10 Uhr Fliegeralarm

07. 02.
Schlagzeile in der PT
Angriffe bei Frankfurt an der Oder und Küstrin abgewiesen

08. 02.
20.37 – 21.37 Uhr und
22.50 – 23.42 Uhr Fliegeralarm

08. 02.
in Potsdam beginnt die stundenweise Stromabschaltung

09. 02.
12.02 – 12.49 Uhr Fliegeralarm

09. 02.
Schlagzeile in der PT
Kampf gegen die bolschewistische Sturmflut

09. 02.
auf der Prioritätenliste der zu zerstörenden deutschen Städte
durch die britische Luftwaffe taucht Potsdam unter dem Deck-
namen „Crayfish" [90] an achter Stelle auf

11. 02.
Budapest wird von der Roten Armee eingenommen

12. 02.
Erlass des Leiters der Parteikanzlei der NSDAP, Martin Bormann, der den Einsatz von Frauen und Mädchen im Volkssturm
vorsieht; u.a. wird die Aufstellung von Frauenbataillonen vor-
gesehen

---

90 Flusskrebs

12. 02.
im Deutschen Reich werden die Lebensmittelrationen für die
Zivilbevölkerung um mehr als 10 Prozent gekürzt

13. 02.
21.02 – 22.29 Uhr Fliegeralarm

Mitte Februar
aus dem „Potsdamer Tagebuch 1945 -1946" der Hanna Grisebach:
„Als ich einige Tage danach zur Stadt ging, um Brot aufzu-
treiben, begegnete mir aber ein viel bewegenderes Bild des
beginnenden Chaos: Tausende von KZ-Häftlingen, die aus
einem der großen östlich der Oder liegenden Lager evakuiert
waren, zogen teils mit auf dem Rücken zusammengebundenen
Händen, alle trotz der eisigen Kälte nur mit dem blauweißge-
streiften Drillichanzug bekleidet, an den vielen Menschen vor-
über, welche die Straßen in dumpfem Schweigen säumten. Auch
wir waren ja Gefangene, sonst wären wir auf sie zugestürzt und
hätten sie befreit. Den Schluss des Elendszuges bildeten Tanks
– die schwachen Gestalten, die nur mit größter Anstrengung
vorwärts wankten, von den riesigen Ungeheuern bewacht zu
sehen, wirkte als grausiger Hohn."

14. 02.
12.34 – 13.05 Uhr,
13.22 – 13.48 Uhr und
20.48 – 22.05 Uhr Fliegeralarm

15. 02.
die „Verordnung über die Errichtung von Standgerichten" verfügt u.a.: „*...Die Härte des Ringens um den Bestand des Rei-*
ches erfordert von jedem Deutschen Kampfentschlossenheit und
Hingabe bis zum äußersten. Wer versucht, sich seinen Pflichten
gegenüber der Allgemeinheit zu entziehen, insbesondere wer dies
aus Feigheit oder Eigennutz tut, muss sofort mit der notwendigen
Härte zur Rechenschaft gezogen werden, damit nicht aus dem
Versagen eines einzelnen dem Reich Schaden erwächst. Es wird
deshalb auf Befehl des Führers [...] angeordnet: [...] In feind-
bedrohten Reichsverteidigungsbezirken werden Standgerichte

gebildet. [...] Das Standgericht besteht aus einem Strafrichter als Vorsitzenden sowie einem politischen Leiter oder Gliederungsführer der NSDAP und einem Offizier der Wehrmacht, der Waffen-SS oder der Polizei als Beisitzer. [...] Die Standgerichte sind für alle Straftaten zuständig, durch die die deutsche Kampfkraft oder Kampfentschlossenheit gefährdet wird. [...] Das Urteil des Standgerichts lautet auf Todesstrafe, Freisprechung oder Überweisung an die ordentliche Gerichtsbarkeit..."

15. 02.
in der deutschen Wochenzeitschrift „Das Reich" veröffentlicht der Minister für Volksaufklärung und Propaganda, Joseph Goebbels, einen Artikel, in dem er sich für die Fortsetzung des Krieges ausspricht, weil der zu erwartende Frieden dem deutschen Volk „*...die Versklavung...*" bringe

15. 02.
Schlagzeile in der PT
Fanatischer Kampf – unsere Antwort auf Jalta

15. 02.
00.15 – 00.48 und
10.57 – 12.33 Uhr Fliegeralarm

15. 02.
die 15- bis 16-jährigen Schüler der 6. und 7. Klassen der Potsdamer Oberschulen werden zum Dienst in den Flugzeugabwehrkanonen-Stellungen (Flak) eingezogen

18. 02.
19.26 – 20.13 Uhr Fliegeralarm

19. 02.
Flüchtlinge aus den ehemals östlichen Gebieten des Deutschen Reichs erhalten in Potsdam 0,5 kg Zucker und 125 g Seifenpulver als Sonderzuteilung

20. 02.
19.56 – 20.35 und
21.20 – 22.05 Uhr Fliegeralarm

21. 02.
14.35 – 14.53 Uhr,
15.26 – 15.37 Uhr und
20.35 – 21.25 Uhr Fliegeralarm

21./22. 02.
23.45 – 00.41 Uhr Fliegeralarm

22. 02.
11.40 – 13.06 Uhr,
19.50 – 20.48 Uhr und
21.12 – 21.26 Uhr Fliegeralarm

22. 02.
Generalmajor Johannes Keppel verstirbt (geb. 21. 01. 1858);
von 1887-1890 war er Assistent beim Kadettenhaus in Potsdam;
auf dem Bornstedter Friedhof ist er beigesetzt

23. 02.
19.50 – 20.53 Uhr Fliegeralarm

24. 02.
22.26 – 23.30 Uhr Fliegeralarm
eine Luftmine fällt auf das Haus Viktoriastraße 5 und 6 (heute
Geschwister-Scholl-Straße); es kommen 10 Menschen ums Leben

25. 02.
10.49 – 11.10 Uhr und
20.10 – 20.55 Uhr Fliegeralarm

25. 02.
die Potsdamer Fachgruppe der Imker hält im Eisenbahnerhotel
in Potsdam-Babelsberg ihre Jahresversammlung ab; der Vorsitzende Drahtschmidt lenkte die Gedanken „...*auf die Kämpfe
im heimatlichen Raume, auf die Unterbringung der zahlreichen
Kriegsgäste und auf die Terrorangriffe, die auch der märkischen
Bienenwirtschaft empfindliche Schäden zugefügt haben*"; 2.056
Völker wurden eingewintert – davon 473 in Potsdam, 384 in
Babelsberg, 126 in Bornim und 62 in Bornstedt

26. 02.
11.10 – 14.09 Uhr und
20.08 – 21.00 Uhr Fliegeralarm
bei einem Treffer im Haus Spandauer Straße 21 (heute Friedrich-Ebert-Straße) wird ein Mensch getötet

26. 02.
Schlagzeile in der PT
Am Ende steht der Sieg des Reiches

27. 02.
20.40 – 21.25 Uhr Fliegeralarm

27. 02.
Flüchtlingsfrauen erhalten die Möglichkeit, im Haus der Kreisfrauenschaft in der Junkerstraße (heute Gutenbergstraße) für sich selbst warme Hausschuhe anzufertigen

28. 02.
02.30 – 03.16 und
20.00 – 20.53 Uhr Fliegeralarm

28. 02.
eine Anordnung des Reichsministers für Ernährung und Landwirtschaft, Herbert Backe, bestimmt, dass die Haltung von Enten, Gänsen, Truthähnen und Perlhühnern *„...bei der angespannten Lage..."* verboten ist; Geflügelhalter in den Städten haben die gesamten Geflügelbestände abzuschaffen; weiter wird angeordnet: *„...Hühnerhalter dürfen ab 1. Juni 1945 für jede zum Haushalt gehörende deutsche Person nur eine Henne halten..."*

28. 02.
in Potsdam wurden 30.000 Flüchtlinge aus den Ostgebieten des Deutschen Reichs registriert

28. 02.
die Potsdamer Volkssturmmänner werden in der Wilhelm-Frick-Schule mit Uniformen und Ausrüstungsgegenständen ausgerüstet, die aus einer „Notopfersammlung" stammen [91]

---

91 Vergleiche 11. 01. 1945.

Februar
in Potsdam werden 36 Fliegeralarme gegeben; 11 Menschen
verlieren ihr Leben

Februar
die PT veröffentlicht 90 Todesanzeigen Gefallener

01. 03.
Tagesangebot der Gasstätte Fritz Kleusch, Luisenplatz 7;
danach erhält jeder Gast nur eine Portion Essen bei Abgabe
von Fleisch- und Fettmarken

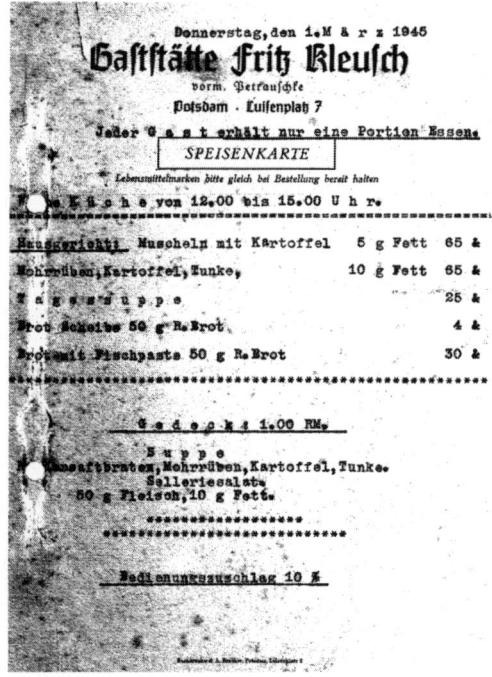

01. 03.
alle Potsdamer Haushaltungen werden verpflichtet, ¼ der zum
eigenen Verbrauch vorgesehenen Menge an Kartoffeln an die
Erfassungsstellen abzuliefern [92]

---

92 Es war üblich, den Kartoffelbedarf für das ganze Jahr einzukellern. Daher war eine
Überprüfung des ursprünglichen Bestandes bei den Haushaltungen und damit die Ab-
gabemenge zu überprüfen.

01. 03.
19.59 – 22.10 Uhr Fliegeralarm

02. 03.
der Potsdamer Polizeipräsident Heinrich v. Dolega-Kozierowski
teilt amtlich mit, dass der Jahrgang 1929 zur Erfassung für den
Militärdienst aufgerufen ist

02. 03.
09.46 – 11.16 Uhr,
13.10. – 13.13 Uhr,
13.45 – 14.00 Uhr,
20.12 – 20.59 Uhr und
21.23 – 23.14 Uhr Fliegeralarm

03. 03.
amerikanische Truppen befreien Manila

03. 03.
09.45 – 11.14 Uhr und
20.00 – 20.45 Uhr Fliegeralarm

04. 03.
03.10 – 04.00 Uhr Fliegeralarm

05. 03.
10.35 – 10.47 Uhr und
20.05 – 22.09 Uhr Fliegeralarm

05. 03.
die PT gibt folgende Kochempfehlung:
*„Die Kürzung der Rationen zwingt noch mehr als bisher zur
äußersten Ausnutzung der zugeteilten Lebensmittel. [...] Es
genügt z.B. nicht allein, dass man Nährmittel wie Haferflocken,
Grieß usw. so lange kocht, bis sie gar sind. Über das Garkochen hinaus sollen alle Nährmittel wenigstens dreißig Minuten
nachquellen. Erst in dieser Zeit schließen sie sich ganz auf und
werden so ausgiebig wie möglich. [...] Das Ausquellen erfolgt
am besten an der Seite der Feuerung oder auch in der Kochkiste.
Auch puddingartige Gerichte werden ausgiebiger, wenn man*

sie bereits am Tage vor dem Gebrauch zubereitet. Ebenso wird man alle Mehlteige für Omeletten, Pfannkuchen usw. möglichst ein bis zwei Stunden vor dem Gebrauch anrühren und stehen lassen. Das Mehl hat dann genügend Zeit, sich aufzuschließen, so dass der Teig viel ausgiebiger wird, als wenn man den angerührten Teig sogleich verwendet."

06. 03.
Schlagzeile in der PT
Weiterhin anhaltend starker Druck des Feindes am Niederrhein

06. 03.
der Generalleutnant Adelbert v. Taysen verstirbt (geb. 11. 12. 1878) im Lazarett zu Gotha; seine sterblichen Überreste werden am 16. 04. 1953 auf den Bornstedter Friedhof umgebettet

06. 03.
der Maschinensetzer Max Freitag begeht sein vierzig-jähriges Arbeitsjubiläum in der Druckerei der PT

06. 03.
20.06 – 21.25 Uhr Fliegeralarm

07. 03.
die Alliierten erobern die Brücke bei Remagen; es ist die letzte intakte Brücke über den Rhein

07. 03.
00.44 – 01.20 Uhr und
21.17 – 22.28 Uhr Fliegeralarm

07. 03.

Mitteilung über „Sperrzeiten von Strom" in der PT:

Sperrzeiten für Strom

Gruppe 1

Tag	6 Uhr	12	18	24
Sonntag 1. 3. 5. / 2. 4.	10^{15} ▮ 12^{15}	12^{15} ▮ 14^{00}	18^{00} ▮ 20^{00} / 20^{00} ▮ 22^{00}	Sonntag 1. 3. 5. / 2.
Montag	▮	▮		Montag
Dienstag		▮	▮	Dienstag
Mittwoch	▮	▮		Mittwoch
Donnerstag		▮	▮	Donnerstag
Freitag	▮	▮		Freitag
Sonnabend		▮		Sonnabend

7^{15} 11^{15} 14^{15} 18^{15} 20^{15} 22^{15}

Gruppe 2

Tag	6 Uhr	12	18	24
Sonntag 1. 3. 5. / 2. 4.	10^{15} ▮ 12^{15}	12^{15} ▮ 14^{00}	20^{00} ▮ 22^{00} / 18^{00} ▮ 20^{00}	Sonntag 1. 3. 5. / 2. 4.
Montag			▮	Montag
Dienstag	▮		▮	Dienstag
Mittwoch	▮		▮	Mittwoch
Donnerstag	▮	▮		Donnerstag
Freitag		▮	▮	Freitag
Sonnabend	▮	▮		Sonnabend

7^{15} 11^{15} 14^{15} 18^{15} 20^{15} 22^{15}

08. 03.

auf Befehl des Führers Adolf Hitler wird allen deutschen Familien die Sippenhaft angedroht für den Fall, dass ihre als Soldat im Kriege befindlichen Angehörigen sich in Gefangenschaft begeben, ohne bis zum Äußersten gekämpft zu haben

08. 03.

20.04 – 21.33 Uhr Fliegeralarm

09. 03.

Schlagzeile in der PT
Unsere Truppen im Abschnitt Düsseldorf-Köln auf das Ostufer zurückgenommen

09. 03.

Friedrich Wilhelm August V. wird vom Volksgerichtshof Potsdam, Kaiser-Wilhelm-Straße 8 (heute Hegelallee), zum Tode verurteilt; dem schwerkranken Mann wird das Abhören von Feindsendern vorgeworfen; am 10. 03. begeht er Selbstmord

09. 03.
20.12 – 21.16 Uhr Fliegeralarm

10. 03.
20.15 – 21.12 Uhr Fliegeralarm

11. 03.
Heldengedenken durch Soldaten eines Potsdamer Ersatz- und
Ausbildungsbataillons am Denkmal des 1. Garderegiments zu
Fuß; der Stadtkommandant v. Wulffen erklärt: „…*Wir sind
als entschlossenes Volk in den Existenzkampf eingetreten,
um unsere gute Sache bis zum guten Ende durchzukämpfen.
[…] Der würde das Leben unseres Volkes verraten, der würde
sich am Vermächtnis unserer Gefallenen versündigen, der den
Glauben an den Sieg verliert!*"

11. 03.
13.28 – 14.15 Uhr und
20.19 – 21.24 Uhr Fliegeralarm

12. 03.
12.19 – 12.38 Uhr und
20.33 – 21.46 Uhr Fliegeralarm

12. 03.
die Särge Friedrich Wilhelm I. und Friedrich II. werden aus
der Garnisonkirche zum Hauptquartier der Luftwaffe, nach
Potsdam-Geltow, gebracht
aus dem Bericht von Hauptmann Paul Klasen, Kommandeur
des Grenadier-Ersatzbataillons 9:
„…*Um 21.45 Uhr waren alle in der Garnisonkirche versam-
melt. Die Kirche war in weitem Umkreis umstellt. Die Zugangs-
straßen waren abgeriegelt. Der Kommandant General v. W. [93]
stand mit einigen Herren seines Stabes in der Mitte der Kirche.
Bläulich schimmerte der „Pour le Mérite" [94] im schwach erleuchteten Kirchenraum. Schweigend begrüßte er jeden von uns mit
Handschlag. Es konnte sich keiner dem bedrückenden Einfluss*

---

93 Generalmajor Gustav Adolf v. Wulffen
94 Gustav Adolf v. Wulffen war am 18. 04. 1918 mit dem höchsten Militärorden des deutschen Kaiserreichs ausgezeichnet worden.

dieser unwirklich anmutenden Situation entziehen. Niemand wagte zu sprechen. Ein gedämpftes: „Bitte, meine Herren!" Alle gruppierten sich mit leisem Sporenklingen um den General. Dann gab er mit belegter Stimme, sich ständig räuspernd, seine Anweisung. *„Meine Herren. Wir erleben heute etwas Einmaliges. Es ist uns, wenn auch aus taktischen Gründen, vergönnt, einem der Großen dieser Erde unser letztes Geleit zu geben. Ich habe Sie als ältere Offiziere hierzu ausersehen. Ich bitte Sie, bei der Umbettung in der Gruft Haltung einzunehmen und keine ungeziemende Neugierde zu zeigen. Was Sie zu tun haben, wissen Sie. Behalten sie diese Stunde in Ihrem Herzen."*

Die Offiziere nahmen die befohlene Stellung ein. Nach einigen Minuten kam der Fachmann, ein Meister mit seinen Gehilfen. Er ging durch das gebildete Spalier zur Gruft. Ein Gehilfe wollte die Tür schließen, wohl ahnend, wie viel brennende Augenpaare auf die Gruft gerichtet waren. Aber der Meister öffnete die Tür so weit, dass das Innere der Gruft zu übersehen war.

Zunächst wurde der Deckel des schwarzen Marmorsarges abgedeckt und der dunkle Sarg Friedrich des Großen herausgehoben. Dann wurde der Deckel des Sarges gelöst, wobei der Meister seine Anweisungen im leisen Flüsterton gab, und abgehoben. Eine kurze Zeitspanne verging. Der Meister stellte fest, dass eine Umbettung nicht erforderlich und der Sarg noch in gutem Zustand sei. Er schloss den Sarg wieder.

In dieser kurzen Zeitspanne sah der Chronist Friedrich den Großen. Ein kurzer Augenblick, ein einmaliges Erlebnis. Inmitten des Sarges, wunderbar erhalten, aber unwahrscheinlich klein, lag der König. Der bekannte große Stern vom Schwarzen Adler schimmerte auf der linken Brustseite des dunkelblauen Waffenrockes. Ein kleines, sehr eingefallenes Gesicht. Die Reitstiefel aus weichem schwarzen Leder waren vielfach geknifft. Das Gefühl, das die wenigen Männer empfanden, die Friedrich den Großen leibhaftig vor sich sahen, war auch später nicht möglich zu beschreiben.

Nun wurde der linke, größere Sarkophag, der Friedrich Wilhelm I. barg, geöffnet. Hier war eine Umbettung erforderlich. Die sehr enge Gruft machte es notwendig, dass zunächst der Sarg Friedrich des Großen hinausgetragen werden musste. Die ersten sechs Offiziere gingen hinein, um den Sarg herauszutragen. Hierbei sah der Chronist auch die sterblichen Über-

reste Friedrich Wilhelm I. Der Vater Friedrich des Großen litt bekanntlich unter Wassersucht und der Körper war schon stark verfallen. Der Dreispitz überschattete ein fast schwarzes Gesicht. Der dunkle verschossene Waffenrock war nicht gut erhalten. Auffallend waren die schweren, weit über die Knie reichenden gelben Schaftstiefel. Der bekannte Krückstock lag neben ihm.
Nachdem die Umbettung beendet war, trugen die hierfür bestimmten Offiziere die beiden Könige an den übrigen salutierenden Offizieren vorüber und hoben die Särge auf den Lastkraftwagen.
Anschließend wurden die Fahnen hinausgetragen und ebenfalls verladen. Noch einige Worte des Generals mit dem Dienstältesten der Luftwaffe und dann fuhr der Wagen behutsam an. Alle Hände flogen zum Stahlhelm, bis der Wagen mit den toten Königen in der Dunkelheit verschwunden war."
der Minister für Volksaufklärung und Propaganda, Joseph Goebbels, in sein Tagebuch: *„Den Sarg Friedrich des Großen haben wir jüngst aus der Garnisonkirche herausgeholt und in Sicherheit gebracht. Friedrich der Große soll nach dem Kriege nicht wieder in die Garnisonkirche kommen. Der Führer hat die Absicht, ihn entweder in der großen Ruhmeshalle der Wehrmacht ruhen zu lassen oder, wie er es testamentarisch gewünscht hatte, in seinem Park von Sanssouci."*

12. 03.
in Potsdam treten weitere Gassperrstunden (von 07.00 – 11.00, von 14.00 – 18.00 und von 20.00 – 23.00 Uhr) in Kraft

13. 03.
20.25 – 21.40 Uhr Fliegeralarm

14. 03.
20.41 – 22.03 Uhr Fliegeralarm

15. 03.
Schlagzeile in der PT
Einzelkämpfer – Wegweiser des Sieges

15. 03.
13.30 – 16.15 Uhr Fliegeralarm
Treffer im Haus Luckenwalder Straße 6
(heute Albert-Einstein-Straße) – ein Toter

20.55 – 21.50 Uhr Fliegeralarm

15. 03.
in der Aula der Potsdamer Wilhelm-Frick-Schule (heute Ein-
stein-Gymnasium) findet die letzte Verhandlung des Volksgerichtshofs statt [95]; wegen Wehrkraftzersetzung und Feindbegünstigung wird Maria Emanuel Markgraf von Meißen,
Chef des ehemaligen sächsischen Königshauses, zu 2 ½ Jahren
Zuchthaus verurteilt

16. 03.
13.51 – 14.20 Uhr und
20.50 – 22.12 Uhr Fliegeralarm

16. 03.
die PT informiert über die Rechte der „Rückgeführten" [96]: *„Die
Fürsorge für die Rückgeführten, insbesondere aus den jetzt von
den Bolschewisten besetzten deutschen Gebieten, ist oberste
Pflicht der Volksgemeinschaft. Rückgeführte Familien erhalten,
solange ihre normalen Bezüge noch nicht wieder gezahlt
werden bzw. für Mehraufwendungen und beim Ausfall ihrer
Einnahmequellen, von der Gemeindeverwaltung ihres Aufent-
haltsortes den Räumungsfamilienunterhalt."*

17. 03.
11.35 – 12.50 Uhr,
15.00 – 1505 Uhr und
20.50 – 21.49 Uhr Fliegeralarm

17. 03.
letzte Tagung des Potsdamer Geschichtsvereins im Hotel „Zum

---

95 Die Berliner Gebäude des Volksgerichtshofs waren beim Bombenangriff am 03. 02.
1945 zerstört worden.
96 Im offiziellen Sprachgebrauch werden die Flüchtlinge aus den vormals östlichen deutschen Gebieten als „Rückgeführte" bezeichnet.

Schwan" unter Leitung des Vorsitzenden, Dr. Wilhelm Ruppin;
Prof. Hans Leopold Kania erläutert farbige Lichtbilder, die Herr
Baumgart von Potsdam und der Umgegend angefertigt hatte

18. 03.
10.53 – 12.45 Uhr und
20.35 – 21.43 Uhr Fliegeralarm

18. 03.
der Potsdamer HJ-Bann 374 meldet 110 Freiwillige des Jahrgangs 1930 für die Wehrmacht und die Waffen-SS

19. 03.
Befehl des Führers Adolf Hitler zu Zerstörungen im Reichsgebiet:
*„Der Kampf um die Existenz unseres Volkes zwingt auch innerhalb
des Reichsgebietes zur Ausnutzung aller Mittel, die die Kampfkraft unseres Feindes schwächen und sein weiteres Vordringen
behindern. Alle Möglichkeiten, der Schlagkraft des Feindes
unmittelbar oder mittelbar den nachhaltigsten Schaden zuzu-
fügen, müssen ausgenutzt werden. Es ist ein Irrtum zu glauben,
nicht zerstörte oder nur kurzfristig gelähmte Verkehrs-, Nach-
richten-, Industrie- und Versorgungsanlagen bei der Rück-
gewinnung verlorener Gebiete für eigene Zwecke wieder in
Betrieb nehmen zu können. Der Feind wird bei seinem Rückzug
uns nur eine verbrannte Erde zurücklassen und jede Rücksicht-
nahme auf die Bevölkerung fallen lassen. Ich befehle daher:
1) Alle militärischen Verkehrs-, Nachrichten-, Industrie- und Versorgungsanlagen sowie Sachwerte innerhalb des Reichsgebietes,
die sich der Feind zur Fortsetzung seines Kampfes irgendwie sofort
oder in absehbarer Zeit nutzbar machen kann, sind zu zerstören.
2) Verantwortlich für die Durchführung dieser Zerstörungen sind:
Die militärischen Kommandobehörden für alle militärischen
Objekte einschließlich der Verkehrs- und Nachrichtenan-
lagen, die Gauleiter und Reichsverteidigungskommissare für
alle Industrie- und Versorgungsanlagen sowie sonstige Sachwerte. Den Gauleitern und Reichsverteidigungskommissaren
ist bei der Durchführung ihrer Aufgabe durch die Truppe die
notwendige Hilfe zu leisten.*

3) Dieser Befehl ist schnellstens allen Truppenführern bekanntzugeben, entgegenstehende Weisungen sind ungültig."

19. 03.
Schlagzeile in der PT
Feindlicher Übersetzungsversuch bei Duisburg abgewiesen

19. 03.
13.30 – 13.58 Uhr Fliegeralarm

20. 03.
03.45 – 04.35 Uhr,
15.55 – 16.55 Uhr und
20.52 – 21.47 Uhr Fliegeralarm

21. 03.
amerikanische Truppen befreien Burma

21. 03.
03.10 – 04.48 Uhr,
09.00 – 09.45 Uhr und
20.47 – 21.57 Uhr Fliegeralarm

22. 03.
03.30 – 04.24 Uhr und
12.00 – 14.07 Uhr Fliegeralarm

22./23. 03.
22.57 – 00.05 Uhr Fliegeralarm

23. 03.
12.04 – 12.25 Uhr Fliegeralarm

23./24. 03.
23.11 – 00.20 Uhr Fliegeralarm

24. 03.
12.05 – 13.00 Uhr,
13.23 – 13.42 Uhr,
13.47 – 13.57 Uhr,

14.20 – 14.32 Uhr und
20.40 – 22.30 Uhr Fliegeralarm

25. 03.
09.50 – 10.45 Uhr und
20.00 – 21.45 Uhr Fliegeralarm

25. 03.
Verpflichtungsfeier im Konzerthaus für die 14jährigen; Ortsgruppenleiter Wetzel fordert die Jungen und Mädchen auf: *„Es
geht um mehr als nur jung zu sein und zu leben! [...] So wollen
wir trotz Not und tausendfältigen Leides aufrecht, gefasst und
jederzeit bereit um den Führer geschart stehen und kämpfen,
bis die Vorsehung uns den Sieg in die Hände gibt!"*

26. 03.
13.51 – 14.12 Uhr und
20.54 – 22.34 Uhr Fliegeralarm

26. 03.
der Kunstmaler Max Rüdiger v. d. Lage verstirbt (geb.
14.01.1862); auf dem Neuen Friedhof ist er beigesetzt

26. 03. – 30. 06.
amerikanische Truppen erobern die japanische Insel Okinawa

27. 03.
20.47 – 22.02 Uhr Fliegeralarm

27. 03.
die PT teilt mit, dass der Terminus „Öffentliche Luftwarnung"
in „Kleinalarm" geändert wird; es handelt sich *„...um eine
neue Bezeichnung, die kürzer und einprägsamer ist"*.

28. 03.
10.07 – 12.07 Uhr Fliegeralarm

29. 03.
der 74jährige Franzose Octavian M. wird wegen Arbeitsver-
tragsbruchs vom Potsdamer Volksgerichtshof zu neun Monaten

Gefängnis verurteilt; am 23. 04. wird er „...*nach Potsdam ent-lassen...*"

29. 03.
03.24 – 04.10 Uhr Fliegeralarm

30. 03.
15.55 – 16.07 Uhr und
21.17 – 22.09 Uhr Fliegeralarm

31. 03.
08.53 – 10.00 Uhr Fliegeralarm

Ende März
aus den Erinnerungen von Dr. Manon Andreas-Grisebach:
„Im Neuen Garten wurden Schützengräben ausgehoben. Mein Schulweg ging daran vorbei, die Gräben verliefen quer zum Hauptweg, die Schaufelnden waren russische Kriegsgefangene, ärmlich in ihren abgewetzten braunen Filzmänteln. Ich sah wie hungrig sie waren und gab ihnen ein paar Tage lang morgens mein Schulbrot, trockenes Brot. Der deutsche Soldatenposten schaute jedes Mal in die andere Richtung."

März
in Potsdam werden 58 Fliegeralarme gegeben; 1 Mensch verliert sein Leben

März
die PT veröffentlicht 164 Todesanzeigen Gefallener

02. 04.
22.55 – 23.51 Uhr Fliegeralarm

03. 04.
der Reichsführer SS, Heinrich Himmler, ordnet an, die männlichen Bewohner der Häuser sofort zu erschießen, an denen die weiße Fahne gehisst worden ist

03. 04.
Schlagzeilen in der PT
Der „Wehrwolf" [97] *kämpft!*
Bewegung nationalsozialistischer Freiheitskämpfer

03. 04.
die Schriftstellerin Dorothee Goebler verstirbt (geb. 26. 10.
1867); in mehreren Büchern und zahlreichen Artikeln schildert
sie die Schönheiten Potsdams

03. 04.
17.28 – 17.35 Uhr Fliegeralarm

03./04. 04.
23.05 – 01.15 Uhr Fliegeralarm

04. 04.
Ungarn wird völlig von der Roten Armee befreit

04. 04.
09.09 – 10.45 Uhr und
22.28 – 23.37 Uhr Fliegeralarm

04. 04.
die PT teilt mit, dass die Neuanfertigung von Damen- und Her-
renschirmen ab sofort untersagt ist; weiterhin wird mitgeteilt,
dass Süßwaren nur noch an deutsche Kinder in einer Menge
von 100 g abgegeben werden dürfen

05. 04.
01.24 – 01.48 Uhr und
11.37 – 11.52 Uhr Fliegeralarm

06. – 13. 04.
siegreiche Schlacht der Roten Armee um Wien

---

97 Im September 1944 erteilte der Reichsführer SS, Heinrich Himmler, den Befehl zum
Aufbau des Werwolfs, einer Freischärler-Organisation, die die Aufgabe hatte, im feindlichen Hinterland Sabotageakte auszuführen. Nach dem Krieg wurden in der sowjetisch
besetzten Zone zahlreiche Jugendliche – auch in Potsdam – verurteilt, die im Verdacht
standen, dem Werwolf anzugehören.

07. 04.
13.32 – 14.51 Uhr und
22.51 – 23.16 Uhr Fliegeralarm

08. 04.
11.42 – 12.50 Uhr Fliegeralarm

08./09. 04.
22.23 – 00.05 Uhr Fliegeralarm

09. 04.
die Berliner S-Bahn darf nur noch von Berufstätigen benutzt
werden, die einen Sonderausweis besitzen

09. 04.
die PT schreibt: „*Der Feind steht tief im deutschen Vaterland.
Wenn wir uns ihm mit wilder Entschlossenheit und höchstem
persönlichem Einsatz entgegen werfen, wird er geworfen
werden. Es lebe der Führer!*"

09. 04.
Schlagzeile in der PT
In Thüringen der Gegner am weiteren Vorstoß gehindert

09. 04.
16.04 – 16.48 Uhr und
22.07 – 23.29 Uhr Fliegeralarm

10. 04.
14.23 – 15.59 Uhr und
18.04 – 18.22 Uhr Fliegeralarm

10./11. 04.
21.45 – 00.15 Uhr Fliegeralarm

11./12. 04.
22.23 – 00.17 Uhr Fliegeralarm

12. 04.
Besprechung der Kommandeure der Luftstreitkräfte im Obersten

Hauptquartier der alliierten Expeditionsstreitkräfte; der Luftangriff auf Potsdam wird beraten und beschlossen

12. 04.
die Jüdin Margarete Beyer verstirbt in Auschwitz (geb. 10. 06. 1893); am 03. 12. 1943 im Potsdamer Ortsteil Bergholz-Rehbrücke inhaftiert, war sie schließlich in das Konzentrationslager Auschwitz gebracht worden; dort hatte sie die Befreiung am 27. 01. 1945 erlebt, war aber an den Folgen der unmenschlichen Lagerbedingungen gestorben

12./13. 04.
22.17 – 00.19 Uhr Fliegeralarm

12. – 17. 04.
die alliierten Truppen schließen starke Verbände der Wehrmacht im Ruhrgebiet ein; es ist eine der letzten großen Schlachten in europäischem Raum während des Krieges

13. 04.
14.53 – 15.15 Uhr Fliegeralarm

13. 04.
die PT schreibt: „*Ab sofort werden an die Verbraucher 1/8 kg Zwiebeln auf den Abschnitt Potsdam 144a ausgegeben.*"

13. 04.
Schlagzeilen in der PT
Roosevelt gestorben [98]
Truman USA-Präsident

13./14. 04.
23.20 – 00.04 Uhr Fliegeralarm

14. 04.
Schlagzeilen in der PT
Kämpfe bei Wittenberge und Magdeburg
Schwerpunkt: mitteldeutscher Raum

---

98 Franklin D. Roosevelt (30. 01. 1882 – 12. 04. 1945) war 32. Präsident der USA.

14. 04.

Artikel aus der PT am Tage des Bombenangriffs auf Potsdam:

Wann Fliegeralarm?

Die militärische Entwicklung hat zur Folge, daß feindliche Flugzeuge nicht wie bisher längere Zeit vor Einflug in das Warnnetz erfaßt werden können. Durch die Nähe der Front ist die Zeitspanne zwischen dem Beginn des Fliegeralarms und dem Eintreffen der feindlichen Flugzeuge geringer geworden. Die zuständigen militärischen Dienststellen setzen alles daran, daß die Zeit von Auslösung des Flieger-alarms bis zum Beginn der Feindtätigkeit 10 Minuten nicht unterschreitet. Vor allem werden bei Nacht alle technischen Möglichkeiten ausgeschöpft, um den Flieger-alarm rechtzeitig auszulösen. Die Front-nähe hat begreiflicherweise eine häufigere Alarmierung zur Folge, da die Jagd- und Schlachtflugzeuge öfter in das Warngebiet gelangen können.

Es gelten folgende Alarmierungsbestim-mungen: Kleinalarm wird gegeben, wenn mehr als 15 Jagd- oder Schlachtflugzeuge in das Warngebiet einfliegen, außerdem wird Kleinalarm ausgelöst, wenn sich bis zu 15 Kampfflugzeuge nähern. Fliegeralarm wird ausgelöst, wenn mehr als 15 Kampf-flugzeuge das Warngebiet erreichen.

14. 04.

starke Zerstörung der Glienicker Brücke durch deutsche Einheiten

14. 04.

22.10 – 23.55 Uhr Fliegeralarm

in dieser Zeit (22.24 – 22.48 Uhr) liegt der britische Bombenangriff auf Potsdam; im Bericht des OKW vom 15. 04. heißt es zur Bombardierung:

„Potsdam, die historische Residenz Friedrichs des Großen, war das Ziel eines nächtlichen britischen Terrorangriffs. Erhebliche Teile der Altstadt mit ihren zahlreichen Bauten, darunter die Garnisonkirche, wurden vernichtet. Die Personenverluste sind erheblich."

auf Potsdam werden 1.780 Tonnen Bomben abgeworfen; nach amtlichen Angaben kommen 3.578 Menschen zu Tode, 60.000 Menschen werden obdachlos[99]

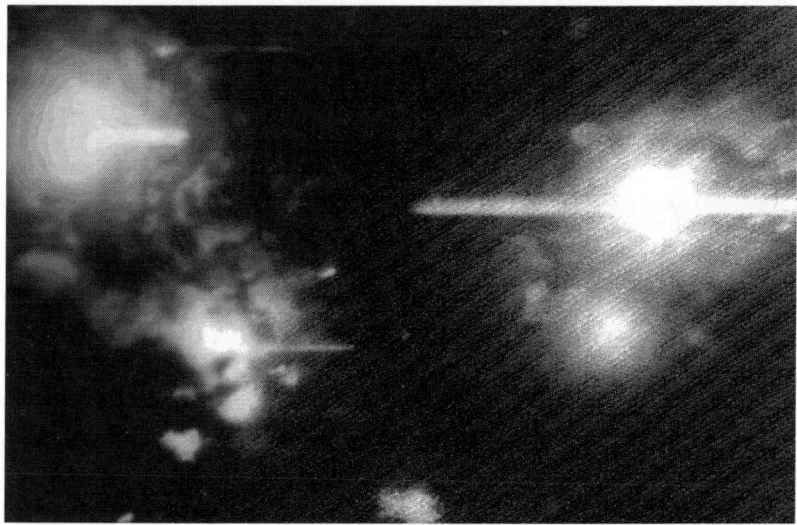

Aufnahme aus der Lancaster NG 299 der 149. Squadron/III. Group vom 14. 04. 1945 um 22.50 Uhr aus einer Höhe von 20.000 Fuß; deutlich sind Explosionen und Brände sichtbar

---

99 Nachdem am 17. 04. 1945 ein britisches Aufklärungsflugzeug die Ergebnisse der Bombardierung fotografiert hatte, wird am 06. 05. 1945 der Bericht über die Potsdamer Zerstörungen vorgelegt:. „Schäden am wichtigen Verkehrs- und Militärzentrum von Potsdam gibt es hauptsächlich im Gebiet des Stadtzentrums und im Gebiet südöstlich der Havel. Sie umfassen schwere Schäden, die das Eisenbahnzentrum, Industrieanlagen sowie Nutz- und öffentliche Gebäude der Stadt betreffen. Die schwer zerstörten Gebäude im Bahnbereich umfassen das Lokomotiv-Depot, Personen- und Güterbahnhof, die Gießerei, Personen- und Güterwagenhallen, die Maschinenhalle und viele kleinere Anlagen. Der Zugang zur Eisenbahnbrücke im Westen und zum Rangiergebiet ist anscheinend blockiert, eine die Eisenbahn überquerende Straßenbrücke nahe der westlichen Eisenbahnbrücke ist möglicherweise getroffen und die benachbarte Brücke zur Havel, die einzige Brücke, die im Zentrum Potsdam über die Havel führt, ist getroffen und teilweise unterbrochen. In den nahe gelegenen Produktions- und Bürogebäuden der Arado-Flugzeugwerke G.m.b.H. (Flugzeugteile) gibt es schwere Schäden. Die meisten Gebäude sind davon betroffen; an anderen Stellen in der Stadt erlitten industrielle Einrichtungen schwere Schäden. Potsdam war lange Zeit ein Militär-Zentrum und Gebäude wurden in vier Kasernen getroffen und beschädigt, ein Gebiet im Kleinen Exerzierplatz zeigt, dass fast jede Baracke zerstört wurde. Beträchtlicher Schaden wurde an anderen Gebäuden verursacht, zwei Gaswerke wurden getroffen, verschiedene öffentliche Gebäude einschließlich der Hauptpost und des Rathauses schwer beschädigt, Geschäfts- und Wohngebiete brannten aus."

Alter Markt 1945; Aquarell von Walter Bullert

aus den Erinnerungen von Ursula Borstorff:
„Der Geburtenjahrgang 1926 war der letzte, dessen Mädchen zum Reichsarbeitsdienst eingezogen wurden. Dazu gehörte auch ich. […]Und dann kam der 14. April! Noch ahnten wir nichts. Jeder nahm seinen gewohnten Platz ein. Ein seltsames Geräusch ließ uns aufhorchen – es „regnete" silberne Metallstreifen, die unser Horchgerät außer Betrieb setzten. Als gleich danach eine Unzahl von „Christbäumen" am Himmel stand, scheuchte uns unser Unteroffizier in die Unterstände. Gespenstisch war alles erleuchtet. Dann hörten wir die Bomberstaffeln kommen. Diesmal flogen sie nicht über uns hinweg, sondern luden ihre Last über Potsdam ab. Schaudernd standen wir am Unterstand, keiner sprach, zu gewaltig war der Eindruck der auflodernden Brände. Flammengarben schossen in den Himmel, dazu das Brummen der Hunderte von Bombern und das Detonieren der Bomben. Hässliche schwefelgelbe Flammen erleuchteten alles taghell, sie waren – wie ich später erfuhr – das Ergebnis des explodierenden Munitionszuges auf dem Potsdamer Bahnhof.
In der Nacht schlief keiner. Waren wir auch selbst nicht betroffen – was wohl die Menschen in der Stadt, die wir so gern besucht hatten, jetzt erduldeten, war unser aller Gedanke. Im Schlafraum war es still – jeder musste das Geschehen mit sich abmachen. Wir waren unfähig, mit den andern zu sprechen.
So unglaublich es erscheinen mag, am nächsten Morgen gingen wir in Richtung Potsdam. Wir kamen nicht weit. Es brannte noch an allen Ecken, Schuttberge ließen kein Weiterkommen zu. Außerdem wurde abgesperrt wegen möglicher Blindgänger!

*Eine einzige Nacht hatte unser Empfinden erheblich gestört.
Wir waren nicht mehr dieselben."*

aus den Erinnerungen von Eva Bidder:
*„Als am 14. April 1945 abends 10 ½ Uhr die Sirene aufheulte,
wussten wir nicht, dass Potsdams Schicksalsstunde geschlagen
hatte.
Wie alle mal gingen wir mit Koffern, Taschen und Decken in
den Keller, in der Hoffnung, nach einer Stunde wieder nach oben
ins warme Bett zu können. – gegen ¾ 11 Uhr kam jedoch ein
so starker Schlag, dass wir erbebten; ihm folgte nach wenigen
Minuten ein zweiter und ein dritter. Jetzt wussten wir: Heute ist
Potsdam Angriffsziel!
Und nun ging es richtig los: Pausenlos donnerte und krachte
und splitterte es um uns her, das ganze Haus wankte, selbst
der Keller erbebte. Wir saßen alle auf dem Fußboden, Decken
und Kapuzen übergezogen und warteten. Auf was? – Was ich
in jener halben Stunde empfand, weiß ich heute nicht mehr;
ich weiß nur noch, dass ich krampfhaft Mutters Hand hielt,
mein Gesicht an ihre Schulter presste und betete, ich glaube
mit lauter Stimme: „Herrgott, hilf uns, sei barmherzig! Wir
verderben!" Es war, als ob unser Keller ein kleines verdecktes
Boot war und ziellos- und steuerlos dem wildesten Orkan auf
offenem Meer preisgegeben, von den Wellen hin- und herge-
schleudert wurde, so stieß und schaukelte der ganze Raum von
oben nach unten, von unten nach oben und von einer Seite zur
anderen. […] Dann wurde es auf einmal still über uns und es
kam uns zum Bewusstsein, dass unser Gefängnis noch heil war
und wir lebten!! – Das ganze hatte genau 35 Minuten gedauert,
aber es genügte, um aus Potsdam ein Pompeji zu machen! Das
war ganze Arbeit!
Als nun Ruhe eingetreten war, versuchte jeder in seine Wohnung
zu gehen und sich in der nächsten Umgebung etwas umzusehen,
aber wie sah es draußen aus! Taghell erleuchtet von rotem Feu-
erschein war der Himmel und rundherum nichts als Trümmer
und Scherben. […] Aus dem Küchenfenster sah ich den Turm
der Garnisonkirche wie eine Fackel lichterloh brennen! Ein
schauriger Anblick! Das Wahrzeichen Potsdams ein Raub der
Flammen! Und am nächsten Tag, einem Sonntag, erfuhr man
Näheres! Die ganze Innenstadt (Stadtschloss, Rathaus, Palast*

*Barberini, Nikolaikirche, Wilhelmplatz, Am Kanal, Garnison-
kirche, fast alle Häuser der Breiten Straße) war ein Raub der
Flammen oder der Sprengbomben geworden. Auch am Anfang
der Luisenstraße (heute Zeppelinstraße) war ein großer Häuser-
block in Flammen aufgegangen; noch tagelang hat das geschwelt,
zwischendurch immer wieder zu neuem Feuer angefacht. Ein
ekliger Brandgeruch lag über der Stadt. Die vielen Toten unter
den Trümmern, von denen man viele im Sommer noch nicht hat
bergen können. [...] Die Nerven waren doch nach dieser grau-
envollen Nacht aufs äußerste gespannt und je näher der Abend
kam, um so mehr wuchs die Angst vor einer zweiten solchen
Nacht. Kaum ein Mensch hatte den Mut, die nächste Nacht in
seiner Wohnung zu verbringen. Lieber draußen unter freiem
Himmel getroffen werden als unter stürzenden Mauern lebendig
begraben werden! Die Menschen liefen mit Kissen und Decken
in den Wald oder in den Park Sanssouci. Eine wahre Völkerwan-
derung in Richtung Luftschiffhafen an unserem Haus vorbei..."*

aus den Erinnerungen von Siegfried Lieberenz, aufgeschrieben
von Rainer Schüler:
*„Als die schreckliche Nacht des 14. zum 15. April 1945 vorüber
war, lag Potsdam in Schutt und Asche. Im Stadtschloss schlugen
die Flammen aus allen Fenstern; nur die Außenwände des kno-
belsdorffschen Prachtbaus standen noch. „Das Feuer wütete
mehrere Tage, und es qualmte noch Wochen später", erinnert
sich Lieberenz [...] Nach der Bombennacht standen unterwegs
in der Yorckstraße (heute an der Stelle nicht mehr vorhanden)
nur noch ein paar Fassaden, vor einer davon steckte eine Bombe
im Gehweg. Etliche Male ging er an ihr vorbei; eines Tages war
das Haus daneben weg, die Bombe doch noch hochgegangen.
Auch die Sache mit dem Volkssturm-Mann hätte schief gehen
können: Als an der Ecke Gutenberg- und Dortustraße ein rus-
sischer Panzer anrollte, schlich sich der Mann von Hauseingang
zu Hauseingang näher, legte die Panzerfaust an und ... Zwei
Nachbarn überwältigten ihn: „Der Russe hätte unser Haus
zusammengeschossen", sagt Lieberenz; ihn schaudert. Auch,
dass er als Junge vor dem Haus der Großeltern an einem Knick
der Alten Fahrt saß, wo ständig Lei-chen strandeten, verfolgt
ihn nachts: Er stakte die Leichen in den Fluss zurück: „Ich habe
Unmengen Tote gesehen." An der Ecke Zeppelinstraße/Luisen-*

platz holte man welche aus einem überfluteten Keller. Sie hatten noch die Hände erhoben in dem verzweifelten Versuch, an der Kellerdecke Luft zu bekommen. Und weil sie so in keinen Sarg passten, brach man ihnen die Arme...“

14. 04.
der Generalmusikdirektor Adolf Haensgen wird ein Opfer des Bombenangriffs (geb. 11. 07 1877); der Organist, Chorleiter, Dirigent und Musikkritiker bestimmte seit 1919 das städtische Musikleben entscheidend

14. 04.
Karl Eugen Walther Rosenthal, Bürgermeister von Nowawes von 1921 bis 1933, wird Opfer des Bombenangriffs auf Potsdam (geb. 26. 09. 1885)

15. 04.
Werner Bergmann in sein Tagebuch:
„Wo soll ich heute essen. Alles ist kaputt oder geschlossen. [...] Durch die Stadt gegangen. Sie sieht furchtbar aus, allerdings nicht so schlimm wie Dresden. Ich habe vor allem keine Toten gesehen. Aber all die friderizianischen Bauten sind hin. Es ist immer wieder zum Jammern. Über 100 Jahre stehen sie und Hunderte von Jahren hätten sie noch stehen können. Doch alles Alte wird ausgelöscht.“

15. 04.
nachdem am 14. 04. auf das Gelände der NAPOLA (Saarmunder Straße [heute Heinrich-Mann-Allee]) 64 Bomben gefallen waren, werden die Schüler nach Spandau zur Bekämpfung der Roten Armee kommandiert; das bedeutet die Auflösung der Potsdamer NAPOLA

15./16. 04.
22.41 – 00.55 Uhr Fliegeralarm

16. 04.
die Potsdamer NSDAP-Dienststellen geben „Berechtigungen für Fliegergeschädigte“ aus; die sind wichtig z.B. für den Erhalt von Lebensmittelkarten

16. 04.
21.35 – 23.37 Uhr Fliegeralarm

16. – 19. 04.
mit der Schlacht um die Seelower Höhen beginnt die Schlacht um Berlin; bei der Ortschaft Kienitz wird die Oder-Neiße-Linie durch die Rote Armee überquert

17. 04.
die PT teilt in ihrer Notausgabe mit: *„Um die dringlichsten Fragen, die in der täglichen Arbeit anfallen, schnell und sicher zu lösen, hält Oberbürgermeister Friedrichs an jedem Morgen in seinen Diensträumen in der Moltkestraße eine Besprechung mit seinen Mitarbeitern ab, in der die Richtlinien für die einzelnen Aufgaben festgelegt werden. Auf diese Weise ist die Arbeit der Stadtverwaltung gesichert."*

17. 04.
trotz Verbots, öffentliche Einrichtungen sowie Kirchen zu besuchen, gehen in der Kapelle des St. Joseph-Krankenhauses die Fremdarbeiter Bernhard Leblanc (Frankreich) und Hermeline Verstraeten (Belgien) den Bund der Ehe ein

17. 04.
21.55 – 23.50 Uhr Fliegeralarm

18. 04.
in der Notausgabe der PT erscheint ein Aufruf an die Potsdamer:
„Jeder packe zu!
Fünf Tage sind es nun her, dass auch unsere alte Stadt das grausame Schicksal dieses Krieges traf, das vor ihr schon so viele andere deutsche Städte erleiden mussten. Wo bisher heitere Schönheit, die die ganze Welt rühmte, sich breitete, da stehen jetzt rauchgeschwärzte Fassaden, ragen nackte Ziegel in die Luft, da liegen unkenntliche Schutthaufen und klaftertief ist die Erde aufgerissen. Mit den Zeugen einer großen Vergangenheit verloren die Menschen Hab und Gut und das Obdach. Das Ausmaß der Vernichtung bestimmt auch die Wirksamkeit der Hilfsmaßnahmen. Schon seit langem, vor Jahr und Tag schon,

haben die verantwortlichen Stellen, die Stadtverwaltung und die Partei, begonnen, alle nur mögliche Vorsorge für einen Luftangriff zu treffen. Die Sammlerunterkünfte wurden festgelegt und ihre Leiter bestellt, die Gaststätten auf eine Gemeinschaftsverpflegung vorbereitet und die Lebensmittellieferanten dafür bestimmt. Aber alle diese Vorsorge hat nur zu einem kleinen Teil im Augenblick der Not Wirklichkeit werden können, weil auch die Lager, Gaststätten und Lieferanten von der Vernichtung in erheblichem Umfang betroffen wurden. Nur allmählich können dafür an anderer Stelle Ersatzeinrichtungen in Betrieb genommen werden. In diesem Stadium des Krieges ist es auch schwierig, von auswärts Hilfe herbeizuschaffen. So grausam die Zerstörung ist, und so schwer jedem einzelnen die Vernichtung trifft, jeder muss gerade jetzt das Äußerste tun, um das Leben wieder in Gang zu bringen.

Das erste, was zur Aufrechterhaltung der lebenswichtigen Funktionen geschehen muss, ist die Freimachung der Straßen. Nachdem in den ersten Tagen die Wehrmacht, die auch in der Angriffsnacht sofort zur Bergung Verschütteter eingesetzt wurde, Hilfe leistete, ist jetzt die Stadtverwaltung bemüht, die Straßen fahrbereit zu machen durch Beseitigung der Trichter, Forträumen der Trümmer und des Schutts. Für die wichtigsten Versorgungsbetriebe sind Sondermaßnahmen im Gange. Um die Beseitigung der Schäden in den Betrieben und Wohnhäusern muss jeder, so weit das möglich ist, sich selber bemühen.

Für die Versorgung der Bevölkerung wurden die verschiedenen Dienststellen der Partei und Stadtverwaltung in neuen Räumen, die wir gestern bereits bekanntgaben, untergebracht. Für die Obdachlosen sind Sammelunterkünfte vorhanden. Im übrigen muss für die Unterkunft der Ausgebombten die Gemeinschaftshilfe eintreten. Wer noch seine Wohnung oder ein paar bewohnbare oder wieder herzurichtende Zimmer hat, nehme Verwandte und Bekannte auf. Für die Verpflegung der Ausgebombten haben in den ersten Tagen weitgehend Sammelverpflegungsstätten gesorgt. Diese Gemeinschaftsküchen bleiben weiterhin in Betrieb, nur müssen jetzt auch Marken abgegeben werden.

Es ist schwer, was jetzt von jedem einzelnen verlangt werden muss. Nicht warten, dass geholfen wird, sondern sich selber helfen, so gut es eben geht, das ist die Parole. Nur die eigene

Tatkraft vermag das harte Schicksal zu mildern, die Not zu lindern. Darum packe jeder zu!
Zu welchen Dienststellen muss der Ausgebombte?
Auf der Ortsgruppe [100] muss sich der Ausgebombte bescheinigen lassen, dass und in welchem Umfang er fliegergeschädigt ist.
Beim Wirtschaftsamt erhält der Ausgebombte auf diese Bescheinigung hin den gelben Betreuungsschein für Fliegergeschädigte, kurz Fliegerschein genannt, und gleichzeitig bekommt er eine Verpflegungskarte für drei Tage. Dieser Fliegerschein ist die Unterlage für die Bezugsscheine, die für den lebensnotwendigen Bedarf beim Wirtschaftsamt beantragt werden können. Außerdem dient der Fliegerschein als Ausweis bei den Sammelverpflegungsstellen.
Beim Kriegsschädenamt wird der Umgang des erlittenen Sachschadens angemeldet und auf Grund eines bestimmten Feststellungsverfahrens wird die Höhe des Ersatzes, den das Reich zu leisten hat, bestimmt. In dringenden Fällen kann eine kleine Summe, die später verrechnet wird, sofort ausgezahlt werden."

18. 04.
der Marschall der Sowjetunion Iwan Stepanowitsch Konew, Kommandeur der 1. Ukrainischen Front, erteilt den Befehl an die 4. Gardepanzerarmee zur Einnahme Potsdams

18. 04.
00.40 – 01.20 Uhr und
21.50 – 23.10 Uhr Fliegeralarm

18./19. 04.
23.30 – 00.15 Uhr Fliegeralarm

19. 04.
00.34 – 02.17 Uhr und
10.45 – 11.23 Uhr Fliegeralarm

19./20. 04.
22.40 – 00.40 Uhr Fliegeralarm

---

100 Gemeint ist die Ortsgruppe der NSDAP

20. 04.
aus dem Tagebuch der Hanna Grisebach:
*„…Panik verbreitet sich und die Kaufleute geben ihre Waren
ohne Marken ab, wenigstens die Vernünftigen unter ihnen. Bei
den anderen wird später alles geplündert. Daraus, dass überall
Verwundete auftauchen, Munitions- und Verpflegungsautos
durch die Straßen jagen, merken wir, wie die Front sich stetig
nähert…"*

20. 04.
09.32 – 12.05 Uhr Fliegeralarm

20.04.
aus den Erinnerungen von Dr. Manon Andreas-Grisebach:
*„20. April 1945: Ich weiß das Datum, weil es ja Führers
Geburtstag war. Der saß fest in unseren Köpfen. Das Haus
Wörtherstraße 3 (heute Menzelstraße), in dem wir und die Vog-
genreiters wohnten, und noch einige andere Kleinfamilien in
kleinen Wohnungen, hatte aus feudalen Zeiten ein gesondertes
Gebäude im Hof, eine Remise mit einer Kutscherwohnung darüber. Jetzt verwahrlost, leer. Dort oben hatten sich zwei deutsche Landser versteckt, die riefen mich, das Mädchen mit den
langen Zöpfen und baten mich, zu ihren Frauen zu gehen und
Zivilkleidung zu holen. Ecke Metzstraße (heute Böcklinstraße).
Ich ging. Ein Weg von etwa zehn Minuten. Wenn die Soldaten
auf der Straße sich hinwarfen oder an die Mauer duckten, beim
Pfeifen der Granaten, tat ich dasselbe. Keiner fragte mich,
wohin ich rannte. Ich bekam die Anzüge, die Hemden. Ich kam
zurück und machte zwei Männer glücklich."*

20. 04.
nachdem die PT wegen der Zerstörungen am Redaktionsgebäude
und an der Druckerei seit dem 15. 04. nicht mehr erscheinen
konnte (am 17. und 18. 04. erschienen Notausgaben), wird die
letzte Nummer (eine Seite, nur vorderseitig bedruckt) heraus-
gegeben; unter der Überschrift *„Treu und tapfer sein, das heißt
Sieg!"* wird aus der Rundfunkrede des Ministers für Volksaufklärung und Propaganda, Joseph Goebbels, am 19. 04. zitiert;
es heißt darin u.a.: *„Man spricht in der Welt von Treue als einer
deutschen Tugend. Wie hätte unser Volk die Prüfungen dieses*

Krieges bestehen können ohne sie, und wie sollte es ohne sie
seine kommenden letzten bestehen können!
Es werden seine letzten sein. Der Krieg neigt sich seinem Ende
zu. Der Wahnsinn, den die Feindmächte über die Menschheit
gebracht haben, hat seinen Höhepunkt bereits überschritten.
[...] Wenn die Nation noch atmet, wenn vor ihr noch die
Chance des Sieges liegt, wenn es noch einen Ausweg aus der
tödlich ernsten Gefahr gibt, wir haben es ihm[101] zu verdanken.
[...] Er wird seinen Weg bis zum Ende gehen, und dort wartet
auf ihn nicht der Untergang seines Volkes sondern ein neuer
glücklicher Anfang zu einer Blütezeit des Deutschtums ohne-
gleichen."

20. 04.
die Jüdin Inge Deutschkron (22) verlässt gemeinsam mit ihrer
Mutter ihr illegales Quartier in Berlin, das sie seit dem 15. 01.
1943 in wechselnden Unterkünften bewohnte, und kommt im
Potsdamer Ravensbergweg unter; dort erlebt sie das Ende des
Krieges und entgeht nur knapp einer Vergewaltigung durch
sowjetische Soldaten

20. 04.
die PT berichtet über die Einrichtung von Notlagern und Sup-
penküchen für Ausgebombte durch die NS-Frauenschaft bereits
seit dem 15. 04.

20./21. 04.
21.40 – 02.57 Uhr Fliegeralarm

20. – 24. 04.
die Wetterbeobachtungen am Meteorologischen Observatorium Potsdam werden unterbrochen, da das Personal zum
„Endkampf" abkommandiert worden war; Prof. Reinhard
Süring, dem Pensionär und vormals langjährigen Leiter des Instituts, gelingt es, am 25. 04. zum Observatorium zu kommen
und die Wetterbeobachtungen fortzusetzen

---

101 Gemeint ist der Führer Adolf Hitler

21. 04.
der Teltower Vorstadt nähern sich Soldaten der 1. Ukrainischen
Front; 25.000 Potsdamer verlassen fluchtartig die Stadt

21./22. 04.
23.45 – 00.27 Uhr Fliegeralarm

22. – 24. 04.
aus den Erinnerungen von Richard Pohl:
*„Am 22., 23. und am 24. ein endloser Alarm. […] Die Flug-
zeuge kamen am Tage und in der Nacht in nicht enden wol-
lenden Kettenformen."*

23. 04.
die Reichshauptstadt Berlin ist durch die Rote Armee völlig eingeschlossen

23. 04.
Soldaten der Roten Armee befreien in Potsdam drei Lager für
Kriegsgefangene und Zwangs- bzw. Fremdarbeiter mit mehr
als 7.000 Insassen; die Insassen des Zwangsarbeiterlagers der
Maschinen- und Bahnbedarf AG Babelsberg töten die Wach-
mannschaft und stecken die Baracken in Brand

23. 04.
die Potsdamer Widerstandsgruppe „Komitee Freies Deutschland" veröffentlicht ein illegales Flugblatt, in dem es heißt:
„Der Kampf um Berlin geht seinem Ende entgegen!
Schon marschiert die Rote Armee über Güterfelde auf unsere
Stadt. Die Naziverbrecher gestürzt. Unsere „glorreiche" Deut-
sche Armee in wilder Flucht. Volkssturmmänner! Wir fordern
Euch auf, jeden Widerstand sofort einzustellen! Verlasst sofort
den Volkssturm! Rettet das Leben Eurer Frauen und Kinder!
Haltet weiße Fahnen bereit! Jeder Widerstand ist ein Verbre-
chen. Wer diesem Befehl nicht Folge leistet, wird erschossen!
Tod dem Sippenmörder und Werwolf Adolf Hitler!"

23. 04.
Einheiten der Roten Armee nehmen den Potsdamer Ortsteil
Bergholz-Rehbrücke ein; Marianne Breuer in ihr Tagebuch:

„Wir hören sie in der Diele und in der Küche rumoren. Sie kommen in den Keller und leuchten uns mit einer Taschenlampe in die Gesichter. 'Komm, komm, Frau!' es sind vier Mann. Alles geht schnell und unpersönlich, aber ich habe genug von dieser Art Liebe."

23. 04.

der NSDAP-Ortsgruppenleiter des Ortsteils Bergholz-Rehbrücke Heinz Linck begeht Selbstmord (geb.1891), nachdem er seine Mutter, seine Frau und seine Tochter umgebracht hatte

24. 04.

erste sowjetische Einheiten erreichen Potsdam-Babelsberg

24. 04.

mutigen Babelsbergern – Alfred Lehnert, Ali Preuß, Manne Waldheim, Heinrich Eichler und dem 16-jährigen Carli Vogel – gelingt es, die Panzersperren in Drewitz und Güterfelde zu beseitigen; dadurch werden sinnlose Kämpfe zwischen dem Volkssturm und der Roten Armee verhindert und das Vordringen der Roten Armee erleichtert

24. 04.

das Ufa-Filmgelände wird von Einheiten der Roten Armee besetzt; ein Zeitzeuge berichtet:
„Sowjetische Panzer bahnen sich den Weg über das aufgerissene Pflaster, über Straßen, auf denen tote Pferde liegen und die durch niedergestürzte Lichtmasten fasst unpassierbar geworden sind. Vor Jahren gab es einmal eine solche Straße in der Ufa-Filmstadt in Babelsberg. Diese Straße hatte man für den Film „Flüchtlinge" aufgebaut. Damals war es Kulisse, jetzt ist es schauerliche Wirklichkeit."

24. 04.

der im Potsdamer Ortsteil Bergholz-Rehbrücke lebende Besitzer eines Berliner Baugeschäfts, Walther Schmidt, wird bei dem Versuch, seine Töchter Sabine (geb. 1924) und Gertraute (geb. 1926) vor Vergewaltigungen zu schützen, von Angehörigen der Roten Armee erschossen

24. 04.
der Tanzschulbesitzer und Fotograf Alfred v. Loebenstein verstirbt (geb. 03. 02. 1890); er hinterlässt die ersten künstlerisch wertvollen Farb-Dias von Potsdam

24. 04.
Dr. Ernst-Robert Grawitz, Geschäftsführender Präsident des DRK, tötet sich und seine Familie in seiner Villa, Straße der SA 59 (heute Karl-Marx-Straße) mit einer Handgranate (geb. 08. 06. 1899)

25. 04.
sowjetische und amerikanische Truppen treffen sich bei Torgau an der Elbe

25. 04.
der OB Hans Friedrichs übergibt per Handschlag die Geschäfte der Stadt an Obermagistratsrat Dr. Friedrich Bestehorn

25. 04.
das Potsdamer Schauspielhaus, im Volksmund „Kanaloper" genannt, geht während der letzten Kämpfe um die Stadt in Flammen auf

25. 04.
die Lange Brücke wird durch abziehende Einheiten der deutschen Wehrmacht gesprengt

25./26. 04.
Potsdam liegt unter starkem Artilleriebeschuss und wird von Tieffliegern angegriffen; Dr. Friedrich Bestehorn in seinen Erinnerungen:
„In diesem Augenblick versagte die Disziplin der einheimischen Bevölkerung [...], hervorgerufen durch eine allgemeine Angst vor Hunger, die Aufsichtspersonen verließen ihre Posten [...] die Stadt und die Bevölkerung schritt in größerem Ausmaß zu Plünderungen von Lebens- und Genussmitteln."

25. – 28. 04.
Kesselschlacht bei Halbe; 30.000 deutsche Soldaten und 20.000

sowjetische Soldaten fallen; 10.000 Zivilisten sowie zahlreiche sowjetische Zwangsarbeiter kommen ums Leben

26. 04.

der Präsident des Reichsrechnungshofs Heinrich Müller erschießt seine Frau Hedwig und die Kinder Dietlind (15), Hartfried (10) und Herwig (7) in seiner Dienstvilla Kapellen-bergstraße 4 (heute Puschkinallee); die älteste Tochter Helga (19) überlebt, da sie nicht im Hause war; die Leichen werden vom Chauffeur auf dem Grundstück begraben

26. 04.

Fliegerangriff auf das Neue Palais; dort hatten sich deutsche Einheiten verschanzt; der Theaterflügel wird erheblich beschä-digt

26. – 28. 04.

aus den Aufzeichnungen von Richard Pohl, Potsdam-Babels-berg:

„Zum Schlafen bin ich in diesen letzten Tagen überhaupt nicht gekommen. An eine Gefahr hat man gar nicht mehr gedacht. Man war in den letzten Tagen so übermüdet und vollständig abgestumpft. Man hatte nur den einen Wunsch: Endlich ein Ende! Zwei Tage später das lang ersehnte Ende. Die verhassten Sirenen sind verstummt.“

27. 04.

Werner Bergmann in sein Tagebuch:

„Halb fünf herum wache ich auf, es ist noch dunkel und eine tolle Knallerei, ganz nah [...] kommen die Russen? Halb acht sehe ich sie von meinem Fenster aus vorn an der Ecke Augus-tastraße (heute Weinbergstraße)/Jägerallee die ersten Infante-rien und Panzer – nun war es soweit! Nach etwa einer halben Stunde waren die ersten in unserem Haus und haben den Män-nern die Uhren weggenommen. Ausgesprochen friedlich und harmlos sahen sie nicht aus.“

27. 04.

gegen 10.30 Uhr: Einheiten der 1. Belorussischen Front verei-nigen sich mit der 1. Ukrainischen Front im Potsdamer Stadtzentrum; General Sachari Petrowitsch Wydrigan, Kommandeur der Division, die Potsdam einnimmt, schreibt in seinen Erinnerungen:

„Potsdam ist im Norden, Osten und Süden von einer dichten Kette von Kanälen und weiten Seen umschlossen. Das engste Wasserhindernis auf unserem Vorstoß zur Einnahme der Stadt war der Kanal nördlich des Jungfernsees. Selbstverständlich erwarteten uns die Deutschen gerade aus dieser Richtung.

Ich befahl dem Kommandeur der Pioniertruppe der Division, den Übergang dort zu bauen, von wo uns die Faschisten erwarteten. Einem Teil jedoch befahl ich, beschleunigt vom Osten des weiten Jungfernsees vorzustoßen. Dafür wurde die Division zusätzlich mit einem Bataillon Amphibienfahrzeugen ausgerüstet.

In der Nacht vom 26. zum 27. April drang das Schützenbataillon Lasebnikow auf Amphibienfahrzeugen vor, mit welchem auch ich unter dem Schutze der Dunkelheit fuhr. Ohne Verluste drangen wir in Potsdam ein. Wir bemächtigten uns des südwestlichen Seeufers.

Vom Süden der Stadt drang die vereinte erste Ukrainische Front vor. Nach kurzem Artillerieangriff verbanden sich um 10.30 Uhr die Regimenter des Oberstleutnants Lasebnikow und des Majors Wodowosow zum Kampf innerhalb der Stadt. Im Ergebnis ihres erfolgreichen Vordringens wurde der feindliche Truppenteil, der die Stadt verteidigte, abgeschnitten. Der Gegner verlor die Richtung und zog sich zurück, in Häusern und auf Straßen Hunderte von Leichen und Ausrüstungsstücken zurücklassend.

Um 12.00 Uhr wurde mein Beobachtungspunkt in den ausgedehnten Familiensitz eines deutschen Imperialisten verlegt, auf dem schon unsere siegreiche Staatsflagge wehte, aufgerichtet von Major Dwali. Zum Kommandanten der Stadt Potsdam wurde durch mich mein Vertreter für die Fronttruppen, Oberst Werin, ernannt... Während ich den Kommandanten ernannte, führten die Aufklärer einen deutschen Bürger zu mir, ordentlich gekleidet, höflich, mit einem Kästchen in den Händen. Der Deutsche erklärte, dass er kein Nazi sei und auf Bitten der Verwandten des geflohenen Bürgermeisters dem russischen Kommandanten den Stadtschlüssel übergebe. [...] Den Schlüssel übergab ich der Wache, Iwan Weremejenko, der ihn

im Gepäck behielt. Gegenwärtig wird der Schlüssel im histori-
schen Museum von Cherson [102] *aufbewahrt."*

27. 04.
die Historische Mühle am Park von Sanssouci brennt ab

27. 04.
aus den Erinnerungen von Renate Baller:
„Kriegsende! Was für unterschiedliche Empfindungen hatte
ich! Zunächst war ich vor allem erleichtert: Keine Alarme mehr,
keine Angst vor Bomben und Feuer, Nachtruhe im Bett statt
im Luftschutzkeller. Bald aber kamen Trauer und Scham auf:
Wir sind besiegt; Deutschland ist in der Hand der Feinde; die
vielen Opfer sind umsonst gebracht worden. Und dann war da
das Gefühl der Unsicherheit: Was nun? Die Naziherrschaft ist
endlich beendet, doch an wen und woran können wir uns nun
halten, wenn es darum geht, wieder zu einem normalen Leben
zurückzufinden? Und schließlich entdeckte ich in mir die leise
Hoffnung und so etwas wie Freude: Jetzt beginnt etwas Neues!"

aus den Erinnerungen von Annemarie Krenz:
„Wie hat uns die ganze braune Gesellschaft belogen und
betrogen! Jetzt geht das Elend erst richtig los."

27. 04.
der Obergärtner Georg Potente (geb. 13.02.1876) wählt den
Freitod; seit 1902 hatte er als weithin anerkannter Garten- und
Landschaftsgestalter in Potsdam und Berlin gewirkt

27. 04.
der Schriftsteller Hermann Kasack, weitere Familienmitglieder
und Hausbewohner stehen auf der Wilhelmstraße (heute
Hegelallee) vor einem sowjetischen Erschießungskommando;
Stunden später werden sie ohne Begründung wieder wegge-
schickt; in seinem Tagebuch schreibt Kasack: *„Drei Wochen*
sind seitdem vergangen. Ich sitze an meinem Schreibtisch. Was
messbar an der Zeit ist, läuft automatisch weiter. Aber die Zeit

---

102 Cherson war der Wohnort des Generals Wydrigan.

in mir scheint noch stille zu stehen. Und der Schauder weicht nicht."

28. 04.
der OB Hans Friedrichs flüchtet gemeinsam mit seiner zweiten Frau Hildegard, geb. Wechsler, aus Potsdam „*...verkleidet und mit angeklebtem Bart...*"

28. 04.
aus den Erinnerungen von Wolfgang Schliepe, 1945 wohnhaft in der Ingenheim- (heute Stormstraße):

„*...Der 28. April begann mit strahlendem Sonnenschein, es war ruhig, Schüsse waren nicht zu hören und so beschloss mein Vater, das an den Vortagen beschaffte Holz zu sägen. Da die Säge klemmte, ging mein Vater in den Keller, um sie zu schränken. Das schöne Wetter hatte noch drei andere Kinder herausgelockt. Die Detonation der Granate an der Hauswand hatte ich nicht wahrgenommen, ich spürte nur, dass ich im Gesicht verletzt war und versuchte, taumelnd in das Haus zu gelangen. Ein Hausbewohner, dessen Tochter auch auf dem Hof war, kam mir entgegen und rief meinen Vater, der mich nach kurzem Überlegen zu den deutschen Soldaten brachte, die sich auf dem Gelände der Villa Ingenheim (heute Militärgeschichtliches Forschungsamt) befanden – wahrscheinlich in der Hoffnung, dort einen Sanitäter zu finden, der die Wunde versorgen konnte. Die Soldaten aber packten mich sofort auf eine Trage und schafften mich zum Stadtheide-Haus, damals ein Reserve-Lazarett. Dort wurde die Wunde untersucht und verbunden. Der Splitter hatte die Oberlippe nur gestreift, der Oberkiefer wurde nicht verletzt. Ich bekam ein Bett zugewiesen und Bettruhe verordnet. Erst später erfuhr ich, dass alle drei Kinder, die mit mir auf dem Hof waren, verletzt wurden; eins tödlich, ein zweites starb einige Tage später an seinen Verletzungen, das dritte wurde am Kopf getroffen, überlebte aber. Am Folgetag (29. 04.) erschienen die ersten sowjetischen Soldaten in dem Lazarett. Am 30. 04. wurde ich nach Hause geschickt. Die Weiterbehandlung erfolgte ambulant im St. Joseph-Krankenhaus.*"

28. 04.
der Schauspieler Harry Liedtke verstirbt (geb. 12. 10. 1882); seit

1912 vor der Kamera, war er in den 20er Jahren ein beliebter
Darsteller in den Stummfilmen der Ufa

30. 04.
der Führer Adolf Hitler (geb. 20.04.1889) begeht in der Berliner Reichskanzlei Selbstmord

30. 04.
Ende der Kämpfe um Potsdam; während der Kämpfe um
Potsdam fallen ca. 1.200 Angehörige kämpfender deutscher
Verbände und ca. 275 Angehörige der Roten Armee

die Potsdamer Bilanz des Krieges:
von 10.225 Gebäuden sind 995 zerstört
rund 10.000 Wohnungen sind nicht benutzbar
etwa 60.000 Menschen sind obdachlos
die Wasser- und Gaswerke liegen in Trümmern
von 22 Schulen sind 5 total, 9 schwer und 8 teilweise zerstört

30. 04.
der Oberst Hans v. Fabeck (geb. 16. 10. 1886) begeht gemeinsam
mit seiner Gattin Freda Selbstmord; auf dem Bornstedter
Friedhof sind beide beigesetzt

30. 04.
die Reste der im Bereich des Parks Sanssouci kämpfenden deutschen Verbände setzen sich über Ferch zur Armee Wenck ab

30. 04.
Gertrud Droste kommt durch eine zufällig abgeschossene Granate ums Leben (geb. 17. 08. 1898); sie hatte dem am Attentat
auf den Führer Adolf Hitler am 22. 07. 1944 beteiligten Jakob
Kaiser über Monate sicheres Asyl gewährt

30. 04.
Obermagistratsrat Dr. Friedrich Bestehorn wird durch die sowjetische Verwaltung zum OB Potsdams ernannt

April
in Potsdam werden 33 Fliegeralarme gegeben

April
die PT veröffentlicht bis zu ihrer Einstellung 61 Todesanzeigen
Gefallener; damit wurden während des Krieges in der PT 3.252
Todesanzeigen Gefallener veröffentlicht

01. 05.
der Minister für Volksaufklärung und Propaganda, Joseph
Goebbels (geb. 29. 10. 1897), begeht in der Berliner Reichskanzlei Selbstmord

01. 05.
mit Tankwagen wird Gas an die Potsdamer Großbäckerei Bachmann geliefert; das ist ein erster Erfolg in der Gasversorgung
Potsdams

01. 05.
aus den Erinnerungen von Eva Bidder:
*„Am 1. Mai machte ich mich zum ersten Gang durch die Stadt
auf [...] Mit Herzklopfen und großer Angst ging ich zum ersten
Mal auf die Straße nach diesen Schreckenstagen. O, wie sah
es da aus! Überall lagen zerschossene Panzer [...] und Autos
umher, alle Schaufenster zertrümmert und alle Geschäfte
geplündert und demoliert. Trümmer und rauchende Ruinen,
wohin man blickte. Vor der Regierung in der Spandauer Straße
(heute Friedrich-Ebert-Straße) ein russisches Soldatengrab! In
den Anlagen der Kaiser-Wilhelm-Straße (heute Hegelallee) war
ein kleiner Friedhof entstanden. Es waren ja so viele Menschen
in den letzten Tagen freiwillig in den Tod gegangen, aber auch
viele während der Kampfhandlungen ums Leben gekommen,
und da es keine Möglichkeit gab, zu den Friedhöfen zu gelangen,
wurden die Toten in Gärten oder Anlagen beerdigt. Auch sah
man viele Soldatengräber an den Straßen, die durch den Stahlhelm und reichen Blumenschmuck auffielen. In unserem Haus
hatte ein Ehepaar am Tage der Einnahme Selbstmord begangen,
d.h., der Mann hatte seine Frau erschossen, sich selbst aber hatte
er nur blind geschossen. Er lebte noch einige Tage unter furchtbaren Qualen. Die arme Frau wurde von unserer Hausgemein-
schaft am nächsten Tage ohne Sarg, auf ein Brett gebunden,
an der Gartenmauer beerdigt, ohne Gebet, ohne Gottes Wort!
Entsetzlich!"*

01. 05. – 15. 08.

Borneo wird durch alliierte Truppen befreit

02. 05.

die deutschen Truppen in Italien kapitulieren

02. 05.

aus den Erinnerungen von Eva Bidder:

„Am 2. Mai hatte es sich herumgesprochen, dass es wieder Brot geben sollte. Das war ein Ereignis! Nur einzelne Bäckereien konnten schon selbst backen, infolgedessen musste man Schlange stehen. Es war noch sehr kalt, es regnete und schneite in eins, trotzdem standen wir [...] von 8 Uhr morgens bis 6 Uhr abends. Es konnten nicht mehr als 50 Brote auf einmal gebacken werden; die waren natürlich im Handumdrehen alle, dann wurde der Laden geschlossen und die Menschen mussten warten, bis ein neuer Schub fertig war. Mittwoch, Donnerstag, Freitag haben wir so vergeblich gestanden und bekamen endlich am Sonnabend ein Brot!"

03. 05.

in der Buchdruckerei Stein (heute Hegelallee) treffen sich Kommunisten und Sozialdemokraten (u.a. Paul Neumann, Adolf Hausmann, Alfred Lehnert, Johann Bauer, Georg Spiegel, Albert Heese); es wird der Zehnerausschuss gebildet; damit besteht ein gemeinsames Leitungsgremium aus KPD und SPD für Potsdam; im Anschluss ehren die Teilnehmer am Standort des Potsdamer Amtsgerichts in der Kaiser-Wilhelm-Straße (heute Hegelallee) ermordete Potsdamer Antifaschisten: Herbert Ritter, Walter Junker, Walter Klausch, Albert Klink, Tommy Marquardt, Hermann Elflein; es ist die erste Ehrung für Antifaschisten in Potsdam

03. 05.

OB Dr. Friedrich Bestehorn stellt dem sowjetischen Kommandanten Oberst Werin den provisorischen Magistrat vor; es werden folgende dringende Aufgaben festgelegt:
- Beisetzung der Toten
- Sicherstellung der Lebensmittel, Beschaffung von Kohle
  für 50 Bäckereien

- Beseitigung des Schutts in den Durchgangsstraßen und Wiederherstellung der Brücken
- Ingangsetzung der Strom- und Wasserversorgung
- Rekrutierung von Arbeitskräften durch totalen Arbeitseinsatz
- Einsetzung eines zivilen Ordnungsdienstes zum Schutz von Leben und Eigentum

03. 05.
aus den Tagebuchaufzeichnungen von Christa-Maria Lyckhage:
„Die Potsdamer sehen aus wie Gespenster auf Urlaub."

04. 05.
Generalmajor Gustav Adolf v. Wulffen (geb. 18.04.1878) erliegt seinen Verwundungen; der Potsdamer Stadtkommandant zwischen 1939 – 1945 wurde auf dem Bornstedter Friedhof beigesetzt

04. 05.
das Wasserwerk III (Eiche) nimmt als erstes wieder den Betrieb auf

05. 05.
die Besetzung Dänemarks der Niederlande durch deutsche Truppen wird beendet

05. 05.
Beginn der Demontage bei der Babelsberger Maschinen- und Bahnbedarf AG; sie wird am 15. 08. abgeschlossen

05. 05.
Bildung des Betriebsrates im Reichsbahnausbesserungswerk Potsdam; es ist der erste in der Provinz Brandenburg nach der Zeit des Faschismus

05. 05.
Beginn des Neuaufbaus der Potsdamer Feuerwehr in der Hebbelstraße 1; zur Verfügung steht ein PKW mit Holzgasantrieb

06. 05.
Berlin wird durch die Rote Armee eingenommen

07. 05.
Lehrer der Städtischen Oberschule (heute Humboldt-Gymnasium) entdecken bei Aufräumungsarbeiten 4 Tote auf dem Schulhof; sie werden auf dem Neuen Friedhof beigesetzt

07. 05.
in Groß-Glienicke richtet Dr. Paul in der Seepromenade 9 eine Zahnarztpraxis ein

08. 05.
General Werner Freiherr von und zu Gilsa setzt seinem Leben ein Ende (geb. 04. 03. 1889); der Kampfkommandant von Dresden war von 1936 bis 1941 Kommandant des in Potsdam stationierten Infanterieregiments 09 und Mitwisser der Attentatspläne der Gruppe um Claus Graf Stauffenberg gegen den Führer Adolf Hitler

09. 05.
00.16 Uhr; Generalfeldmarschall Wilhelm Keitel für das Heer, Generaladmiral Hans-Georg von Friedeburg für die Marine und für die Luftwaffe Generaloberst Hans-Jürgen Stumpff unterzeichnen in Berlin-Karlshorst die bedingungslose Kapitulation aller deutschen Streitkräfte

09. 05.
aus den Tagebuchaufzeichnungen von Christa-Maria Lyckhage:
„Großes Feuerwerk über Potsdam"

09. 05.
Vertreter gewerkschaftlicher Interessen aus mehreren Städten der Provinz Brandenburg (Brandenburg/H., Werder/H., Luckenwalde, Glindow, Neuruppin und Lindow) treffen sich in Potsdam; sie beraten den Aufbau freier Gewerkschaften in der Provinz Brandenburg

10. 05.
sowjetische Truppen rücken in Prag ein

10. 05.
auf einer Versammlung der Potsdamer Schuldirektoren im Viktoria-Gymnasium (heute Helmholtz-Gymnasium) wird beschlossen, den Schulunterricht bereits am 22. 05. 1945 wieder aufzunehmen; der Schuldezernent Hans Riebau erklärt: „...*Realfächer sind in den Vordergrund zu stellen [...] Sprachen unter der Voraussetzung des rein sprachlichen Teils [...] und unter Zurücksetzung des Philologischen-Kulturpolitischen [...] Geschichte fällt vorerst aus [...] Lehrbücher sind vorerst zu vermeiden.*"

11. 05.
auf Befehl der Sowjetischen Stadtkommandantur werden die Polizeireviere in Potsdam Tag und Nacht besetzt

13. 05.
der OB Dr. Friedrich Bestehorn und weitere Dezernenten werden durch sowjetische Behörden festgenommen und in Potsdam sowie Berlin verhört; am 19. 05. kommt Dr. Friedrich Bestehorn frei und wird vom Dienst suspendiert

14. 05.
Aufruf des Babelsberger Antifa-Komitees „An alle ehrlichen Antifaschisten"; folgende Aufgaben werden genannt:
  „ *1. Kontrolle des kommunalen Verwaltungsapparates*
  2. Strenge Beaufsichtigung der Faschisten und ihrer Helfershelfer und ihre Heranziehung zur Beseitigung der Kriegsschäden
  3. Sicherung der Ernährung und Verteilung der Güter nach sozialen Gesichtspunkten
  4. Wiederherstellung von Ruhe und Ordnung
  5. Glaubens- und Gewissensfreiheit"

15. 05.
erstmalig seit Kriegsende erscheinen die „Mitteilungen der Stadt Potsdam"

16. 05.
die sowjetische Verwaltung setzt Dr. Heinz Zahn als OB Potsdams ein

17. 05.

die Potsdamer Gerichte nehmen ihre Arbeit wieder auf

17. 05.

die Wasserstraßendirektion Potsdam beschreibt in einem Aktenvermerk den Zustand der Glienicker Brücke folgendermaßen: *„Die Glienicker Brücke ist im 3. bzw. 4. Feld hinter dem westlichen Strompfeiler (Potsdamer Seite) gesprengt. Sie ist daher in den Gurten gerissen. Durch die Erschütterungen ist auch das Portal über dem westlichen Strompfeiler durch die beiden Pfeilerköpfe hindurch gesackt, so dass an der Sprengstelle die Fahrbahn zum Teil unter Wasser liegt. An dem östlichen Strompfeiler hat sich das Tragwerk über die Landöffnung hinweg zum großen Teil erhalten und ragt über den Pfeiler bis zur 4. Vertikale hinaus. [...] Eine Beseitigung der Brücke und ein darauf folgender Neubau erfordern außerordentlich umfangreiche Arbeiten. Es ist daher eine vorläufige Herstellung der Benutzbarkeit in Aussicht zu nehmen...“*

17. 05.

Anordnung des OB Dr. Heinz Zahn zum Schulbeginn: *„Auf Anordnung des russischen Kommandanten wird der Schulunterricht wieder aufgenommen. Alle Schüler haben sich am Dienstag, dem 22. d.M., 8.30 Uhr, in ihren Schulen einzufinden. [...] Für die Schulen im Ortsteil Babelsberg ergeht besondere Weisung.“*

18. 05.

im Potsdamer Konzerthaus findet der erste „Bunte Abend" statt; mit dabei u.a. Lotte Werkmeister und Georg Alexander; der Abend wird zehnmal wiederholt

20. 05.

Anordnung des Wohnungsamtes zur Meldung von freiwerdendem Wohnraum binnen dreier Tage

20. 05.

in der Französischen Kirche findet der erste Nachkriegsgottesdienst mit 32 Gemeindemitgliedern statt

20. 05.
alle Betriebe haben dem Ernährungsamt ihre Beschäftigtenzahl
für die Zuteilung von Lebensmittelkarten zu melden

22. 05.
trotz großer Schwierigkeiten beginnt in Potsdam wieder der
Schulbetrieb

22. 05.
in einem „Bericht über die Entwendungen von Kunstwerken
und historischen Gegenständen aus Schloss Sanssouci" des
Direktors der Staatlichen Schlösser und Gärten, Ernst Gall,
wird mitgeteilt, dass
am 14. Mai aus dem Konzertzimmer eine kleine Vase,
am 19. Mai aus dem Konzertzimmer die eigentliche mit Edel-
steinen besetzte Uhr aus der sogenannten Sterbeuhr,
am 22. Mai die Flöte Friedrich II. nach Zerbrechen des glä-
sernen Behältnisses und
am 22. Mai aus dem Damenflügel vier Bilder
gestohlen worden seien

23. 05.
im Großen Militärwaisenhaus (Lindenstraße) beginnt die Einrichtung der städtischen Bücherei; die Bestände der städtischen
Bibliothek Babelsberg und der Musikbibliothek werden zusam-
mengeführt

25. 05.
Befehl des Potsdamer Stadtkommandanten Oberst Werin zur
Rückgabe gestohlener Museumsgegenstände; darin heißt es:
*„Es ist festgestellt worden, dass während der Kampfhandlungen
von in Potsdam wohnhaften Personen eine große Anzahl von
Museumsgegenständen, die sich in Schlössern, Villen und pri-
vaten Wohnungen befunden haben, entwendet worden sind.
Ich ordne an, dass innerhalb 18 Stunden nach Veröffentli-
chung dieses Befehls sämtliche obengenannten Museumsgegen-
stände der Verwaltung der Staatlichen Schlösser und Gärten in
Potsdam zurückerstattet werden. Annahme der Gegenstände
im Schloss Sanssouci täglich von 9-16 Uhr. Personen, die diese
Gegenstände in der festgesetzten Zeit nicht abgeliefert haben,*

werden als Plünderer und für Nichtbefolgung meines Befehls
zur strengen Verantwortung gezogen."

26. 05.
erster Nachkriegs-Liederabend „*...auf Veranlassung des Herrn*
Oberbürgermeister der Stadt Potsdam zu Ehren der Roten
Armee..." im Potsdamer Konzerthaus; es erklingen Werke von
Giuseppe Verdi, Giacomo Puccini und Georges Bizet; der Ein-
tritt beträgt 3,- RM

Eintrittskarte für das erste öffentliche Konzert nach dem Krieg

28. 05.
die Potsdamer Polizei ruft zur Einhaltung der Verkehrsordnung
auf den bereits von Trümmern beräumten Straßen auf

31. 05.
der Leiter der islamischen Abteilung des Berliner Pergamon-
museums, Frédéric Paul Théodore Sarre, verstirbt (geb. 22. 06.
1865); der hoch geschätzte Wissenschaftler hatte sein Haus in
der Babelsberger Spitzweggasse

01. 06.
polizeiliche Anordnung, nach der die Potsdamer sämtliche
Fahrräder und Fahrradersatzteile bei der Polizei anzumelden
haben

05. 06.
der Alliierte Kontrollrat übernimmt die höchste Regierungsgewalt im besetzten Deutschen Reich

08. 06.
Spielbeginn in den Kinos „Obelisk" und „Charlott"

08. 06.
in den „Mitteilungen der Stadt Potsdam" heißt es: *„Die Einwohner werden gebeten, alle ausgeliehenen Bände zurückzugeben und durch Bücherspenden beim Aufbau einer neuen städtischen Leihbücherei mitzuwirken."* Am 12. 12. 1945 kann eine neue Leihbücherei mit etwa 500 Bänden eröffnet werden

09. 06.
erstes Konzert der „Kammermusik-Vereinigung der Residenzstadt Potsdam" im Konzerthaus; auf dem Programm stehen u.a. Johann Sebastian Bachs E-Dur-Konzert für Cembalo und Streicher und Franz Xaver Hammers Trio in D-Dur für Viola da Gamba, Violine und Cello

10. 06.
in Potsdam wird die Gruppe der sowjetischen Besatzungsstreitkräfte in Deutschland (GSBD) gebildet; sie untersteht dem Befehl von Marschall Georgi Konstantinowitsch Schukow

10. 06.
im „Befehl Nr. 2 des Obersten Chefs der Sowjetischen Militärischen Administration (SMAD)" heißt es:
„1. Auf dem Territorium der Sowjetischen Okkupationszone in Deutschland ist die Bildung und Tätigkeit aller antifaschistischen Parteien zu erlauben, die sich die endgültige Ausrottung der Überreste des Faschismus und die Festigung der Grundlage der Demokratie und der bürgerlichen Freiheiten in Deutschland und die Entwicklung der Initiative und Selbstbetätigung der breiten Massen der Bevölkerung in dieser Richtung zum Ziel setzen.
2. Der werktätigen Bevölkerung in der Sowjetischen Okkupationszone in Deutschland ist das Recht zur Vereinigung in freien Gewerkschaften und Organisationen zum Zweck der Wahrung

der Interessen und Rechte der Werktätigen zu gewähren. Den gewerkschaftlichen Organisationen und Vereinigungen ist das Recht zu gewähren, Kollektivverträge mit den Arbeitgebern zu schließen sowie Sozialversicherungskassen und andere Institutionen für gegenseitige Unterstützung, Kultur-, Bildungs- und andere Aufklärungsanstalten und -organisationen zu bilden."

12. 06.
Gründung der Ortsgruppe Potsdam der Kommunistischen Partei Deutschlands (KPD)

13. 06.
Aufruf des Potsdamer OB Dr. Heinz Zahn: *„Wer will Lehrer werden?*
Schulentlassene, Abiturienten, Ingenieure, Chemiker, die Interesse am Lehrerberuf haben, wenden sich zur Beratung an das Schulamt, Regierung, Spandauer Str. 32-34"

15. 06.
Gründung des Ausschusses „Opfer des Faschismus" bei der Stadtverwaltung Potsdam

15. 06.
Wiederaufnahme des Schiffsverkehrs nach Werder, Glindow und Caputh; das erste Motorpassagierschiff ist „Karo Ass" von der Reederei Schmidt

16. 06.
Gründung der Ortsgruppe Potsdam der Sozialdemokratischen Partei Deutschlands (SPD)

19. 06.
Gründung des Ortsvorstandes Potsdam des Freien Deutschen Gewerkschaftsbundes (FDGB)

24. 06.
die Stadtverwaltung ordnet die Einziehung aller durch die Enttrümmerung anfallenden Baustoffe für die Stadt Potsdam an

25. 06.
200 ehemalige Soldaten der Wehrmacht werden in das Potsdamer Rathaus befohlen, um „registriert" zu werden; sie
werden in sowjetische Haft genommen; am nächsten Tag wiederholt sich der Vorgang

26. 06.
der OB Dr. Heinz Zahn verpflichtet alle Männer zwischen dem
16. und 65. und alle Frauen zwischen dem 18. und 60. Lebensjahr zur „Notdienstpflicht"; sie müssen Aufräumungs- und
Enttrümmerungsarbeiten leisten

27. 06.
erste KPD-Parteileiterkonferenz für die Provinz Brandenburg
in Potsdam unter Leitung von Walter Ulbricht; der Potsdamer
Vertreter erklärt: *„Dann möchte ich zur Situation in Potsdam
noch sagen, dass es wohl die reaktionärste Stadt in Deutschland ist. Daher ist es ungeheuer schwer, hier zu arbeiten..."*

29. 06.
die Provinzialverwaltung Brandenburg unter Leitung des Präsi-
denten Dr. Carl Steinhoff nimmt ihre Arbeit auf; ihr Sitz ist in
Potsdam

01. 07.
Hermann Graeper eröffnet seinen Mittags- und Abendtisch in
der Jägerstraße 36; das erste Gericht sind Löffelerbsen

02. 07.
der Generalgartendirektor Dr. Rudolf Hörold setzt seinem
Leben ein Ende (geb. 05. 01. 1882); seit 1938 hatte er dieses
Amt ausgeübt

04. 07.
der Oberste Chef der SMAD, Marschall Georgi Konstantinowitsch Schukow, bestätigt die Regierung für die Provinz Brandenburg

04. 07.
Gründung der Provinzialgruppe Brandenburg des „Kultur-

bundes zur demokratischen Erneuerung Deutschlands" u.a.
durch den Schriftsteller Bernhard Kellermann, den Astronomen
Bruno H. Bürgel und den Physiker Prof. Otto Liebknecht im
Potsdamer Ortsteil Bergholz-Rehbrücke

06. 07.
zwei Omnibuslinien fahren wieder: Linie D von der Glienicker
Brücke – Bahnhof; Linie E vom Rathaus Babelsberg – Nauener
Tor

08. 07.
die sowjetischen Behörden setzen Walter Paul als OB ein

08. 07.
die Wohnungen und Häuser rings um den Neuen Garten sowie
am Ufer des Griebnitzsees werden durch die sowjetische Mili-
tärverwaltung für die Durchführung der „Berliner Konferenz"
beschlagnahmt

09. 07.
Befehl Nr. 5 der Sowjetischen Militäradministration Deutschlands (SMAD); darin wird die Bildung von eigenen sowjetischen
Verwaltungen – Sowjetische Militäradministration (SMA) –
für die Länder bzw. Provinzen der sowjetisch besetzten Zone
angeordnet; die SMA für die Provinz Brandenburg nimmt in
Potsdam ihren Sitz

12. 07.
an der Bornimer Schule werden Vertrauensschüler gewählt; es
sind: Horst Vergien, Christa Dotschy, Klaus Stresemann und
Gerda Ulrich

15. 07.
in Potsdam treffen zur Teilnahme an der „Berliner Konferenz"
ein:
der Präsident der Vereinigten Staaten von Nordamerika, Harry
S. Truman
der Premierminister des Vereinigten Königreichs von England,
Winston L. Churchill

16. 07.

der Vorsitzende des Rates der Volkskommissare der UdSSR, Generallisimus Josef W. Stalin, trifft zur Teilnahme an der „Berliner Konferenz" in Potsdam ein

17. 07.

Mitgliederversammlung der KPD-Gruppe 4 (Brandenburger Vorstadt); es wird eine Rede von Edwin Hoernle verlesen, in der es u.a. heißt: *„Der Geist des preußischen Militarismus und Bürokratismus. Das war doch hier in Potsdam zu Hause. Hier saßen doch die ganzen Militaristen und Bürokraten und höfischen Kreise, das ging doch herunter bis in das ganze Kleinbürgertum. Genossen, jetzt handelt es sich darum, diesen alten Potsdamer Geist auszufegen und einen neuen Geist der Potsdamer Arbeiterbewegung zu schaffen."*

17. 07.

Generalfeldmarschall Ernst Busch verstirbt (geb. 06. 07. 1885); von 1932 – 1935 war er Kommandeur des in Potsdam stationierten Infanterieregiments 09

17. 07. – 02. 08.

Winston Churchill, Harry S. Truman, Josef W. Stalin – "The Big Three" während der "Berliner Konferenz" in Potsdam

„Berliner Konferenz" im Schloss Cecilienhof; die Regierungschefs der drei Siegermächte des II. Weltkrieges, Harry S. Truman für die USA, Josef W. Stalin für die Sowjetunion und Winston

L. Churchill für Großbritannien (nach der Wahl zum Unterhaus in Großbritannien am 26. 07. dessen Nachfolger Clement R. Attlee), fassen gemeinsame Beschlüsse, die die internationale Nachkriegsentwicklung wesentlich beeinflussen; sie gehen unter dem Namen „Potsdamer Abkommen" in die Geschichte ein; beschlossen werden für das deutsche Besatzungsterritorium die „5 D's": Denazifizierung, Demilitarisierung, Demokratisierung, Demontage und Dezentralisierung

in der „Mitteilung über die Dreimächtekonferenz von Berlin" heißt es: *„Präsident Truman, Generalissimus Stalin und Premierminister Attlee verlassen diese Konferenz, welche das Band zwischen den drei Regierungen fester geknüpft und den Rahmen ihrer Zusammenarbeit und Verständigung erweitert hat, mit der verstärkten Überzeugung, dass ihre Regierungen und Völker, zusammen mit anderen Vereinten Nationen, die Schaffung eines gerechten und dauerhaften Friedens sichern werden..."*

Gefährliche „Flüsterwitze" während des Zweiten Weltkriegs

1939

Drei Schweizer unterhalten sich im Juli 1939 über ihre Urlaubsziele. Alle drei wollen nach Deutschland fahren. Der erste nach München, der zweite nach Berlin und der dritte nach Warschau. „Warschau liegt doch gar nicht in Deutschland", erklären zwei Schweizer, doch der dritte erwidert: „Ich fahre ja erst im Oktober!"

Ein NSDAP-Parteigenosse reist in amtlicher Eigenschaft nach London. Es gibt ein großes Büfett, und das Essen schlägt ihm ziemlich auf den Magen. Er wendet sich an einen Diener, wo denn der gewisse Ort sei.

Dieser antwortet: „Am Ende des Ganges links befindet sich eine Tür mit der Aufschrift „Ladies". Da dürfen sie nicht hinein. Rechts ist eine Tür mit der Aufschrift „Gentlemen". Da dürfen sie trotzdem hinein..."

1940

Was ist der Unterschied zwischen einem Volksempfänger-Radio und einem Übersee-Super-Empfänger? Mit dem Volksempfänger hört man Deutschland über alles, mit dem Super-Empfänger hört man alles über Deutschland.

In der Schweiz erkundigt sich ein Nazi-Bonze nach dem Zweck eines öffentlichen Gebäudes. „Das ist unser Marine-Ministerium", erklärt der Schweizer. Der Bonze lacht und höhnt: „Ihr mit euren zwei, drei Schiffen, wozu braucht ihr ein Marine-Ministerium?" Der Schweizer kontert: „Ja, und wozu braucht ihr in Deutschland noch ein Justizministerium?"

Der Lehrer fragt die Kinder nach dem politischen Bekenntnis ihrer Eltern. Fast alle Kinder sagen, sie seien Nationalsozialisten. Nur Karlchen meint, er sei Kommunist. Darauf der Lehrer ärgerlich, wie er darauf käme. Karlchen: „Mein Großvater war Kommunist, mein Vater war Kommunist – also bin ich auch Kommunist." Der Lehrer: „Wenn dein Großvater ein Rindvieh gewesen wäre und dein Vater auch, was wärst du dann?" Karlchen: „Ein Nationalsozialist!"

1941

Lieber Gott, mach mich blind,
dass ich alles herrlich find'.
Lieber Gott, mach mich taub,
dass ich Goebbels alles glaub'.
Lieber Gott, mach mich stumm,
dass ich nicht nach Dachau [103] kumm'.
Lieber Gott, mach mich verrückt,
dass mir ein Flug nach Schottland glückt. [104]

Zwei Irrenärzte begegnen einander. Der eine grüßt: „Heil Hitler!" Darauf der andere: „Heil Du ihn!"

1942

Der Unterschied zwischen Hitler und der Sonne? Die Sonne geht im Osten auf, Hitler geht im Osten unter...

---

103 Zu den berüchtigtsten Konzentrationslagern zählte das KZ Dachau.
104 Gemeint ist der Flug von Rudolf Heß, Stellvertreter Hitlers, am 10. 05. 1941.

Wie sieht der ideale Deutsche aus?
Blond wie Hitler. [105]
Groß wie Goebbels. [106]
Schlank wie Göring. [107]
Keusch wie Röhm. [108]

Was ist der Unterschied zwischen den Jahren 39 und 42 – 39 brauchte man die Kragenweite 42, 42 braucht man nur noch die Kragenweite 39.

In Russland beginnt das „Kaiser-Napoleon-Gedächtnis-Rennen".

1943

Göring sagt zu Goebbels: „Ich habe bemerkt, dass die Leute sich nicht mehr mit Heil Hitler grüßen. Wie wäre es, wenn wir zur Abwechslung mal wieder „Guten Tag" propagieren?" Darauf Goebbels: „Ausgeschlossen, solange unser geliebter Führer lebt, wird es keinen guten Tag geben!"

Weihnachten verläuft nach folgendem Programm: Die Engländer setzen die Christbäume. Die Flak liefert die Kugeln. Goebbels erzählt das Märchen. Und wir gehen in den Keller und warten die Bescherung ab.

An der deutsch-schweizerischen Grenze stehen sich zwei Jungen gegenüber. Der Schweizer: „Ätsch, wir haben Schokolade!" Antwortet der Deutsche: „Ätsch, wir haben den Führer!" Nach einigem Überlegen erwidert der Schweizer: „Ätsch, wir kriegen auch den Führer!" Prompt der Deutsche: „Ätsch, dann habt ihr auch keine Schokolade mehr!"

105 Der Führer Adolf Hitler hatte dunkle Haare.
106 Der Minister für Volksaufklärung und Propaganda, Joseph Goebbels, hatte eine Körpergröße von 1,65 m sowie ein verkürztes Bein.
107 Der Reichsminister Hermann Göring war bekannt wegen seiner umfangreichen Leibesfülle.
108 Der SA-Chef Ernst Röhm war berüchtigt wegen seiner ausschweifenden homosexuellen Orgien.

1944

In einer der vielen Bombennächte 1944: „Wenn wir den uns aufgezwungenen Krieg bloß nicht angefangen hätten!"

Warum ist Hitler ein Blindgänger? Weil er am 20. Juli nicht krepiert ist!

Napoleon trug während seiner vielen Schlachten immer eine rote Weste, damit die Soldaten, falls er verwundet würde, sein Blut nicht sähen.
Hitler trägt braune Hosen.

1945

Alle Mägen knurren für den Sieg!
Wer isst, hilft dem Feind!

Die Reichshauptstadt Berlin ist nach dem Krieg ein Warenhaus. Da war'n Haus. Da war'n Haus. Da war'n Haus...

Unterhalten sich zwei Deutsche über ihre Urlaubspläne nach dem Krieg. Sagt der eine: „Ich mache eine Radtour durch Groß-Deutschland." Sagt der andere: „Und was machst du am Nachmittag?"

Als Schmalhans kochte

72 Seiten Paperback

ISBN 978-3-938142-87-5

Preis: 7,50 Euro

„Man nehme,..." - das ist wohl die übliche Formulierung, mit der ein Kochrezept eingeleitet wird. Mein Großvater, der Gutsinspektor und Angestellte Johannes Friedrich Gustav Baller (1895 - 1977), allerdings und die Großmutter meiner Frau, die Köchin Anna Martha Schönborn (1885 - 1963), fügten aus zwei Weltkriegserfahrungen heraus gewitzt, bitter-ironisch hinzu, „..., wenn man hat!"

Und sie beide - wie viele andere Menschen auch im durch die Alliierten besiegten Deutschen Reich - hatten buchstäblich nichts. J. F. G. Baller und A. M. Schönborn besannen sich auf den Einsatz von durchaus eßbaren und gut schmeckenden Rohstoffen, die selbst in dieser schweren Nachkriegszeit - auch ohne „Hamsterfahrten" in überfüllten Zügen und Bussen, per Rad, zu Fuß hin zum nächsten Dorf - besorgt werden konnten.

Damit nicht alle Rezepte aus jener Zeit in Vergessenheit geraten, haben die Autoren sie niedergeschrieben, als stummen Zeitzeuge für historisch Interessierte.

Potsdamer Tagebuch 1945-1946

56 Seiten Paperback

ISBN 978-3-86912-003-4

Preis: 8,10 Euro

Hanna Grisebach (25. Mai 1899 - 13. Oktober 1988) schrieb ihr „Potsdamer Tagebuch 1945 - 1946" in der Zeit vom 27. Januar 1945 bis zum 05. Februar 1946. Aufzeichnen wollte sie für ihre Kinder Hans (07. Februar 1926 - 13. März 1990) und Manon (geb. 21. Januar 1931), „...wie reich unser Leben trotz aller Not und Mühsal war und wie selbst in den dunkelsten Tagen helle Lichter aufflammten..."

Es entstand ein anschauliches Bild jener Potsdamer Schicksalszeit, in der Weltgeschichte und persönliches Erleben aufeinander prallten, in der die Beschlüsse der Alliierten in Potsdam gefasst wurden, die die europäische und Weltgeschichte bis 1990 maßgeblich bestimmten - genau wie das Leben des einzelnen.

Hanna Grisebach, den Nürnberger Rassegesetzen von 1935 nach Jüdin (bereits 1918 war sie zum christlichen Glauben konvertiert), überlebte in Potsdam die Zeit des Nationalsozialismus, weil ihr Gatte Prof. Dr. August Grisebach (04. April 1881 - 24. März 1950), ein weithin bekannter Kunsthistoriker, sich um den Preis seiner Lehrtätigkeit an der Heidelberger Universität weigerte, sich von ihr zu trennen. Dadurch und dank der Hilfe von Freunden blieben ihr Deportation und Gaskammer erspart.

Das Tagebuch wurde 1972 in einer Auflage von 150 Exemplaren gedruckt - also nur für die Familie und den Freundeskreis bestimmt. Mit freundlicher Genehmigung und Unterstützung der Tochter, Frau Dr. Manon Andreas-Grisebach, ist es jetzt möglich, dieses lebendige Zeitdokument Potsdamer Geschichte einem breiten Leserkreis zur Verfügung zu stellen.

Das alte Potsdam des Professors Hans Leopold Kania

Band 1 - 308 Seiten Paperback

ISBN 978-3-939665-07-6

Preis: 14,95 Euro

Prof. Dr. Hans Leopold Kania

(10. Juli 1878 - 16. April 1947) gehörte zu den profiliertesten Kennern und Vermittlern der Potsdamer Stadt- und Kulturgeschichte in der ersten Hälfte des 20. Jahrhunderts. Die „Potsdamer Tageszeitung" schrieb am 19. Juli 1928 zu dessen 50. Geburtstag:

„Potsdam hat diesem ernsten Forscher und liebenswürdigen Menschen so viel zu verdanken! Wenn heute die genaue Kenntnis der Geschichte unserer Stadt, die Geschichte ihrer bewunderungswerten Architektur Gemeingut jedes Potsdamer Kindes geworden ist, so ist das nicht zuletzt der unermüdlichen Feder und der Beredsamkeit dieses Gelehrten zu danken, der nie mit kalter Abstraktheit, sondern mit fröhlicher Lebendigkeit die Ergebnisse seiner Forschungen allen vermittelte..."

Das alte Potsdam des Professors Hans Leopold Kania

Band 2 - 306 Seiten Paperback

ISBN 978-3-939665-31-1

Preis: 14,95 Euro

Prof. Dr. Hans Leopold Kania
(10. Juli 1878 – 16. April 1947), "…in dem die Geschichte Potsdams lebendige Gestalt gewonnen hatte, ist nicht mehr", schreibt „Die Tagespost" am 18. April 1947 in ihrem Nachruf auf den „… Forscher, Denker und Menschen voll liebens-würdiger Hilfsbereitschaft..." und fährt fort: „…der Gymnasialpädagoge war der großartigste Kenner aller stilistisch-architektonischen Zusammenhänge, die aus erstaunlicher Weltweite nach Potsdam führen. [...] Mehr als ein Historiker ist dahingegangen. Dr. Hans Kania war ein Begriff."
In diesem 2. Band der dreibändigen Publikation seiner Artikel zur Potsdamer Stadt- und Kulturgeschichte in der „Potsdamer Tageszeitung" zwischen 1904 und 1943 werden weitere 50 Beiträge Kanias veröffentlicht.

Das alte Potsdam des Professors Hans Leopold Kania

Band 3 - 292 Seiten Paperback

ISBN 978-3-939665-51-9

Preis: 14,95 Euro

Mit dem 3. und letzten Band dieser Publikation liegt ein „...hochinteressantes Geschichtsbuch unserer Stadt..." vor (Oberbürgermeister Jann Jakobs 2007).

In 150 Artikeln des bedeutendsten Potsdamer Stadthistorikers im 20. Jahrhundert, Prof. Dr. Hans Leopold Kania, aus der „Potsdamer Tageszeitung" wird ein facettenreiches Bild Potsdamer Historie gezeichnet. Die Herausgeber Kurt Baller (Jahrgang 1947, Diplomlehrer und Diplomsozialarbeiter), bekannt durch mehrere Potsdam-Publikationen (u.a. „100 Potsdamer Rätselbiographien", „Potsdamer Daten des 20. Jahrhunderts") und Marlies Reinholz (Jahrgang 1942, Diplomgesellschaftswissenschaftlerin) schließen hier ein Werk ab, das bereits vor seiner Vollendung zahlreiche Freunde in- und außerhalb Potsdams gefunden hat.

Potsdamer Baukunst

164 Seiten Paperback

ISBN 978-3-939665-70-0

Preis: 12,00 Euro

Prof. Dr. Hans Leopold Kania (1878 – 1947) war Gymnasiallehrer und Stadthistoriograph in Potsdam. Es gilt als der profilierteste Potsdamhistoriker des 20. Jahrhunderts. Selbst der Oberbürgermeister Potsdams Hans Friedrichs bekannte 1936 voller Begeisterung, „...dass Männer von dem stadtgeschichtlichen Format des Professors Kania vielleicht alle hundert Jahre ein-mal geboren werden." Zu Kanias bekanntesten Werken zählt das 1915 erstmals publizierte Buch „Potsdamer Baukunst". Es hat tief fundierte und anschaulich gefasste kunstwissenschaftliche sowie baugeschichtliche Erläuterungen zu den wichtigsten Bauwerken des historischen Potsdam zum Inhalt.

Der Herausgeber stellt damit den Potsdamern und weiteren Interessierten von heute einen Diamanten aus dem umfangreichen Schatz der Potsdam-Literatur zur Verfügung, der selbst in den besten Antiquariaten als größte Seltenheit gilt.